Eka Donner

Und nirgends eine Karavane

Die Weltreisen der Ida Pfeiffer (1797–1858)

W0321377

Droste

Über die Autorin:
Eka Donner, Buchautorin, lebt in Köln. Seit 1953 unternimmt sie, nicht immer allein, aber meist als einzige Frau unter Männern, zahlreiche Reisen in Europa, Afrika, Asien, Südamerika, Australien, Neuseeland, der Arktis und Antarktis. 1966 bis 1978 lebte sie jeweils mehrere Jahre in Nepal, Thailand, Brasilien, Haiti und hat außer ihren eigenen Füßen Fahrräder, Motorroller, Geländewagen, Schiffe und Flugzeuge, Hubschrauber sowie Esel-, Pferde- und Kamelrücken benutzt. Immer befanden sich in ihrem Handgepäck Notizblock und Bleistift, Tonband, Kamera und Zeichenmaterial. Manche Route der Ida Pfeiffer hat sie gekreuzt, und in ihren Tagebüchern finden sich auch 100 Jahre später noch sehr ähnliche Erlebnisse und Erfahrungen wie die jener Ida Pfeiffer.

Unveränderter Nachdruck (unter Wegfall der Abbildungen) der 1997 im Droste Verlag erschienenen Originalausgabe.

Bibliografische Information Der Deutschen Bibliothek
Die Deutsche Bibliothek verzeichnet diese Publikation in der Deutschen Nationalbibliografie; detaillierte bibliografische Daten sind im Internet über http://dnb.ddb.de abrufbar.

© 2003 Droste Verlag GmbH, Düsseldorf
Umschlag unter Verwendung einer Abbildung
der Österreichischen Nationalbibliothek, Wien
Satz: Fanslau Communication/EDV, Düsseldorf
Druck: Clausen & Bosse, Leck
ISBN-3-7700-4066-X

www.drosteverlag.de

Inhalt

Vorwort

Wir alle haben unsere Träume, und viele von uns packt das Fernweh – immer wieder. Wir möchten hinaus, möchten fremde Völker, Berge, Wüsten, Urwälder erleben und das Meer – einmal das Meer sehen! All das wird uns heute so leicht gemacht mit den technischen, den finanziellen Möglichkeiten unserer Zeit. Für die am 14. Oktober 1797 in Wien geborene Ida Laura Pfeiffer war es viel schwieriger. Gewiss hat es zu ihrer Zeit und früher andere reisende Frauen gegeben, viele von ihnen in der Begleitung ihrer Ehemänner: Frauen von Forschern, Diplomaten, Kolonialbeamten, Kapitänen, Kaufleuten, Militärs; aber auch Alleinreisende. Was Ida Pfeiffer auszeichnet, ist, dass sie, wie der Geograph Carl Ritter es ausdrückte, »eine der frühesten Weltgereisten, der weitestgereisten ihres Geschlechts« war. Reisen von Frauen in größerer Zahl und vor allem so weite Reisen setzten ja erst um die Mitte des 19. Jahrhunderts ein.

Ida Pfeiffer verdient außerdem Bewunderung, weil sie ihre großen Reisen erst mit vierundvierzig begann und sich bis in ihr sechzigstes Lebensjahr nur noch vorübergehend zu Hause aufhielt. Mit vierundvierzig, da ist unsereiner heute im besten Alter, voller Unternehmungslust und Tatendrang. Aber 1842 – welche Chancen blieben da noch einer Frau?

Ida war eine Berühmtheit zu ihrer Zeit, geriet dann in den Hintergrund des öffentlichen Interesses und wurde erst in den letzten Jahrzehnten wiederentdeckt. Heute, da reisende Frauen zum Forschungsthema junger Wissenschaftlerinnen geworden sind, befasst man sich auch mit ihr wieder.

Ich fand erste Hinweise in Dietrich Krusches Buch »Reisen, Verabredung mit der Fremde«, entdeckte dann die Neuauflagen einiger ihrer Bücher, die Gabriele Habinger, Wien, herausgegeben und neben einem Überblick über Ida Pfeiffers Leben und Reisen mit einer Fülle höchst dankenswerter Erläuterungen versehen hat, die dem Leser das mühsame Nachforschen nach der Bedeutung veralteter Ausdrücke, Namen und Ereignisse und die Berechnung von Temperaturen, Entfernungen und Währungen erspart, und kam schließlich neben einer Reihe kürzerer Abhandlungen zu Hiltgund Jehles Dissertation »Ida Pfeiffer, Weltreisende im 19. Jahrhundert. Zur Kulturgeschichte reisender Frauen«. Diese Autorin hat für ihr ausgezeichnetes Werk in Bibliotheken, Archiven und Museen Europas, Südamerikas und Mauritius nachgeforscht, und ihr verdanken wir eine umfangreiche wissenschaftliche Untersuchung der Persönlichkeit Ida Pfeiffers.

Was mich bewog, dieses Buch zu schreiben, war ein anderer Aspekt. Je länger ich mich in die Schriften vertiefte, umso näher fühlte ich mich der Wienerin, hatte ich doch in vierzig Reisejahren, nicht immer allein, aber meist als einzige Frau unter Männern, so manche ihrer Routen gekreuzt, hatte selbst Dinge erlebt, die sich auch hundert Jahre später noch kaum von dem unterschieden, was sie schilderte. Als Angehörige einer älteren Generation scheinen mir manche ihrer Äußerungen wohl verständlicher als Jüngeren, die in einer sexuell freizügigeren Gesellschaft aufgewachsen sind und für die der Umgang mit fremden Völkern zur Selbstverständlichkeit geworden ist. Ich fühle mich also ein wenig zwischen einer Zeit, die für Menschen unserer Tage immer weniger verständlich wird, und einem Jahrhundert, in dem man unaufhaltsam einem ganz neuen Dasein zustrebt.

Vorspiel

Man fragt sich, was Ida Pfeiffer hinaustrieb. Die Sehnsucht in die Ferne – das leuchtet ein, Jugendträume, genährt von Reisebeschreibungen. Schon als zartes Kind, sagte sie, habe sie die größte Sehnsucht gehabt, hinaus in die Welt zu kommen. Jedem Reisewagen sah sie nach und beneidete sogar den Postillon, weil sie meinte, er habe die ganze Reise mitgemacht. Auch die Atmosphäre im Elternhaus mag dazu beigetragen haben. Der Vater, Aloys Reyer, im Exporthandel tätig, ein Textilfabrikant; der Onkel und spätere Vormund, Franz Thaddäus Reyer, ein Importeur von Kolonialwaren in Triest; er hatte seine Handelspartner in London, Amerika und dem Fernen Osten und war auch im noch neuen Dampfschifffahrts-Geschäft führend tätig. So etwas prägt. Selbst wenn man darüber mit der kleinen Ida nicht gesprochen haben mag, so sind ihr gewiss bei den Unterhaltungen der Erwachsenen Namen aus fernen Ländern zu Ohren gekommen, die ihre Phantasie anregten.

Und dann die für jene Zeit ungewöhnliche Erziehung. Der Vater hat sie nicht anders behandelt als die fünf Brüder. Angetan mit Knabenanzügen, beteiligte sich Ida an deren wilden Spielen, entwickelte früh ein Verhalten, das man alles andere als mädchenhaft bezeichnen kann. Sie war mutig, klagte nicht, wenn ihr Schmerz zugefügt wurde, und wusste, was sie wollte und vor allem nicht wollte.

Im Übrigen ging es schlicht zu im Hause Reyer. Nicht dass Ida in Armut aufgewachsen wäre, die kam erst später. Man kann von großbürgerlichen Verhältnissen sprechen, zu denen sich der Vater aus bescheidenen Anfängen emporgearbeitet hatte, aber im täglichen Leben war kein Raum für Überflüssiges, das Essen bescheiden, und an Extrawünsche durften die Kinder gar nicht denken. Es war eine harte, aber nützliche Schule, die Ida auf ihren späteren Reisen zugute kam, ja diese wohl erst möglich machte.

Doch dann starb der Vater, viel zu früh, im Alter von nur 43 Jahren – eine Katastrophe für Ida, denn nun nahm die Mutter, Anna Rosina geb. v. Schwerenfeld, die Erziehung der Neunjährigen zu einem so genannten anständigen Mädchen in die Hand. Zuerst einmal wurde die Kleidung geändert. Hosen taugten für Knaben und für Männer, jetzt waren Röcke gefragt. Ida war außer sich. Sie ahnte, dass damit das ungebundene Leben mit den Brüdern ein Ende finden würde, und sie war nicht gewillt, sich dem widerstandslos zu fügen. Ihr Protest drückte sich in einer schweren Krankheit aus, und das Kind setzte sich durch: Die besorgte Mutter folgte dem Rat des Arztes, ihr die gewohnte Kleidung wieder zu gestatten, und so schien zunächst einmal die Lage gerettet, doch natürlich nicht für immer.

Ein paar Jahre vergingen, Ida wuchs heran, und als sie dreizehn war, half kein Sträuben mehr, die Knabenkleidung wurde abgeschafft. Doch wenn es nur das gewesen wäre! Ihr ganzes Verhalten musste sich jetzt zwangsläufig ändern: kein Herumtoben mehr, ein junges Mädchen bewegte sich gemessen, eine andere Sprache, mehr weiblicher Umgang, und zwar innerhalb des Hauses und nicht draußen, und so genannte weibliche Beschäftigungen wie Nähen, Stricken und Kochen, für die sie sich nicht erwärmen konnte; alles was die Knaben lernten, war doch so viel interessanter!

Kein glatter Übergang war das, Ida vergoss viele Tränen und versuchte zunächst noch, wie ein wilder Junge auch in langen Kleidern herumzuspringen. Später sagte sie selbst, dass sie linkisch und unbeholfen, ja lächerlich gewirkt haben musste dabei. Aber jetzt wehrte sie sich noch gegen die Anordnungen ihrer Mutter.

Klavier spielen? Eine weibliche Betätigung, die ihr nur Verachtung abnötigte. Viel lieber hätte sie Violine gespielt, doch das wurde als unweiblich verworfen. Wie also konnte man sich vor dem Üben drücken? Es geschah ungewöhnlich oft, dass Ida sich in den Finger schnitt; manchmal auch lief ihr Siegellack über die Hände und verursachte Brandwunden – da musste sie dann natürlich eine Weile aussetzen. Doch die Mutter blieb hart, der Klavierlehrer wurde nicht verabschiedet. Ida konnte nicht wissen, dass diese Fertigkeit ihr später in Zeiten großen Mangels noch einmal sehr nützlich sein und am Ende ihrer Laufbahn sogar ein überaus bizarres Erlebnis in Madagaskar bescheren würde.

Die Spiele mit den Brüdern gingen ohnehin zu Ende, denn die Jungen waren in einer Lehranstalt untergebracht, und für Ida engagierte die Familie einen Hauslehrer, den in der Nachbarschaft lebenden Staatsbeamten Joseph Franz Emil Trimmel. Das war eine gute Wahl für das Mädchen, denn der elf Jahre ältere Trimmel war geografisch interessiert, er reiste gern und veröffentlichte später auch Reisebücher. Die beiden bewegten sich also auf einer Linie, und da ihr der junge Mann im Gegensatz zu den Eltern, die Ida »mehr fürchten als lieben gelernt« hatte, freundlich und teilnehmend entgegenkam, entwickelte sie eine schwärmerische Liebe zu ihm, suchte jeden seiner Wünsche zu erfüllen, und fühlte sich glücklich, wenn er mit ihr zufrieden war, ja sie bemühte sich ihm zuliebe, alle bisher so verachteten weiblichen Arbeiten zu erlernen. So gelangte sie im Verlauf von drei bis vier Jahren, wie sie selbst meinte, vollkommen zu der Einsicht der Pflichten ihres Geschlechtes, aus dem wilden Jungen wurde eine bescheidene Jungfrau.

Die Lektüre von Reisebeschreibungen und die Gespräche mit ihrem Lehrer entschädigten sie ein wenig für diese lästigen weiblichen Pflichten. Sie träumte sich zu fernen Ländern hin, sie beneidete Weltumsegler und Naturforscher, versagte sich aber selbst alle Naturstudien, um nicht wieder aus ihrer Frauenrolle herauszufallen.

Als sie siebzehn war, hielt ein reicher Grieche um ihre Hand an, den Frau Reyer jedoch abwies, weil er nicht katholisch war, und die Tochter schien ihr auch noch zu jung zum Heiraten. Bei dieser Gelegenheit gewannen Idas bisher unbewusste Gefühle Gestalt, es wurde ihr klar, dass für sie nur Trimmel infrage kam, der ihr nun auch seine Liebe gestand.

Der junge Mann war inzwischen nicht mehr ihr Lehrer, brachte aber alle freien Stunden im Hause Reyer zu. Er fehlte bei keiner Gesellschaft, war bei Theaterbesuchen und Spaziergängen dabei, und die Mutter nannte ihn oft ihren »lieben sechsten Sohn«. Es lag nahe, dass die beiden glaubten, sie seien füreinander bestimmt, und die Mutter warte nur, bis Ida ihr zwanzigstes Jahr erreicht und Trimmel eine bessere Anstellung gefunden hätte. Durch das Erscheinen des Griechen aber regte sich in Trimmel die Befürchtung, dass er Ida jederzeit an einen anderen Bewerber verlieren konnte, und er entschloss sich, die Mutter um ihren Segen zu bitten.

Doch mit dem, was nun kam, hatten sie nicht gerechnet. Nicht nur, dass Frau Reyer ihre Einwilligung verweigerte, sie hasste plötzlich den jungen Mann, den sie bisher so gemocht hatte, und verbot ihm das Haus. Was war der Grund? War es das Vermögen, das Ida einmal zu erwarten hatte, während Trimmel noch ein bescheidenes Gehalt bezog? Ida wurde zu einem Geistlichen geschleppt, der ihr ins Gewissen redete und sie ermahnte, an die Pflichten der Kinder gegen ihre Eltern zu denken. Mit einem feierlichen Eid vor dem Kreuz sollte sie schwören, dass sie Trimmel weder heimlich sehen noch mit ihm Briefe wechseln wolle. Ida schwor nicht, aber versprach zu tun, was man von ihr verlangte, vorausgesetzt, dass sie Trimmel über alles unterrichten durfte. In einem langen Brief bat sie ihn, ja nicht zu glauben, was andere Leute über sie redeten, und dass sie, würde sie zu einer Ehe gezwungen, ihm dies mitteilen wolle. Trimmel begriff, dass es keine Hoffnung gab. Er selbst wollte niemals heiraten, was er auch gehalten hat. Als sich die beiden nach drei Jahren zufällig bei einem Spaziergang begegneten, blieben sie stehen, wortlos vor Erregung, dann fasste die zitternde Ida den Arm ihrer Begleiterin, einer Freundin ihrer Mutter, und zog sie hinweg. Wieder lag sie liebeskrank im Bett, zwei Tage lang. Der Arzt ahnte wohl die Ursache des hitzigen Fiebers und riet der Mutter, ihrer Tochter nicht Arzneien zu geben, sondern für eine Besserung ihres seelischen Zustands zu sorgen.

Ida wies nun sechs Jahre lang jeden Heiratsantrag zurück. Es muss unerträglich gewesen sein, dieses Leben mit der Mutter, sodass ihr schließlich eine Heirat als das kleinere Übel erschien, allerdings sollte es dann nur ein Mann sein, der wesentlich älter war.

Nun betrat Dr. Mark Anton Pfeiffer den Schauplatz, ein wohlhabender Advokat von 46 und 24 Jahre älter als Ida. Er lebte 800 km von Wien entfernt, in Lemberg. Ida beichtete ihm zwar ihre Liebesgeschichte in der stillen Hoffnung, dass er vielleicht noch zurücktreten würde, doch das war für ihn kein Grund zum Verzicht, und am 1. Mai 1820 fand die Hochzeit statt. Acht Tage später reiste das Paar ab.

In Lemberg, der Stadt, die im Laufe ihrer Geschichte immer wieder von Polen, Russland, Preußen oder Österreich erobert, abgetreten oder erworben worden war, residierte der österreichische Statthalter in Galizien. Das Gebiet war Ende des 18. Jahrhunderts durch die drei Teilungen des Königreichs Polen an Österreich gelangt. Es vereinte Polen, Ruthenen (Ukrainer), Juden, Armenier, Ungarn, Slowaken, Rumänen sowie Zigeuner, und zwischen ihnen lebten die österreichischen Offiziere und Beamten, für die ein Posten in diesem entlegenen neuen Landesteil eine Art Verbannung bedeutete. Eine multikulturelle Gesellschaft war das mit mindestens fünf verschiedenen Konfessionen, deren Teile sich voneinander abgrenzten und befehdeten, aber doch zusammen auskommen mussten. Die polnischen Großgrundbesitzer, die die gesellschaftliche Elite bildeten und nie die Schmach der Teilung ihres Landes verwinden konnten, beuteten die frommen ruthenischen Bauern auf das Unmenschlichste aus. Die Folge waren soziale Aufstände, bei denen die Ruthener sengend und mordend durchs Land zogen. Galizien war ein rückständiges Land an der Peripherie des Habsburgerreiches, voller Schmutz und Elend, aus dem viele sich in den Alkohol flüchteten. Es lag zwar, wie es der in Ostgalizien geborene Schriftsteller Joseph Roth ausdrückte, in weltverlorener Einsamkeit, war aber dennoch nicht isoliert, es war verbannt, aber dennoch nicht abgeschnitten, es hatte mehr Kultur, als seine mangelhafte Kanalisation vermuten ließ; viel Unordnung und noch mehr Seltsamkeit. Es hatte seine eigene Lust, eigene Lieder, eigene Menschen und einen eigenen Glanz: den Glanz der Geschmähten.

Es war keine Liebesehe, die da zwischen Ida Reyer und Dr. Pfeiffer geschlossen worden war, wenn auch umgehend mit Nachwuchs gesegnet; standesgemäß vielleicht nach Ansicht der Mutter, doch materiell eine Fehlkalkulation. Das Paar blieb nicht lange in Lemberg, denn sehr bald begann der Abstieg. Anton Pfeiffer verlor seine Advokatur – man deckte nicht ungestraft die Bestechlichkeit galizischer Beamten auf; er hatte sich Feinde geschaffen und hoffte nun auf neue Möglichkeiten in der Hauptstadt. Man reiste nach Wien. Für die junge Frau muss die weite Bahnfahrt im Februar eine Qual gewesen sein, so kurz vor der Entbindung. Nur 18 Tage später war das Kind da, ein Sohn: Alfred. Ob Mutter Reyer Glück empfand über die Einquartierung, weiß man nicht. Ein gutes Jahr später folgte das nächste Kind, eine Tochter, die nur wenige Stunden lebte, und nach weiteren zweieinhalb Jahren wieder ein Sohn: Oscar.

Idas Reisesehnsucht wurde auf eine Weise erfüllt, wie sie gewiss nicht gedacht gewesen war. Die Pfeiffers führten ein unstetes Leben: von Lemberg nach Wien, von Wien nach Lemberg und von dort wieder nach Wien und zurück nach Lemberg oder Krakau. Nirgends eröffneten sich irgendwelche Chancen für den stellenlosen Advokaten, und die Familie wusste kaum noch, wovon sie leben sollte. Zwar hatte Ida etwas Geld von ihrem Vater geerbt, aber das war durch eine Bürgschaft verloren gegangen. Jahre voller Entsagung und Leiden folgten. Nicht dass ihr Mann sie schlecht behandelt hätte, doch die Hoffnungslosigkeit seiner Stellensuche machte ihn schwermütig. Idas Alltag war erfüllt von Mangel, Hunger und Kälte. Sie suchte verzweifelt nach Geldquellen, wollte aber die Hilfe von Verwandten nicht in Anspruch nehmen. Heimlich gab sie Zeichen- und Musikstunden; der erzwungene Klavierunterricht trug also doch noch Früchte. Und wieder Wien und wieder Lemberg, dazwischen ein halbes Jahr mit Sohn Oscar in Lodigowice. Kürzere Reisen nach Salzburg, Tirol und in die Schweiz waren kleine Lichtpunkte in diesem rastlosen Dasein.

Im Jahre 1830, in Galizien wütete gerade die Cholera besonders schlimm, pflegte sie in Wien, zusammen mit ihrem Bruder Carl Alexander, die Mutter, die kurz darauf starb. Das Erbe war kaum nennenswert, da es auf die sechs Kinder verteilt wurde.

Während Dr. Pfeiffer weiter an verschiedenen Orten eine Lebensbasis zu finden versuchte und schließlich in Lemberg blieb, wo auch sein Sohn aus erster Ehe lebte, blieb Ida mit seinem Einverständnis in Wien. Sie erhoffte sich dort bessere Möglichkeiten für die Ausbildung ihrer Söhne. Jahrelang verdrängte sie die Reisesehnsüchte zugunsten ihrer Pflichten als Mutter. Einmal nur, als sie 1836 mit ihrem zwölfjährigen Sohn Oscar zwei Monate nach Triest gereist war, damit er dort Seebäder nehmen konnte, brach es wieder über sie herein. Sie erlebte zum ersten Mal das Meer und war so überwältigt, dass ihre Selbstdisziplin zu wanken drohte. Doch noch einmal wies sie die lockenden Gedanken zurück.

Nach weiteren fünf Jahren endlich sah sie keinen Grund mehr, um der Familie willen zu Hause zu bleiben. Die Söhne kamen jetzt allein zurecht, sie wuchsen in ihren Beruf hinein. Alfred wurde später als Kaufmann und Schmied Besitzer einer Sensenschmiede und starb unverheiratet. Oscar hatte eine Karriere als Komponist und Pianist vor sich, unternahm große Reisen in Zentraleuropa, Russland und Südamerika, heiratete eine Sängerin und ließ sich zunächst in Buenos Aires nieder. Ida schmiedete Reisepläne und zwar allein. Von Pfeiffer lebte sie ohnehin seit langem mehr oder weniger getrennt, auch war nicht daran zu denken, dass der inzwischen 68-Jährige sie begleiten würde. Sie fühlte sich abgehärtet und gesund, konnte Entbehrungen ertragen, und ihr Alter würde sie auch vor abfälligen Betrachtungen wie »eine Frau reist nicht allein« schützen.

Idas Ziel war das Heilige Land, ein langgehegter Wunsch, unterstützt durch ihre religiöse Erziehung und vielleicht auch durch die Besuche im Wallfahrtsort Mariazell, die sie mit der Mutter, Bruder Karl und der acht Jahre jüngeren Schwester Natalie gemacht hatte. Sie begab sich nicht einfach auf den Weg, sondern bereitete sich vor, so gut sie konnte. Sie stellte sich alle möglichen Hindernisse vor, las Bücher, suchte nach Kontakten mit Reisenden, traf auch jemanden, der diese Länder einige Jahre zuvor bereist hatte. Sie sammelte mündliche Belehrungen und Ratschläge für das Fortkommen und Verhalten »auf dieser gefahrvollen Wanderung«.

Ihre Verwandten und Freunde hielten die Idee für absurd, stellten ihr all die Gefahren und Beschwernisse vor Augen, die sie erwarteten: das Klima, die Pest, Insekten, schlechte Nahrung. Schon für Männer sei das höchst gefährlich, um wie viel mehr für eine Frau. Man hielt sie für überspannt und glaubte nicht, dass sie ihre Träume in die Tat umsetzen würde. Also hörte sie auf vom Heiligen Land zu reden, und nannte als Reiseziel Konstantinopel. Konstantinopel war weniger verdächtig, viele reisten dorthin, und sie würde eine Freundin besuchen.

Dabei war sie ja nicht die erste oder einzige, die sich in den Orient, nach Ägypten, Syrien oder dem Libanon begab. Schon im Mittelalter hatte es zahllose weibliche Pilger gegeben. Und 1716–1718 finden wir Lady Mary Wortley Montage mit ihrem Mann, dem britischen Gesandten, in Konstantinopel, wo ihre »Briefe aus dem Orient« entstanden, die, in mehreren Bänden, nach ihrem Tod veröffentlicht wurden. Lady Hester Stanhope blieb sogar im Libanon, und Ida von Hahn-Hahn hätte fast mit Ida Pfeiffer zusammentreffen können, konzentrierte sich aber mehr auf Ägypten. Aber fast allen diesen Frauen wurde, besonders im 19. Jahrhundert, aufgrund ihrer finanziellen Möglichkeiten und ihrer Verbindungen weit mehr Bequemlichkeit und Sicherheit in diesen Ländern geboten als etwa der Österreicherin Maria Schuber, die 1847–1848 sogar zu Fuß zu den heiligen Stätten pilgerte, so wie es Ida Pfeiffer später in vielen anderen Teilen der Welt auch tat.

Aufbruch (1842)

Ida ließ sich später oft genug von Zufälligkeiten leiten, doch ging sie im Allgemeinen planmäßig vor. Deshalb machte sie jetzt ihr Testament, denn es war ihr durchaus bewusst, dass dies eine gefahrvolle Reise werden würde. Aber sie fürchtete den Tod nicht, sie würde »ihm ruhig entgegensehen und Gott innig danken für die heiligen schönen Stunden, welche ich lebte, wenn ich seine Wunder schaute«. Am 22. März 1842 brach sie auf zur Schiffsanlegestelle Kaisermühlen, um mit einem erst seit gut zehn Jahren dort verkehrenden Dampfschiff die Donau hinabzufahren. Sie hatte nicht damit gerechnet, Verwandte und Freunde, die versucht hatten, ihr das gewagte Unternehmen auszureden, dort zu treffen; aber weil man einander vielleicht nie wiedersehen würde, war der Abschied herzlich.

Schnell sprach es sich herum, dass eine Frau an Bord war, die bis nach Konstantinopel wollte. Ida Pfeiffer bildete zum ersten Mal den Mittelpunkt staunender Mitreisender – sie würde dies noch oft erleben. Und gleich meldete sich ein Herr, der seine Dienste anbot und ihr überall schützend zur Seite stand.

Das Wetter war unfreundlich, der Frühling ließ noch auf sich warten, aber trotz Wind und Kälte blieb sie draußen, eingehüllt in ihren Mantel, der ihr noch so oft Decke oder Bett ersetzen sollte, um die Umgebung zu erleben. Ida Pfeiffer war eine unersättliche Reisende, die sich nichts entgehen lassen wollte und stets versuchte, die Dinge näher in Augenschein zu nehmen, und da schreckte sie auch nicht vor Strapazen zurück. Wir werden sie später noch manches Mal so finden, und zwar in weit schlimmeren Situationen. Doch auch hier war das Reisen keine rechte Freude. Die Passagiere mussten von Wien bis Konstantinopel sechsmal das Boot wechseln. Einmal ging nach einer Kollision mit aus dem

Wasser ragenden Baumstümpfen ein Rad verloren. Am Abend dann wurden bei Annäherung an die Stadt Semlin Böller abgefeuert, ohne dass die Fenster vorsorglich geöffnet worden waren, und eines zersprang. Weil draußen bei einer Temperatur um den Gefrierpunkt noch Schnee lag, war es nun höchst ungemütlich auf dem Schiff, denn einen Ofen hatte man auf dieser Fahrt für entbehrlich gehalten. Zudem wurden im Hafen unter Lärm und Gepolter Waren aus- und eingeladen und die zerbrochene Scheibe repariert, deren Fehlen in Kälte und Wind nun auch die Nacht zu einer Höllenqual machte.

Bis Pest durfte man stromabwärts nicht auf dem Schiff übernachten. Das hieß, die Passagiere mussten von Bord gehen, mussten ein Zimmer in einem Gasthof beziehen und dies teilweise teuer bezahlen, was Ida Pfeiffer besonders ärgerte, denn sie war sparsam, musste sparsam sein. Niemand gewährte ihr finanzielle Unterstützung. Erst später erhielt sie kleinere private Zuwendungen, und im Jahre 1851, als sie bereits berühmt geworden war und umfangreiche Sammlungen für die Museen zusammengebracht hatte, genehmigte ihr der österreichische Minister des Inneren einen Reisezuschuss von hundert Pfund Sterling. Man vermutet, dass sie für ihre erste große Reise einige Ersparnisse gehabt hat, doch sicher ist das nicht. Später brachten ihre Bücher und der Verkauf der Sammlungen gewisse Einnahmen. Doch sie hatte ja sparsam wirtschaften gelernt, sie war bedürfnislos erzogen worden, und im Übrigen setzte sie auf Freikarten, Freifahrten und Gastfreundschaft, die ihr von vielen Seiten gern und in steigendem Maße gewährt wurden. So manches Mal musste sie aus Geldmangel auf etwas verzichten, auch auf den Erwerb interessanter Sammelobjekte, oder sie änderte ihre Reiseroute, weil sie woanders, meist auf einem Schiff, eine Freikarte erhielt, was dann sehr oft mit Überfahrten unter unmenschlichen Bedingungen einherging.

Hiltgund Jehle hat zusammengerechnet, dass die Weltumseglerin auf ihren Reisen an die 70 Segel- und Dampfschiffe benutzt hat, und Ida Pfeiffer verglich gern deren Vorzüge und Nachteile, sodass wir ein höchst realistisches Bild von der zivilen Schifffahrt jener Zeit bekommen. Es störte sie, dass von Pest ab die Frauen gezwungen waren, die Nacht mit den Männern in einer Kajüte zuzubringen, das sei unangenehm und auch unschicklich – ein Zustand, den sie später bei den Schiffen des Österreichischen Lloyd und auch auf französischen und italienischen Dampfern nicht erlebte. Da wegen der Kälte jede Öffnung geschlossen wurde, störten sie der Tabakrauch und die Ausdünstung der armen Leute ungemein. Sie musste sich mit ungepolsterten Bänken bei Tag und bei Nacht und ohne die Möglichkeit, sich zu waschen, abfinden. Angesichts des hohen Fahrpreises erschienen ihr diese Zustände unangemessen.

Sie notierte alles, was sich ihr im Vorüberfahren zeigte: die Städte mit ihren Festungswerken, Moscheen und Palästen, aber auch die Dörfer, die an Ärmlichkeit vielen in Galizien glichen.

Wegen der Pestgefahr landete das Schiff nie am rechten, von türkischen Festungen gesäumten Ufer, und man überlegte sich auf dem anderen sehr genau, ob man eines, das vielleicht »drüben« angelegt hatte, in die Nähe lassen oder gar den Passagieren einen Landgang genehmigen sollte.

Schließlich erreichte das Schiff Galatz, das heutige Galati, einen lebhaften Ort mit 8000 Einwohnern an der österreichisch-russisch-türkischen Grenze, der es bis 1986 auf 300 000 Einwohner gebracht hat. Schon zu Pfeiffers Zeit war Galatz der bedeutendste Donauhafen der Walachei, ein Freihafen, den Handels- und Segelschiffe sowie Barken aller Art füllten. Die über den Köpfen der Reisenden schwirrenden Möwen zeigten die Nähe des Schwarzen Meeres an.

Man blieb 24 Stunden, und Ida lieferte beim österreichischen Konsul ihren ersten Empfehlungsbrief ab. Sie war wohlversehen mit derartigen Dokumenten, die ihr auf allen Reisen von Nutzen sein sollten. Nicht immer hatte sie Erfolg damit, doch sehr oft Anlass zu wortreichen Dankesbezeugungen, die einen Platz in ihren Büchern fanden, denn, so meinte sie, dies sei die einzige Möglichkeit, Wohltaten zu vergelten. Der Konsul empfing sie freundlich und sorgte »auf das gefälligste« für ihre Unterkunft. Doch hatte sich die Wienerin mehr von der Stadt versprochen. In ihren Augen war das ein schmutziges, erbärmliches Nest mit seinen Holz- oder Lehmhäusern, die mit Strohdächern gedeckt waren. Einzig die Konsuln und die reichen Kaufleute konnten sich steinerne Behausungen leisten.

Es fiel ihr auf, dass sie nirgends Brunnen sah, weder in den Häusern noch auf den Plätzen. Aber man hatte sich sehr wohl darum bemüht, doch bei Brunnenbohrungen war nichts als salzige Brühe zu Tage gekommen, deshalb benutzte man weiter das Donauwasser, und das kam teuer. Überall waren Wasserträger unterwegs oder Wägelchen, mit denen die kostbare Flüssigkeit in die Häuser gefahren wurde.

Ida Pfeiffer führte Tagebuch, und es ist erstaunlich, wie viele Einzelheiten sie nicht nur wahrnahm, sondern auch zurzeit der Niederschrift noch gegenwärtig hatte, die ja meist erst dann erfolgen konnte, wenn sie allein war. Die Offenheit und Liebe zum Detail, mit der sie auch ihr Befinden, ihre Gefühle und Freuden und oft recht unbekümmert Ärger und Missfallen festhielt und nicht zögerte, alles für die Zeitgenossen und die Nachwelt in ihre Bücher eingehen zu lassen, entschädigt in gewissem Maße für das relativ bescheidene Sekundärmaterial über sie. Oft spricht aus ihren Zeilen ein Sinn fürs Bizarre, der ihr auch nicht verloren ging, wenn die Lage bedenklich wurde. So lieferte sie über ihre Einschiffung im Hafen von Galatz ein höchst amüsantes Bild:

»Von dem Wirrwarr, der hier herrscht, kann man sich keinen Begriff machen. Ein hölzernes Geländer macht die Scheidewand zwischen den Gesunden und jenen, welche aus einem Lande der Pest kommen oder in dasselbe gehen. Wer diese Grenze überschreitet, darf nicht mehr zurück. Soldaten, Offiziere, Beamte und Aufseher, letztere mit Stöcken und Zangen bewaffnet, stehen am Eingang, um jene, die sich mit Worten nicht abfertigen lassen, mit Gewalt zurückzutreiben. Die Lebensmittel oder sonstigen Effekten werden zum Teil hinübergeworfen oder an die Grenze gestellt, dürfen aber nur dann erst berührt werden, wenn sich die Überbringer davon entfernt haben ... Und dabei ist beständig ein solcher Lärm und ein solches Geschrei, daß man sein eigenes Wort kaum hört ... Im ganzen kommt mir diese ängstliche Vorsicht doch gar zu übertrieben vor, besonders zu einer Zeit, wo in der Türkei weder die Pest noch sonst eine ansteckende Krankheit herrscht.«

Das Schwarze Meer empfing die Reisenden mit Sturm, die Wogen schlugen über das Deck, nur mithilfe der Matrosen gelangten die Passagiere in die Kajüte, wo das Essen serviert wurde. Kaum hatten sie einige Löffel Suppe genossen, da packte sie das

»Seeübel«. Auch Ida Pfeiffer war nicht mehr imstande, sich von ihrem Lager zu erheben, was sie sehr bedauerte, denn gern hätte sie »dies herrliche Schauspiel der Natur« bewundert.

Es folgte eine schlimme Nacht, in der man sich im Bett festhalten musste. Trotzdem versuchte Ida aufzustehen, sowie sie sich etwas besser fühlte, aber dazu verging ihr schnell die Lust, denn sie wurde kräftig gegen einen Tisch geschleudert. Wer konnte wohl schlafen in solcher Nacht! Der Wind heulte in den Masten und im Tauwerk, das Schiff schien aus allen Fugen zu gehen, so krachte es, es legte sich von einer Seite auf die andere, die schweren Ankerketten rollten auf dem Deck, man hörte Rufe, Befehle und die Schreie des Kapitäns und der Matrosen.

Als der Morgen kam, schleppte sie sich mithilfe eines Dieners nach oben, sie wollte den Sturm erleben, »die wundervollste Szene der Natur«, suchte sich einen Halt in der Nähe des Steuermanns und klammerte sich fest. Dass sie manche Dusche abbekam von den hochgehenden Wellen, kümmerte sie nicht. Sie saugte das Bild des tobenden Meeres in sich hinein. »Ich sah die Wogen schäumend daherstürmen, sah das Schiff bald in den Abgrund tauchen, bald wieder mit Blitzesschnelle auf den höchsten Wellengipfel sich erheben. Es war ein grausiges, fürchterliches Bild, dessen Anblick mich so ergriff und beschäftigte, daß ich gänzlich auf mein Übelbefinden vergaß.«

Konstantinopel

In den Hafen von Konstantinopel lief das Schiff morgens ein, und außer den Matrosen befand sich nur ein einziger Passagier an Deck: Ida Pfeiffer. Sie sah die Sonne über den Häusern aufgehen, sie war hingerissen von dieser »Stadt aller Städte auf mehreren Hügeln« und gab in ihrem Buch ein Bild von den Ufern auf beiden Seiten des Goldenen Horns, den Moscheen, Palästen, Kiosken (prächtigen Pavillons) und der »schönen und großen Kaserne, welche zehntausend Mann faßt«. Kasernen, Festungen hat sie in vielen Ländern mit großem Interesse wahrgenommen und beschrieben. Stunde um Stunde stand sie da und beobachtete, wie sich die Szene allmählich mit Menschen bevölkerte, am Ufer wie auf dem Meer, und als dann um acht Uhr die Ausschiffung begann, war ihr das viel zu früh. Sie fühlte, dass allein dieser Anblick sie für alle Mühen der Reise entschädigte, sie war glücklich.

Doch schon begann wieder der Ärger. Über die Reisenden fiel eine Flut von Lohndienern und Gepäckträgern her, die Gasthöfe anpriesen, miteinander rauften und sich um das Gepäck schlugen. Dazu gab es Stockhiebe von Seiten der Zollbeamten, die die Koffer inspizieren wollten, für ein Trinkgeld aber mit sich reden ließen. Nicht dass sie hier unterging im Gedränge. Sie hatte sich längst bei ihren Mitreisenden Rat geholt und wusste, was zu tun war. Ohne die geldgierigen Lohndiener zu beachten, nannte sie einem Träger den Namen der schon gewählten Unterkunft und war damit das aufdringliche Volk los.

Die Witwe Balbiani, bei der sie in Pera, dem Wohnort der fremden Gesandten und europäischen Reisenden, abstieg und die auch später noch manche Dame aus Europa beherbergte, als die Reisen in den Orient so richtig in Mode kamen, war eine treffliche Frau: liebenswürdig, gebildet und um das Wohl ihrer Gäste besorgt. Sie erleichterte Ida Pfeiffer den Einstieg in die fremde Welt, denn es erwies sich, dass Empfehlungsbriefe aus Wien bei den hier lebenden Österreichern nicht den gewünschten Erfolg brachten; man fand es nicht der Mühe wert, sich um die allein reisende Frau zu kümmern, noch war sie ja nicht berühmt.

Idas Bericht über die Reise schloss mit der Bemerkung: »Von Wien bis Konstantinopel sind 1320 Seemeilen«, 2400 km also. Sie vergaß nie, die Entfernungen anzugeben: auf dem Meer Seemeilen (1,85 km) und auf dem Lande geografische oder deutsche Meilen (7,420 km) oder englische Meilen (rd. 1,6 km). Sie nannte die Namen ihrer Schiffe und deren Kapitäne sowie Preise und Maße.

Niemals verschwendete sie ihre Zeit und klagte oft genug, dass Diener oder Kutscher sich zu gemächlich bewegten, dass der Aufenthalt auf den Stationen zu lange währte, dass Wagen- oder Pferdewechsel zu umständlich vor sich gingen oder sie wochenlang auf ein passendes Schiff warten musste. Andererseits hielt sie sich an wirklich interessanten Orten so lange auf, wie es in unserer eiligen Zeit keinem Touristen einfallen würde. Hier in Konstantinopel ruhte sie nicht lange bei der netten Madame Balbiani aus, sondern machte sich gleich auf den Weg zur ersten Attraktion: den tanzenden oder heulenden Derwischen, Angehörigen eines islamischen Ordens, die nach mystischer Gotterkenntnis streben. Da sie etwas zu früh bei der Moschee angelangt war, trat sie neugierig in einen abgeschlossenen Bereich ein und fand dort unter Zypressen und zwischen Grabmälern eine Versammlung von Türkinnen. Es waren wohl einige Hundert, die inmitten ihrer Kinder und schwarzen Sklavinnen gruppenweise auf dem Rasen lagerten, und der Europäerin fiel das gute Verhältnis zwischen Herrinnen und Sklavinnen auf. Eingehend schilderte sie Aussehen, Kleidung, Frisuren und Verhalten der für sie noch fremden Frauen, wie sie »mit wahrer Götterlust« zu zweit oder dritt eine Pfeife Tabak rauchten und ein Schälchen schwarzen Kaffees dazu schlürften und wie sie naschten: Rosinen, Feigen, gebrannte Haselnüsse und Backwerk. Hier und da stand eine unvermittelt auf und verrichtete ihr Gebet auf einem kleinen Teppich oder einem Tuch.

So verging eine Stunde, dann machte sich Unruhe bemerkbar. Irgendetwas schien im Gang zu sein, und Ida begab sich wieder hinaus in den Vorhof. Sie hatte Glück, der Sultan (Abd ül-Medjid I.) wurde erwartet, und man ließ in der dicht gedrängten Menge die fremde Frau in die ersten Reihen der Zuschauer treten – »eine Gutmütigkeit und Artigkeit der Türken«, bemerkte sie, »die manchem Franken (so heißen im Orient alle Europäer) zu empfehlen wären«. Sie rechnete den einheimischen Männern ihr Verhalten doppelt hoch an, da sie im Allgemeinen keine Achtung für das weibliche Geschlecht hätten, ihm sogar die Seele absprächen und ihren eigenen Frauen befahlen, auf den Galerien der Moschee unsichtbar hinter dichten Gittern zu sitzen. Der Sultan allerdings konnte der Wienerin nicht imponieren, »ein schmächtiges, aufgeschossenes Herrchen von neunzehn Jahren, blaß, matt und abgelebt«. Zwar habe er hübsche Züge und schöne Augen und ohne Zweifel wäre ein stattlicher Mann aus ihm geworden, wenn »er sich nicht zu frühzeitig allen Genüssen der Sinne hingegeben hätte«.

Und die Musik mit Kindertrommel, Hirtenpfeife und Geige, die dem religiös-ekstatischen Tanz der Derwische vorausging, fand sie »so unter aller Kritik, daß ich noch in meinem Leben nichts Erbärmlicheres gehört habe ... Dazu fingen mehrere Stimmen an zu krächzen und zu schnarren, alles ohne Takt und Melodie«. Gegen den Tanz selbst hatte sie nichts einzuwenden, nur Verzückungen oder andere Zustände, von denen sie gelesen hatte, konnte sie nicht bemerken.

Nach der Zeremonie stieg der Sultan wieder auf sein Pferd und begab sich »mit seinem Gefolge und den Verschnittenen« hinweg. Imposanter fand sie da schon den Zug des jungen Herrschers, als er sich später aufs Schiff begab, ein Ereignis, das sie sich nicht entgehen ließ und das sie begeisterte.

Gern besuchte sie auch den großen und den kleinen Campo, Friedhöfe in Zypressenhainen, die die Türken bei Festen und Spaziergängen aufsuchten. Sie fand es seltsam, dass man so zwanglos zwischen Grabstätten weilte, doch gewöhnte sie sich daran und ging auch »in der Nacht mit derselben Ruhe und Gleichgültigkeit an den Gräbern vorüber wie an den Häusern«. Die Toten bedrohten sie nicht, aber die vielen herrenlosen Hunde, hässliche, dem Schakal ähnliche Tiere, die sich von den ekelhaftesten Exkrementen ernährten und damit eine Art Müllabfuhr darstellten, die waren ihr unheimlich. Zwar fielen sie bei Tage wenig auf, doch bei Nacht veranstalteten sie viel Lärm, rauften untereinander und wandten sich auch gegen den Menschen. Man konnte sie sich nur vom Leibe halten, wenn man einen Diener mit Stock und Laterne bei sich hatte – es war eine Erfahrung, die Ida Pfeiffer genau so auch jetzt noch in manchem Land machen könnte. Die Laterne mussten übrigens alle nächtlichen Passanten bei sich haben, weil die Stadt nicht beleuchtet war und jeder, der ohne sie ertappt wurde, im nächsten Wächterhaus landete.

Auf dem Schiff war die Besucherin vom Anblick der Stadt entzückt gewesen, was sie aber im Inneren sah, widerte sie an. Der Schmutz und Gestank, die engen, hässlichen Gassen, das ewige Bergauf- und Bergabsteigen über schlechteste Wege und die ständige Feuersgefahr. Sie schilderte die Vorkehrungen der Einwohner für den Fall eines Brandes und hob dabei die Ehrlichkeit der Türken hervor, auf die man sicherer bauen könne als auf die der Christen und Griechen in Fällen, wo die gefährdete Habe an einen sicheren Ort gebracht werden musste.

In einem leichten Boot fuhr sie über den Bosporus nach Skutari (Üsküdar), und dies betrachtete sie nun als ein außerordentliches Erlebnis: Sie betrat zum ersten Mal einen anderen Weltteil, »aus dem der Mensch seinen Ursprung herleitet, in dem er hochgestiegen und auch wieder tief gefallen, daß ihn Gott in seinem gerechten Zorn bald für immer vertilgt hätte. Und hier in Asien war es wieder, wo Gottes Sohn erschien, um den gefallenen Menschen die Palme der Rettung zu reichen«. Ihr lang gehegter Wunsch, diesen Weltteil zu betreten, war erfüllt worden, und sie war zuversichtlich, dass sie auch noch die Orte sehen würde, »von welchen das wahre Licht der Menschheit ausging«.

Auch in Skutari erlebte sie noch einmal die tanzenden Derwische, und trotz ihres Entsetzens (»Ich würde keinem nervenschwachen Menschen raten, dies ... anzusehen, er könnte es nicht aushalten«) gab sie eine eindringliche Schilderung des »schaudererregenden Schauspiels mit seinem Gebrüll wie von wilden Tieren, den gräßlichen Verzuckungen und Verzerrungen«. Sie konnte sich lange Zeit nicht von diesem Eindruck befreien und fand es unbegreiflich, »daß der Wahnsinn des Menschen so weit gehen könne«.

Da stieg sie lieber in Galata auf den großen Turm, einen Teil der alten Stadtmauer, wo sie oft stundenlang saß und das unvergleichliche Panorama genoss, das zu schildern sie nicht die Kraft zu besitzen meinte. Sie war bescheiden, gab sich als eine schlichte Frau, die sich niemals besonderen Studien gewidmet hatte, eine Hausfrau, die nur beschrieb, was sie sah, und sich immer bemühte, nicht zu übertreiben, nicht zu phantasieren, sondern bei der Wahrheit zu bleiben. Dabei gelangen ihr höchst plastische und eindringliche Passagen – im Positiven wie im Negativen.

Als gute Hausfrau interessierte sie natürlich der Bazar, in dessen Gewühl sie oft kaum vorankommen konnte. Sie durchstreifte ausgiebig die gedeckten, sich durchkreuzenden Gassen, die ihr Licht von oben erhielten und von denen jede einem anderen Handwerk vorbehalten war: den Goldarbeitern, den Schuhmachern oder Seidenhändlern. Wir können sie uns vorstellen, die zierliche Frau aus dem österreichischen Biedermeier, wie sie ein Paar Pantoffeln in die Hand nahm, die mit Gold bestickt und mit Perlen und Edelsteinen verziert waren, und wie sie mit ihrem gewinnenden Lächeln den Händler nach dem Preis fragte. Die Kaufleute waren gefällig, breiteten ihre Schätze aus und murrten nicht, wenn sie weiterging, ohne etwas zu kaufen. Viele Frauen sah sie, die ebenfalls die Waren prüften, die miteinander plauderten oder gar heimliche Kontakte zur Männerwelt pflegten.

Natürlich sollte die Reise nicht weitergehen, bevor sie auch die wichtigsten Moscheen besucht hatte. Allerdings missfielen ihr die damit verbundenen Kosten, denn im Gegensatz zu den reisenden Damen aus vermögendem Haus spielten Preise in ihren Planungen eine große Rolle. Doch weiß man, dass sie ein Spargenie war, sein musste, und tatsächlich machte sie eine Gelegenheit ausfindig, mit einer geringen Gabe hineinzukommen, und sie war dann froh, nicht mehr angelegt zu haben, denn das Innere hatte sie sich großartiger vorgestellt. Die »kühnen Wölbungen der Kuppeln« waren schön, gewiss, aber die fast leeren Räume mochten zwar für Architekten interessant sein, doch wohl kaum für einen »profanen Menschen« wie sie.

Dagegen pries sie die Garküchen für Bedürftige in der Nähe der Moscheen und die vielen Brunnen mit reinem, gutem Wasser, das von eigens angestellten Dienern den Vorübergehenden in sauberen Trinkschalen gereicht wurde. Wie gut, fand sie, dass es da weder Bier- noch Weinhallen gab! »Wollte Gott, dies wäre überall so. Wie mancher Teufel würde wenigstens kein Armer sein, und wie viele blieben bei ihrer hellen Vernunft.« Der Alkoholmissbrauch – ein Thema, über das sie sich noch oft auslassen sollte.

Und dann der mit Herzklopfen besuchte Sklavenmarkt, wo sie aber feststellte, dass die armen Geschöpfe gar nicht so traurig und verwahrlost waren, wie man immer las. Sie lächelten und machten ihre Glossen über die Besucher. Weiße und bemerkenswert schöne Schwarze allerdings wurden in den Wohnungen der »Seelenverkäufer« nur besonders interessierten und zahlungskräftigen Käufern vorgeführt. Im allgemeinen aber schien es doch, dass die Sklaven froh waren, einen Herrn zu finden, denn dann wurde ihr Dasein erträglich; sie mussten nicht übermäßig arbeiten, wurden gut gekleidet und ernährt und nicht misshandelt, ein Urteil das auch bei anderen Autoren jener Zeit zu finden ist.

Ida Pfeiffer scheute sich nicht, den Kaffeehäusern einen Besuch abzustatten, wiewohl sie dort als Frau gar nicht gern gesehen war. Auf diese Entdeckungsreise ging sie jedoch im Schutz eines männlichen Begleiters. Sie hatte sich ja schon einen kleinen Eindruck von solchen Etablissements bei Landgängen an der Donau verschafft, doch war sie der Meinung gewesen, dass es in Konstantinopel ein wenig netter und schöner zugehen würde. Sie sah sich getäuscht. In einer elenden, schmutzigen Stube hockten auf hölzernen Diwanen Türken, Griechen und Armenier, die Kaffee tranken und rauchten. Noch schlimmer war es in einer zweiten Kaffeebude, die – wie ekelhaft! – zugleich als Barbierstube diente. Auf der einen Seite wurde Kaffee serviert, auf der anderen der Kopf eines Türken rasiert. Selbst Aderlässe sollten da vorgenommen werden! Der dritte Versuch ließ sich zunächst ein wenig besser an. Sie traf auf einen Märchenerzähler, der ganz gemächlich begann, doch dann ließ sich der Mann von seiner eigenen Begeisterung fortreißen, schrie und gestikulierte »wie der beste Kulissenreißer einer wandernden Bühne«.

Von der Lebensfreude zum Grab. Auf einem Ausflug begegnete ihr ein Trauerzug, den sie als solchen erst erkannte, als man sie darauf hinwies. Es war ein armer Mann, der, nur in eine Decke gerollt, auf Brettern vorübergetragen wurde. In derartigen Fällen war die Totenfeier bescheiden, die Leiche wurde nochmals gewaschen und in reine Leinwand gewickelt, bevor man sie in eine

Grube versenkte. Ida fand das gut und dachte längere Zeit darüber nach, ob Pomp und Verschwendung den Menschen wirklich auch noch ins Grab geleiten müssen.

Erholung vom Schmutz der Stadt, den sie immer wieder lebhaft und mit Abscheu schilderte, boten ihr Ausflüge in die Umgebung. Sie genoss die Bootsfahrten über das Goldene Horn, auf dem Bosporus, dem Marmarameer und nahm, wie jeder Tourist auch heute noch, lebhaften Anteil an den Festen. Warnungen vor dem Fanatismus der Menge bei religiösen Feiern waren vergebens, sie begab sich in das Gewühl, doch geschah ihr nichts, und sie betonte wieder das gute Benehmen, die Freundlichkeit und Hilfsbereitschaft der Einheimischen.

Wenn möglich, ging sie in Gesellschaft anderer Europäer, und die Freiherrn Carl und Friedrich von Buseck, zwei Brüder, sowie Hubert Sattler, ein Maler, hatten nichts dagegen, dass sie sich ihnen bei der Tour nach Brussa (Bursa) anschloss. Allerdings sollte sie gut reiten können, denn von dem Hafenort Gemlik, den sie in siebenstündiger Fahrt mit einem Dampfschiff erreichen könnten, müsse man auf einem schlechten, etwa dreißig Kilometer langen Weg scharf reiten, um in Brussa bis zum Sonnenuntergang und vor Schließung der Tore anzukommen. Die Hausfrau aus Wien hatte noch nie auf einem Pferd gesessen, aber sollte sie deshalb darauf verzichten, die Stadt am Fuß des Olymp (Ulu Dag) zu sehen? Sie versicherte also, dass sie nicht zurückbleiben werde. Was daraus folgte, zeigt die Entschlossenheit und Durchhaltekraft der immer neugierigen Reisenden, ein Abenteuer, eine Erfahrung, die sich bei allen folgenden Unternehmungen als nützlich erweisen sollten.

Der Schiffsagent hatte ihnen für Gemlik gute Pferde besorgt samt einem »echten, kräftig und wild aussehenden Turkomanen als Führer«, der mit Pistolen, Dolch und Säbel wohlgerüstet war. Die getarnte Anfängerin schwang sich beherzt aufs Ross, empfahl sich ihrem Schutzgeist, und die Gruppe setzte sich in Bewegung, zwar langsam noch, doch gleich über Stock und Stein. Zunächst freute Ida sich, dass es ihr schon nach kurzer Zeit gelungen war, fest auf dem Pferderücken zu sitzen, doch als das Tier in Trab fiel, wurde ihr »ganz kurios zumute«. Die Steigbügel machten ihr Schwierigkeiten, bald hingen sie auf der Ferse, bald verlor sie sie ganz und kam aus dem Gleichgewicht. Doch wagte sie nicht, sich beraten zu lassen, weil ja dann ihre Unkenntnis offenbar geworden wäre. Vorsichtshalber ritt sie am Ende, damit niemand sah, wie sie sich mit beiden Händen an den Sattel klammerte, von einer Seite auf die andere schwankte und alle Augenblicke herabzufallen fürchtete. Wenigstens war ihre Sorge, dass es im Galopp noch schlimmer würde, unbegründet; es ging sogar besser, und sie langte »zwar tüchtig zusammengerüttelt, aber doch ohne Unfall« am Tagesziel an.

Bei alledem brachte sie es fertig, wenigstens so lange man im Schritt ritt, die Gegend zu betrachten: die ineinander übergehenden Täler, das Marmarameer und das Tal von Brussa am Fuß des 2493 m hohen Olymps. Eine schöne Aussicht, fand sie, doch hatte sie in der Schweiz schon Schöneres gesehen, denn das Tal war unkultiviert, menschenleer und wasserarm – kein üppiger Rasenteppich, kein rauschender Strom, kein freundliches Dörfchen und vor allem auch keine Bergriesen mit ewigem Schnee. Der Olymp war zwar ein majestätischer Berg, zugegeben, doch wiederum nicht hoch genug, um Frau Pfeiffer über Gebühr zu beeindrucken, außerdem begann der Schnee bereits wegzuschmelzen. Lediglich Brussa erschien ihr bewundernswert mit seinen unzähligen Minaretts, eigentlich aber auch nur, weil es sich aus einigen Oliven- und Maulbeerpflanzungen heraushob. Hässlich übrigens, diese Olivenbäume mit ihren zerrissenen Stämmen und den schmalen, schmutziggrünen Blättern. Da gefielen ihr die Maulbeerbäume mit ihrem üppig fetten Laub schon besser, und ihnen war ja auch die Seide zu verdanken, für die Brussa Berühmtheit erlangt hatte.

Beim Weg durch die Stadt verlor sich allerdings der Glanz, der sie aus der Ferne umgeben hatte. Was Pfeiffer sah, war auch nicht schöner als Konstantinopel. Die Straßen eng, die Häuser aus Lehm und Holz ärmlich, nur wenige waren aus Stein, und mit diesen vorkragenden Erkern im ersten Stock engten sie die Gasse noch mehr ein und raubten ihr das Licht.

Was aber würde die Nacht bringen? Ein schäbiges Quartier mit kümmerlicher Verpflegung? Diesmal nicht. Der Aufenthalt in dem von außen zwar nicht sehr einladenden Gasthof entpuppte sich als angenehm und erholsam. Die schlichten, aber reinlichen Zimmer lagen um einen dieser Innenhöfe, die in kargen Gegenden so paradiesisch anmuten mit plätscherndem

Wasser und Schatten spendenden Bäumen. Zudem wurde das wohlschmeckende Mahl von einer Flasche vortrefflichen Weins aus der Umgebung gekrönt. Die Reiter-Elevin konnte sich erholen.

Am nächsten Morgen sahen sie mehr von der großen, volkreichen Stadt, die nun ein ganz anderes Bild bot als am Vorabend. In Begleitung ihres sachkundigen Führers durften die Besucher sogar die Moscheen betreten, von denen es nicht weniger als 360 geben sollte, aber die meisten waren ja unansehnlich und verfallen. Nur die größte, Ulu Cami, fand Idas Anerkennung: die auf zierlichen Säulen ruhende Kuppel, aus der ein sanftes Licht herabfiel, und das große Marmorbecken, in dem sich kleine Fische »erlustigten«. Auch einige andere waren »wegen ihrer schönen Bauart nicht zu übersehen«, doch die von manchen Schriftstellern erwähnten kaiserlichen Prachtgebäude suchte sie vergebens, und der kaiserliche Kiosk – da wäre es ja um jeden Schritt schade gewesen, hätte man sich nicht wegen der schönen Aussicht hinaufbemüht. Weit interessanter war die gedeckte Steinbrücke über das hohe, aber wasserarme Flussbett, die die Stadt vom Wohngebiet der Türken mit den Vorstädten verband, wo Christen, Juden und Griechen lebten. Sie gefiel der Wienerin besonders, weil sie mehr europäisch als orientalisch wirkte.

Die Gassen waren menschenleer. Es gab nur die Hunde, diese herrenlosen Kreaturen, wie in Konstantinopel und in den meisten Städten des Orients. Am ehesten waren noch die Bazare bevölkert, wo neben Lebensmitteln besonders Seidenstoffe angeboten wurden.

Aber nicht nur wegen der Seide besuchte man Brussa, sondern auch wegen der Thermalquellen, einem Anziehungspunkt für Kranke mit Rheuma- und Hautleiden seit den Zeiten der Römer bis in unsere Gegenwart. Überhaupt das Wasser! Es kam vom Olymp herab und durchzog die Stadt in unterirdischen Kanälen, und es machte sie schön. Überall plätscherte es, fanden sich Brunnen und Bassins.

Nach der Stadtbesichtigung traten die Besucher die Rückreise an. Ida Pfeiffer hielt sich auf ihrem Pferd, die Herren waren sehr zufrieden mit ihr, nie hatte sie die Gesellschaft aufgehalten, und erst auf dem Schiff gestand sie ihr Wagnis und ihre Angst.

Reise nach Palästina

Der Aufenthalt in Konstantinopel ging seinem Ende zu, doch sie gedachte nicht, wie Verwandte und Freunde wohl glaubten, nach Hause zurückzukehren. Sie hatte Größeres vor: Jerusalem war ihr Ziel. Leider hörte man Ungünstiges von dort, und als sie sich bei ihrer Gesandtschaft um einen türkischen Pass bemühte, wurde ihr dringend abgeraten. Man warnte sie vor der Pest, vor den Unruhen im Libanon, und dann traf sie einen Geistlichen, der selbst erfahren hatte, wie groß die Unsicherheit war. Nicht einmal als Arzt hatte er sich auch nur eine halbe Stunde vom Stadtgebiet Beiruts zu entfernen gewagt. Ein Pilger bestätigte diese Verhältnisse für Palästina und fügte hinzu, dass einer seiner Gefährten ermordet und er selbst ausgeplündert worden waren. Aber, fragte sich Ida, sollte man all das glauben? Man musste nur so lange suchen, bis man jemanden traf, der das Gegenteil versicherte, und der fand sich. Es war eine Methode, die sie noch öfter anwenden sollte. Die Verhältnisse mussten eben ihren Wünschen angepasst werden. Zunächst konnte sie ja versuchen, bis Beirut zu kommen. Man riet ihr, wenigstens Männerkleidung anzulegen, doch darauf wollte sie sich nicht einlassen. Ihre kleine, magere Gestalt würde sicher zu einem Jüngling passen, ihr ältliches Gesicht aber mehr zu einem Mann, und dann ohne Bart? Sie würde leicht als Frau zu erkennen sein. Also behielt sie Rock und Bluse bei und setzte einen runden Strohhut auf. Tatsächlich hatte sie das Richtige gewählt, die Leute begegneten ihr mit Achtung, ja hatten oft Nachsicht und Güte für sie, gerade weil sie eine Frau war.

Bisher war sie immer in Gefilden gewesen, wo es nicht nur viele Reisende aus Europa gab, sondern auch Europäer, die dort lebten. In dem Moment aber, wo sie das österreichische Dampfschiff »Erzherzog Johann«, betrat, änderte sich alles. Niemand geleitete sie an Bord, »die Menschen, die Sprache, das Land, das Klima, die Sitten und die Gebräuche« erschienen ihr fremd. In solchen Augenblicken suchte sie ihre Zuflucht bei Gott und wurde ruhig, konnte sich nun »mit stiller Heiterkeit« umsehen. Sie schilderte Abschiedszenen, Deckpassagiere, die sich mit Matten, Betten und Kochzubehör niederließen und dann ihre Gebete verrichteten; auch zwei Sklavinnen waren an Bord, die ein Scheich in einem niedrigen Zelt verborgen hielt und die sie, leider, auch in neun Tagen nicht zu Gesicht bekam. Als das Schiff den Hafen verließ, war sie die einzige unter lauter fremden Nationen. Doch dann fand sich Mr. B., ein Engländer. Sie sprachen »in der überall herrschenden Sprache der Franzosen« miteinander, hatten ähnliche Absichten und Ziele und beschlossen, bis Jerusalem gemeinsam zu reisen. Mit dem Schiff hatte sie Glück, in der zweiten Klasse war, entgegen früheren Erfahrungen, alles wunschgemäß: Männer und Frauen wohnten getrennt, man fand Waschbecken, die Kost war gut, und man wurde nicht betrogen.

Um ja nichts zu verpassen, hielt sie sich lange vor Sonnenaufgang und bis spät in die Nacht an Deck auf. Sie bedauerte, einige der griechischen Inseln im Ägäischen Meer nicht betreten zu können, und wagte kaum zu atmen, als sie zur Ebene von Troja hinübersah. Da kamen Jugenderinnerungen auf an Achilles, Patroklos, Ajax und Hektor, doch sie erblickte nichts als eine öde und verlassene Landschaft.

Nach der Landung in Smyrna (Izmir) wurde sie von einem europäischen Gastgeber, Herrn v. K., abgeholt und ritt mit ihm auf Eselsrücken zu seinem Landhaus. Dabei sah sie zum ersten Mal Kamelkarawanen und war entzückt von diesem »echt arabischen« Bild. Entzückt auch von den Gärten, der üppigen Vegetation, den Granatbäumen mit ihren prächtigen, hellroten Blüten, dem Oleander, den Zypressen, Oliven und Orangen und der ersten Dattelpalme.

Am folgenden Morgen durchstreifte Herr v. K. mit ihr Smyrna, die Europäerstadt mit den geschmackvollen Steinhäusern inmitten von Gärten und dann das Türkenviertel, das sie unangenehm an Konstantinopel erinnerte. »Warum soll es hier auch anders aussehen? Hier wie dort wohnen Türken, und weder die einen noch die andern haben das Bedürfnis, luftig und rein zu wohnen, wie wir verwöhnte Franken.« Und sie erinnerte sich, dass Smyrna der Geburtsort von Homer war. »O Homer, in dem heutigen Griechenland würdest du keinen Stoff mehr zu deiner unsterblichen Iliade finden.«

Idas Wissbegierde wandte sich vielen Dingen zu, auch solchen, die mehr zu denen der Männerwelt gerechnet wurden. Doch betrachtete sie stets mit besonderer Anteilnahme die Frauen, was ganz natürlich war, erhielt sie doch in weit größerem Maße als männliche Reisende Zutritt zu deren Welt. Dabei wurden Noten für gutes Aussehen verteilt, nach europäischen Maßstäben wohlgemerkt, und so gab es mehr negative als positive Urteile, ja auffallend oft erschien die Bezeichnung »häßlich«. So schöne Frauen aber wie in Smyrna waren ihr weder vorher noch kaum später vorgekommen, Zaubergestalten geradezu – doch nur unter den Griechinnen ...

Die Schiffsreise ging weiter, und sichtlich konnte ihr das Meer nun nichts mehr anhaben, trotz starker Winde und hochgehender Wogen: Die Phase der Seekrankheit schien glücklich überwunden. Bei einer Zwischenlandung auf Rhodos suchten die Passagiere vergebens nach der Stelle, wo einst der berühmte Koloss gestanden hatte. Ida Pfeiffer ging inzwischen ihre eigenen Wege, bewunderte in der Stadt die schönen Gassen, die wohlerhaltenen Häuser und nicht zuletzt das Pflaster aus bunten Mosaiksteinen, dem man sein Alter nicht ansah. Freilich wurde es auch nicht von schweren Wagen beschädigt, hier trugen Pferde, Esel und Kamele alle Lasten. Besonders beeindruckt war sie von den Häusern der Malteserritter. »Von außen sieht alles so gut erhalten aus, daß man glauben sollte, die Ritter seien nur ausgezogen, ihr Siegespanier auf das Heilige Grab zu pflanzen. Ausgezogen sind sie wohl – um in eine bessere Heimat einzugehen. Jahrhunderte wehen über ihrer Asche, die zerstreut in allen Teilen der Welt liegt. Doch ihre Taten sind gesammelt vor Gott und den Menschen, und bewundert leben sie fort im Andenken der letzteren.« Ida Pfeiffer hatte gelesen und gelernt, sie war eine überzeugte Christin, und sie fühlte sich mit allen Sinnen in den Geist der von ihr besuchten Orte und deren Geschichte ein.

Doch solche Stimmungen wurden wieder von kritischen Betrachtungen abgelöst, bei denen sie Angelesenes ihren eigenen

Erfahrungen gegenüberstellte. Den abendlichen Sonnenuntergang zum Beispiel hatte sie sich erhabener vorgestellt. Die Sonne sank in dem wolkenlosen Himmel ohne Strahlenbrechung ins Meer und stieg am Morgen ebenso wieder herauf. Welches Bild dagegen auf dem Rigi in der Schweiz! Dort hatte sie in Andacht aufgelöst auf die Knie sinken wollen und in lautlosem Staunen Gott in seinen Werken bewundert.

Schließlich Beirut – ein Eden für das entzückte Auge, die vielen Türme, die Landhäuser, die Maulbeerpflanzungen und dahinter das Gebirge. Aber dann begann der Kampf ums Tägliche. Die Passagiere, umringt von hilfswilligen Arabern, wurden unter Zank und Streit auf den Rücken geladen und durchs seichte Wasser an Land getragen. Und dann ging es ans Zahlen. Aber Pfeiffer hatte sich rechtzeitig über die Preise informiert und verstand es so geschickt zu handeln, dass am Ende noch Raum für ein Trinkgeld blieb.

Sie hatte die Situation wieder einmal gemeistert. Als sie aber glücklich das einzige Gasthaus erreichte, war kein Zimmer frei. Nirgends fand sie Unterkunft. Endlich erbarmte sich der Wirt, geleitete sie zu seiner Frau und versprach, ein Privatzimmer für sie ausfindig zu machen. Mittlerweile saß sie inmitten einer Kinderschar, ohne sich verständlich machen zu können, denn es wurde nur Arabisch gesprochen, und litt unter der Hitze. Doch dann kam Nachricht von ihrem Begleiter, dem Engländer, dass die Reise gleich weitergehen könne. Von den Drusen und Maroniten auf dem Weg nach Jaffa, zwei als wild und kämpferisch geltenden religiösen Gemeinschaften, sei nichts zu befürchten, und die Pest herrsche nur an Orten, die sie ohnehin nicht betreten müssten. Mr. B. hatte schon einen Diener gemietet, der kochen und dolmetschen würde, hatte Lebensmittel und Kochgeschirr gekauft und Plätze auf einer arabischen Barke, einem kleinen Küstenboot, bestellt, Dampfschiffe gab es auf dieser Route nicht. So blieb Beirut erst einmal unerforscht zurück.

So eine Barke bot wenig Komfort, man brachte die Tage und Nächte unter freiem Himmel zu. Diese hier hatte Töpferwaren, Reis und Korn in Säcken geladen. Pfeiffer hüllte sich in bewährter Weise in ihren Mantel und legte sich auf die Säcke zwischen die schnarchenden Araber, fand aber keine Ruhe und tröstete sich mit der Betrachtung der Mondlandschaft.

Sie fuhren an der syrischen Küste entlang, durften aber wegen der Pest nicht anlegen, und das war bedauerlich, denn nun wurde die Fahrt zur Pilgerreise. Es ging an Sarepta (Sarafand) vorüber, wo der Prophet Elias während einer Hungersnot von der armen Witwe ernährt worden war. Tyrus (Sur) lag einsam und verödet, die Seuche wütete dort besonders schlimm. Mit klopfendem Herzen sah Ida St. Jean d'acre (Akko) am Fuß des Berges Karmel entgegen, wo während der Kreuzzüge der Hochmeister des Johanniter-Ordens seinen Sitz gehabt hatte und das ein wichtiges Zentrum für die Kreuzfahrer gewesen war. »Dies also«, dachte sie, »ist der heilige Boden, auf welchem Christus für uns Menschen gewandelt ist.«

Sie lebten von Pilaw am Morgen und Pilaw am Abend, Reis mit gedünstetem Hammel oder Geflügel, und tranken lauwarmes Wasser mit etwas Rum dazu. Pilaw sollte Ida Pfeiffer noch öfter vorgesetzt bekommen, auch spätere Reisende haben sich davon ernährt und ihre Erfahrungen in einem Stück Reiselyrik festgehalten:

Wer nie Pilaw mit Unschlitt (Talg) aß,
Wer nie am Mangal (Kohlebecken) frierend saß,
Wer nie im Bett den Schirm aufspannte,
Der kennt dich nicht du herrliche Levante.

In Jaffa war die Wienerin mangels einer anderen Unterkunft Gast beim österreichischen Konsul, der sie freundlich in sein Haus aufnahm und ihr seine Frau, die drei Töchter und drei Söhne vorstellte. Alle waren türkisch gekleidet, die Frauen mit Goldmünzen geschmückt. Man zeigte ihr die Stadt samt der Umgebung, wo sie zum ersten Mal einen »indianischen Feigenbaum«, den Feigenkaktus, sah. Sie bewunderte die Gärten mit südlichen Früchten, vermisste aber einen schönen Rasen mit Feldblumen. Hier wuchs alles aus sandigem oder steinigem Boden hervor, und Blumen sah sie gar nicht. Noch so manches Mal hat sie auf ihren Reisen die saftigen Wiesen ihrer Heimat vermisst.

Abends wurde ein orientalisches Mahl aufgetischt, bei dem die Familie mit untergeschlagenen Beinen am Boden saß und mit den Fingern aß; für den Gast hatte man einen Stuhl und auch ein »altes

Eßbesteck aus irgendeiner Rumpelkammer hervorgesucht«. Die Gerichte sagten ihr gar nicht zu, selbst der Pilaw erschien ihr durch seine ungewohnten Gewürze »unschmackhaft«; an den Gurken fehlte die Hauptsache, Essig und Öl, und der in Milch gekochte Reis war ihr durch die große Portion Rosenöl zuwider.

Zusammen mit Mr. B., dem Engländer, ging es von hier zu Pferde nach Jerusalem. Und nun gab die doch nicht mehr Jugendliche wieder einen Beweis ihres Durchhaltevermögens. Nachdem sie zwei Stunden geritten waren, nahmen sie ihren Morgenimbiss ein: hartgekochte Eier, ein Stückchen Brot und lauwarmes Zisternenwasser. Sie litten nicht nur unter der Hitze, die an die 38 Grad betrug, sondern auch unter den Angriffen großer Mückenschwärme auf Nase und Ohren. Doch gehörte all dies noch zum bequemen Teil der Reise, bis sie zum Fuß des Gebirges kamen. Dort machten sie noch einmal eine kleine Rast und tränkten sich und die Tiere an einer Zisterne, wobei sie nur mit Mühe und unter Nachhilfe von etwas Geld bis zum Wasser vordrangen, das »so trüb und lau war, daß ich wohl nie gedacht hätte, noch froh sein zu müssen, mit so ekligem Getränk meinen Durst zu stillen«. Trotzdem füllten sie damit auch noch ihre Lederflaschen.

Nun wurde der Pfad gefährlich. Es ging aufwärts über Steingeröll und durch Schluchten. Eine gewisse Entschädigung bot ihnen der gelegentliche Blick über die Ebene bis zum Meer, vor allem aber schöpfte Ida Kraft aus dem Gefühl, auf heiligem Boden zu »wandeln«, wo jede Ruine von vergangenen Zeiten sprach. Doch plötzlich ergriff sie ein Schwindel, ihr wurde übel von der Hitze. Sie hatte ja auch kaum etwas gegessen, nur immer geritten waren sie durch diese öde Gebirgslandschaft, fünf Stunden lang, und seit ihrer Abreise von Jaffa waren schon elf Stunden vergangen. Sie versuchte, sich nichts anmerken zu lassen, sonst hielte Mr. B. sie vielleicht gar für schwach und würde am Ende ohne sie weiterreiten.

Aus Sorge, vom Pferd zu fallen, stieg sie ab und ging zitternd und schwankend nebenher, bis sie sich wieder ein wenig kräftiger fühlte. Mr. B., der die ganze Tour in sechzehn Stunden hatte machen wollen, fragte, ob sie sich noch stark genug dazu fühle, und Ida, die nie eine Schwäche zugab, versicherte ihm, dass sie gut noch fünf bis sechs Stunden reiten könne. Zu ihrem Glück erging es ihm aber bald ähnlich, und nun war er es der vorschlug, im nächsten Dorf einige Stunden auszuruhen. Pfeiffer schickte ein Dankgebet zum Himmel und stellte ihrem Begleiter großmütig frei, nach seinem Gutdünken zu entscheiden. Sie blieben also in Kariet el Aneb (Amwas), dem ehemaligen Emmaus, wo Jesus den Jüngern begegnet war, ließen sich in der Vorhalle einer Moschee nieder und fanden nicht nur eine gute Quelle, sondern wurden auch vom Scheich des Dorfes mit mehreren Gerichten bewirtet und mit seiner (langweiligen) Anwesenheit beehrt. Dann schlug Mr. B. vor, den Weg um Mitternacht fortzusetzen, da es um diese Zeit sicherer sei. Ida war zwar nicht wohl bei dem Gedanken, doch sie gestand es natürlich nicht ein. Zum Glück schien der Mond hell, sodass die Pferde sicher treten konnten. Aber sah sie nicht unheimliche Schattengestalten von Riesen und Zwergen, »bald auf uns zueilend, bald sich hinter Felsenmassen verbergend oder in ihr Nichts zusammensinkend«?

Auf heiligem Boden

Als die Sonne aufging und sie vor den Mauern Jerusalems standen, brach für sie der schönste Tag ihres Lebens an. Sie stiegen in der Nuova Casa ab, dem Pilgerhaus der Franziskaner, die Reiche und Arme, Katholiken und Protestanten aufnahmen, und Ida Pfeiffer, die Pilgerin, eilte in die Kirche zu einem innigen Dankgebet. Dabei fiel ihr auf, dass die Gläubigen wenig Andacht zeigten und sich durch jede kleine Unterbrechung stören ließen. Sie wurde von Kopf bis Fuß gemustert, die Leute redeten über sie, stießen sie sogar an und langten nach ihrem Hut, und sie fand es gar nicht gut, dass man so eifrig schwatzte und so wenig betete und die Kinder dabei ihr Morgenbrot verzehrten.

Ihr Zimmer war einfach möbliert, das störte sie nicht, wohl aber der Schmutz und die zerbrochenen Fensterscheiben. Doch brauchte man nichts zu bezahlen und konnte einen ganzen Monat bleiben, aber natürlich wurden Spenden gern angenommen. Ida unterrichtete nun ihre Leserinnen über den gesamten Speisezettel, an dem ihr nur das Schöpsen(Hammel)fleisch nicht behagte, aber Ochsen oder Kälber wurden hier im Sommer nun einmal nicht geschlachtet. Sie musste sich daran gewöhnen, von Mai bis September auf Rindssuppe und Rindfleisch zu verzichten, die für sie der Inbegriff eines schmackhaften Essens zu sein schienen, denn die hier geäußerte Klage taucht wiederholt in ihrem Tagebuch auf.

Ein Deutscher, Pater Paul, bot sich ihr als Führer an auf dem unendlichen Pilgergang: die Via Dolorosa, das Haus des Pilatus; die Omar-Moschee allerdings konnten sie nur aus der Ferne betrachten, wenn sie keinen Steinregen riskieren wollten. Doch erwiesen die Türken jenen Christen Achtung, die sich religiös und andächtig zeigten, wenn sie die ihnen heiligen Stätten besuchten.

Weiter ging es zum Haus des Herodes, dem des Prassers, der heiligen Veronika, einem anderen mit zwei Fußabdrücken der Maria, auch den Geburtsorten von Maria und Maria Magdalena. Am folgenden Tag war die Kirche des Heiligen Grabes an der Reihe, zu der mehrere enge, schmutzige Gassen führten. Lauter Buden standen dort, »wie zu Mariazell in der Steiermark und an vielen anderen Wallfahrtsorten, in welchen eine Auswahl von Rosenkränzen, geschnitzten Perlmuttermuscheln, Kruzifixen usw. zu finden« war. Der Besucher tat gut daran, sich mit einer Anzahl kleiner Münzen zu versehen, denn er wurde von Bettlern umschwärmt. Sie besuchten den Salbungsstein und den Stein, auf dem der Engel saß und den Frauen die Auferstehung verkündete, außerdem das Grabmal Christi aus weißem Marmor. Ida kniete an allen Stellen nieder, die ihr heilig und schon in der Kindheit Gegenstand ihrer Wünsche gewesen waren. Sie sah ferner die unterirdische Nische, in der Jesus als Gefangener saß, und die, in der die Soldaten um seine Kleider würfelten. Unweit vom Grab des heiligen Nikodemus stieg sie 27 Stufen zur Kapelle der Helena hinab, wo die heilige Frau betete und nach dem Heiligen Kreuz suchen ließ. Noch einige Stufen tiefer schließlich zeigte eine Marmorplatte den Platz, wo es gefunden wurde.

Dann kamen sie zur Schimpf- oder Spottsäule, an welcher der Heiland angebunden und gekrönt wurde. Wenige Schritte davon stand die Säule, wo man ihn geißelte. Dann wieder einige Treppen hinauf zur Schädelstätte oder dem Fels, wo er gekreuzigt wurde, und daneben die Schmerzenskapelle, wo die heilige Maria den Tod ihres Sohnes miterlebte; auf der anderen Seite die Stelle, wo das Kreuz stand. Der Riss, der den Felsen spaltete, war mit einer Silberplatte eingefasst, die ihn gegen die vielen Küsse und Berührungen der Pilger schützen sollte.

Was die fromme Katholikin aus Europa nicht verstehen konnte, waren die immer wieder aufflammenden Streitigkeiten zwischen Angehörigen verschiedener Konfessionen, denen die Grabeskirche gemeinsam gehörte, den Griechisch-Orthodoxen, den Armeniern und den Katholiken. Solche Auseinandersetzungen führten bei besonderen Anlässen gar bis zum Blutvergießen. Sie empfand es als eine Schande, dass dann die Türken einschreiten mussten, um unter den Christen wieder Ruhe und Ordnung herzustellen, und fragte sich, »was denn jene Völker, die wir Ungläubige nennen, für einen Begriff von uns Christen haben, wenn sie sehen, mit welchem Hass und Neid eine christliche Sekte die andere verfolgt? Wann wird diese entehrende Parteiensucht wohl beseitigt werden?«

Sie brachte eine ganze Nacht in der Grabeskirche zu, beichtete am Nachmittag, begleitete mit einer brennenden Kerze, die sie zur ewigen Erinnerung mit heimnahm, den Umgang zu allen Leidensstationen und blieb dann allein zurück, um noch einmal ungestört in feierlicher Stille alle heiligen Stellen zu besuchen. Es waren die schönsten Stunden ihres Lebens – »wer die erlebt, hat genug gelebt!« Bei der Orgel wies ihr eine alte Spanierin, die wie eine Nonne lebte und über Nacht den Pilgerinnen Gesellschaft leistete, einen Ruheplatz an.

Um Mitternacht begannen die verschiedenen Gottesdienste der Griechen, Armenier, Katholiken und anderen Religionsgemeinschaften. Da wurde auf frei hängende Bretter oder Metallstangen geschlagen und gehämmert, wurde die Orgel in Bewegung gesetzt, wurde gesungen und geschrien. Dieser große, unharmonische Lärm konnte die fromme Pilgerin, die gerade noch die Stille genossen hatte, nicht begeistern. Sie zog sich mit der Spanierin in den Chor der Katholiken zurück, um mit den Gläubigen eine Stunde laut zu beten. Um vier Uhr morgens hörte sie mehrere Messen, kommunizierte, ließ sich um acht von den Türken die Kirche aufschließen und ging zurück in ihr Quartier.

Auf dem Weg zum Ölberg gab es wieder eine Fülle heiliger Stätten zu sehen: den Ort, wo man den heiligen Stephan steinigte; eine Platte mit Jesu Fußabdrücken an der Brücke über den Kidron; die Grotte, wo Jesus Blut schwitzte; Gethsemane mit den acht Ölbäumen, die noch aus Christi Zeit stammen sollen und wo er seine letzte Nacht im Gebet verbrachte; die Stelle, wo die drei Jünger während jener Nacht schliefen; eine andere, wo Judas den Verrat beging, sowie die kleine Kirche mit dem Grab der Maria. Vom Fuß des öden und unfruchtbaren, nur mit Öl- und Johannisbrotbäumen bestandenen Ölberg stieg man in einer Dreiviertelstunde auf die höchste Spitze. Dort fuhr Jesus gen Himmel, und nicht weit davon fand sich der Feigenbaum, den er verfluchte, sowie die Stelle, an der Judas sich erhängte. Es war nicht ungefährlich, die Stadt allein zu verlassen. Diese Erfahrung machte auch Ida Pfeiffer, als sie eines Nachmittags mit dem Grafen Berchthold, den sie im Pilgerhaus kennen gelernt hatte, mehrere dieser Orte besuchte. Ein stämmiger Ziegenhirt bedrohte sie mit einem Knüppel, als sie sich weigerten, ihre Geldbörse herauszunehmen. Er fasste den Grafen am Arm und brüllte Unverständliches auf Arabisch, das sie jedoch zu deuten wussten. Zum Glück konnte der Graf sich losmachen, und als in diesem Moment einige Leute auftauchten, zog sich der Angreifer zurück.

Ida wanderte umher von einem Kloster zum anderen und ließ keine Sehenswürdigkeit aus. Eine beachtliche Leistung, tagelang zu Fuß unterwegs zu sein, Stufen und Treppen auf- und abzusteigen über holprige Felsenpfade und durch nicht viel leichter zu begehende Gassen, dazwischen das Stehen und Betrachten. Selbst wenn sie, wo es möglich war, einmal das Pferd nahm, muss man ihre Kraft und Ausdauer bewundern. Und nicht zuletzt das Tagebuch, all die Einzelheiten, die sie niederlegte, die Würdigungen und Kritiken, die sie zu Papier brachte.

Das griechische Kloster fand sie sehr schön und weitläufig, es hatte aber auch, wie sie meinte, wegen der zahlreichen Pilger die größten Einkünfte, denn jeder musste die kümmerliche Unterkunft teuer bezahlen. Auch in dem sehr freundlich wirkenden armenischen Kloster mit den »unter allen Begriffen schlecht gemalten« Bildern wurden die Pilger gehörig ausgebeutet, doch, so bemerkte sie sarkastisch, nahmen sie dafür einen Überfluss an geistiger Nahrung mit sich.

Nach Bethlehem ging es zu Pferde in Gesellschaft von Graf Berchthold, Graf Salm-Reifferscheid (auch er ein Bekannter aus dem Pilgerhaus) sowie Pater Paul. Wieder wurden historische Stellen besucht: ein Brunnen, an dem die drei Weisen vom Morgenland geruht haben und ihnen der leuchtende Stern wieder erschienen sein soll; das griechische Kloster des Propheten Elias; das Grabmal Rahels. Beim Besuch des Klosters in Bethlehem wurden sie besonders unangenehm von bettelnden Kindern umringt. »Der eine hält das Pferd, der andere den Steigbügel, ein dritter und vierter reichen helfend die Arme, die übrigen bilden die Zuseher, und am Ende strecken alle die Hände nach Bakschisch aus.« Ida empfahl genügend kleine Münzen oder eine Reitgerte, um sich von den kleinen Quälgeistern zu befreien, und war nur froh, dass die Pferde nicht scheu wurden, aber die hatten sich an solche Szenen wohl längst gewöhnt. – Wenn sich die Zeiten auch ändern, manches kann man noch nach hundert Jahren ganz ähnlich wie Ida Pfeiffer erleben.

Die Vier verbrachten zwei Stunden in der Kirche zu Bethlehem, betrachteten die zahllosen mit dem Leben Jesu verbundenen Sehenswürdigkeiten und ritten dann noch eine Stunde weiter in Richtung Hebron. Sie stiegen in eine der drei Zisternen Salomons hinab, von denen noch heute Wasser nach Bethlehem und Jerusalem geleitet wird, fanden sie damals aber ausgetrocknet. Als sie ins Kloster nach Bethlehem zurückkehrten und ein »frugales aber gut bereitetes Mahl« einnahmen, trafen noch zwei bekannte Reisende ein, und dann wurden noch einmal alle heiligen Stätten gemeinsam besucht.

Zwei Tage später ritt Ida mit einem Führer nach St. Johann (En Kerem oder Ain Karim), dem Geburtsort Johannes des Täufers, vorüber an der Stelle, wo das Holz für das Kreuz Christi gefällt wurde; einer anderen, auf der der Kampf zwischen David und Goliath stattfand, und der Grotte der Heimsuchung, wo die heilige Maria zur heiligen Elisabeth kam und wo letztere begraben liegt.

Unsere Reisende, die einige Leute manchmal doch etwas seltsam fanden, musste sich auch offene Kritik gefallen lassen. Bei einem ihrer häufigen Besuche in der Kirche der Franziskaner ersuchte sie ein Geistlicher, ihre Kleidung zu ändern oder wenigstens den Strohhut gegen ein Tuch zu vertauschen und ihr Gesicht zu verhüllen. Zwar war sie bereit, den Hut abzulegen, aber das Gesicht verhüllen? Ida war empört. Noch nie hatte jemand ein solches Begehren an eine Europäerin gestellt. War es nicht gerade sie, die die Kirchenbesucher am liebsten zur Ordnung gerufen hätte, weil ihnen »alles wichtiger und interessanter zu sein schien als die Andacht«? Hatte sie nicht längst Pater Paul erklärt, dass sie lieber in ihrem Kämmerchen beten wolle als unter solchen Menschen? Sie antwortete dem Geistlichen, er möge seinen Gläubigen sagen, dass es besser sei, auf die Messe und ihre Gebete zu achten als auf sie. Vor Gott gelte ihr Anzug gerade so viel wie der ihre. Natürlich änderten die Leute ihr Verhalten nicht, und fortan mied sie möglichst dieses Gotteshaus.

Die Abweichung von den Gepflogenheiten ihrer heimischen Glaubensgenossen irritierte sie nicht selten. Als sie an einem Haus vorüberkam, aus dem gellender Lärm schallte, und erfuhr, es seien Klageweiber bei einem Todesfall, ließ sie sich von ihrem Begleiter in das Zimmer des Verstorbenen führen. Wären an der Wand nicht einige Heiligenbilder und ein Kruzifix gewesen, sie hätte nicht geglaubt, in einem katholischen Haus zu sein. Unfassbar, diese plötzlich ausgestoßenen Töne und gleich darauf die große Stille, während der man ganz gemütlich ein Schälchen Kaffee zu sich nahm, um nach einiger Zeit von Neuem das Geheul anzustimmen. Sie hatte genug gesehen, um sich zu ärgern, und setzte ihren Weg fort.

Das Heilige Land war eine gefährliche Gegend. Es empfahl sich, in größeren Gruppen zu reisen und manchmal sogar eine Eskorte bei sich zu haben. Außerdem brauchte man Zelte, Lebensmittel, Kochgeschirr, Dienerschaft, und das ging über Idas Möglichkeiten. Doch sie traf die Grafen wieder und hörte, dass sie einen Ausflug nach dem Jordan und dem Toten Meer planten. Ihnen hätte sie sich gern angeschlossen, doch die Herren meinten, das sei zu anstrengend für eine Frau. Aber da war Graf W., der sie auf dem Ritt von Bethlehem nach Jerusalem beobachtet hatte, er versicherte, dass es ihr weder an Mut und Geschicklichkeit noch an Ausdauer fehle. Sie wurde also in die Gruppe aufgenommen und brauchte lediglich für ihre Pferde zu sorgen.

Ein gewagtes Unternehmen. Am besten, man ließ in Jerusalem oder in Bethlehem einige Häuptlinge der Araber und Beduinen kommen und schloss mit ihnen einen Sicherheitsvertrag. Das kostete eine mäßige Summe, doch dann stand man unter deren eigenem Schutz oder dem ihrer Verbündeten. So wurde die Gruppe von zwei Häuptlingen und zwölf Mann begleitet. Die Karawane setzte sich aus sechs Reisenden, fünf oder sechs Dienern und der Schutztruppe zusammen. Alle hatten sich gut bewaffnet mit Gewehren, Pistolen, Säbeln und Lanzen. Ihr erstes Tagesziel war das 483 n. Chr. gegründete und nach einem Erdbeben im Jahr 1834 wieder aufgebaute Kloster St. Sava (Mar Saba). Die Gruppe ritt vier Stunden lang durch eine Landschaft, die wegen ihrer trockenen Kargheit und Menschenleere fast unheimlich wirkte. Eine halbe Stunde vor dem Kloster, wo die eigentliche Wüste begann, sollte Jesus vierzig Tage gefastet haben und vom Teufel das erste Mal versucht worden sein.

Was die einzige Frau unter Männern hier erlebte, die Landschaft, das Kloster, die einsame Nacht, schilderte sie so farbig und anschaulich, dass nicht nur ihre damaligen Leserinnen gefesselt sein mussten: die Totenstille, die Tritte der Pferde, die von den Felsenterrassen widerhallten, ein paar Vögel, die lautlos und wie ängstlich über ihnen herumschwirrten, und dann das griechische Kloster, das sich terrassenförmig vom Flussbett den Hügel hinanzog. Die Mönche waren in dieser gefahrvollen Gegend gezwungen, sich auf Felsen niederzulassen und gegen Angriffe zu wappnen, deshalb hatten sie ihre Anlage mit einer starken Festungsmauer umgeben.

Die Besucher wurden freundlich eingelassen, alle – bis auf Ida Pfeiffer. Kein Zutritt für Frauen! Musste die Arme jetzt die Nacht unter freiem Himmel zubringen? Ein zweifelhaftes Vergnügen in dieser unsicheren Gegend! Doch man hatte ein Quartier für sie: den festen, viereckigen Turm, der etwa achthundert Schritt vom Kloster entfernt stand. Ein Laienbruder, für den sie wohl keine Versuchung oder sonstige Gefahr bedeutete, zeigte ihr den Weg. Sie stiegen über eine Leiter zum ersten Stock hinauf und krochen durch ein niedriges, mit einem Schloss versehenes Eisenpförtchen ins Innere. Da war es ganz geräumig, und über eine weitere Treppe kamen sie zu einer kleinen Kapelle mit Altar und Lämpchen und einem Kämmerchen, in dem eine hölzerne Liege für Pilgerinnen stand. Die Wienerin war hier also nicht die erste Frau, die am Hauptgebäude abgewiesen worden war. Der Bruder versprach, ihr noch ein Kissen und eine Decke zu bringen sowie etwas zu essen und zu trinken. Keine Nacht im Freien also, doch eingesperrt, der Führer schloss ab und nahm die Leiter wieder mit.

Ida suchte, wie sie es immer tat, die höchste Stelle aus und sah von den Zinnen des Turms nur Wüste, nackte Berge, nichts Pflanzliches, kein Merkmal menschlicher Anwesenheit und alles in tiefster Stille. »Es kam mir gerade so vor, als hätte Gott absichtlich auf diesen Fleck Erde vergessen, um ihn als Wüste für unseren Heiland zu bewahren.« Sie sank auf die Knie, lobte und pries Gott auch in dieser für den Menschen fast unerträglichen Natur.

Von der anderen Seite des Turms konnte sie in das Kloster blicken, wo lebendige Geschäftigkeit herrschte. Sie beobachtete ihre Reisegenossen mit der einheimischen Eskorte und freute sich, »wie der wilde Araber, der diebische Beduine ruhig und gemütlich neben dem friedlichen Geistlichen und dem neugierigen Europäer seine Geschäfte und Gebräuche« vollzog. Vom Kloster und seiner Kirche konnte sie nichts sehen, aber sie war sicher, dass sie sich trotzdem an diesen Abend noch oft mit Dankbarkeit und Freude erinnern würde.

Man hatte sie nicht vergessen. Ein Geistlicher, ein Laienbruder und einer ihrer Herren brachten ihr ein Kissen, eine Decke sowie etwas zu essen und boten einige der Diener als Wache an, was sie rührend fand. Doch wollte sie keine Schwachheit zeigen und beteuerte, keine Angst zu haben. So wurde sie wieder eingeschlossen, verbrachte eine ruhige und angenehme Nacht und erhielt zum Frühstück schwarzen Kaffee. Dann wurde sie an die Klosterpforte zu den Gefährten geleitet, von denen einige gestanden, dass sie nicht gern an ihrer Stelle gewesen wären.

Nächstes Ziel war das Tote Meer – ein ausgestorbener, trauriger Ort. Sie sahen wenig von dem 80 km langen Salzsee, der fast 400 m tief ist, die tiefste Landschaft der Erdoberfläche und eine der heißesten Gegenden – das Thermometer zeigte 40 Grad Celsius. Dabei war die Sicht schlecht, ein feiner Nebel schien über der Wasserfläche zu liegen. Sie nahmen zwischen verkrüppeltem Treibholz im heißen Sand ihr Frühstück ein: hartgekochte Eier, ein Stück schlechten Brotes und lauwarmes Wasser. Ida fand das schmutzige, blassgrüne Wasser des Sees, dessen Temperatur etwa 30 Grad Celsius betrug, tatsächlich viel bitterer, zusammenziehender und salziger als jedes andere. Entgegen allen Beschreibungen, die sie gelesen hatte, war das Leben von Tieren und Pflanzen aber nicht gänzlich erstorben: Sie machten ein paar kleine Vogelschwärme aus und entdeckten in der näheren Umgebung einzelne verkrüppelte Nadelbäumchen, mehrere Kapernsträucher und ziemlich hohe Stauden, deren Beeren sie probierten. Es war gut, diesen Ort nach einer Stunde wieder verlassen zu können, wo einst fünf Städte, unter ihnen Sodom und Gomorra, gelegen haben sollen, deren Standort aber bis heute nicht nachgewiesen werden konnte.

Nach der unübersehbaren, mit Gestrüpp überdeckten Sandwüste die blühenden Ufer des Jordans, wo Christus vom heiligen Johannes getauft worden war. Die Männer stürzten sich in den schnell fließenden Strom, Ida wusch sich Gesicht, Hände und Füße. Dann tranken sie nach langer Zeit der Entbehrung ausgiebig von dem zwar lehmigen, aber frischen Wasser. Die erfahrene Reisende füllte ihre Blechflaschen auf, die sie von Jerusalem mitgebracht hatte und die dort wieder verlötet werden sollten; nur so war es möglich, das Wasser unverdorben nach den fernsten Orten zu bringen.

Bei der Weiterreise erschienen in der Ferne Menschen, Räuber wahrscheinlich. Die Beduinen machten sich kampfbereit und rieten der Gruppe, die entgegengesetzte Richtung einzuschlagen, während sie einen Angriff unternehmen wollten. Doch die Herren ließen sich nicht halten. Graf Berchthold und Ida wollten zwar zurückbleiben, doch ihre Pferde sprengten den anderen nach, und die Feinde wurden vertrieben. Bei dieser Gelegenheit konnte man sehen, wie die Araber mit ihren Tieren umzugehen verstanden. Die kühnen Reiter waren auch noch so gefällig, den Fremden mehrere Angriffe vorzuführen, und Pfeiffers Tagebuch wurde um eine interessante Schilderung reicher. Auf dem weiteren Weg gab es ebenfalls beängstigende Felsenpfade, Schluchten und die Gefahr von Überfällen. Aber immer wieder auch Stätten zum Gedenken an das Leben Jesu, und deshalb war die Pilgerin doch tief dankbar für diesen Ausflug, als sie nach Jerusalem zurückkehrten, und sie fragte sich, ob all die Beschwerden, Entbehrungen und Gefahren zu viel gewesen seien angesichts der Leiden, die Christus erduldet hatte. Sie nahm von den heiligen Stätten Mut und Stärke für alles Kommende mit.

Nach Beirut

Mitte Juni ging es erneut auf eine größere Reise, wieder zusammen mit den Grafen, von Jerusalem nach Beirut auf dem Landweg. Eine anstrengende Tour. Die Gruppe ritt bei großer Hitze gewöhnlich sechs bis sieben Stunden, ohne auch nur einmal abzusteigen, und die bestenfalls einstündige Rast hielten sie auf freiem Feld ohne jeden Schatten. Man aß nichts und hatte oft genug nicht einmal Wasser, weder die Menschen noch die Tiere, denen das Äußerste abverlangt wurde. Die Sättel und Sporen waren so schlecht zusammengeflickt, dass einige Male jemand vom Pferd fiel. Und die kalten Nächte! Morgens lag Nebel über dem Land, der wiederum der glühenden Sonne wich. Ida pflegte sich gegen den Sonnenstich immer zwei weiße Tücher um den Kopf zu winden und setzte darüber ihren runden Strohhut; ein Sonnenschirm bot zusätzlichen Schutz. Auf halsbrecherischen Wegen ging es bergauf und über mächtige Felsbrocken wieder hinab, über Steinplatten, auf denen die Pferde auszugleiten drohten, und an beängstigenden Abgründen entlang. Die Reisenden konnten sich nur noch auf den Instinkt und die Geschicklichkeit ihrer Tiere verlassen.

Wenn sie in der Nähe einer Stadt kampierten geschah es, dass alle Einwohner herbeieilten, um die Fremden zu betrachten. Sie drängten sich bis in die Zelte hinein und gafften, wobei es nicht ausgeschlossen war, dass sie etwas mitgehen ließen. Bei all diesen Mühen führte Ida ihr Tagebuch weiter, sie schrieb und schrieb. In den Städten wie etwa Nablus, deren Einwohnerzahl von damals 4000 inzwischen auf 64 000 (1971) angewachsen ist, lag überall viel Militär, überwiegend Albaner, die als Untertanen der Hohen Pforte in der türkischen Armee Wehrdienst zu leisten hatten und vor denen sich die Einwohner mehr zu fürchten schienen als vor den Räuberbanden.

Aber das Tal, an dessen Eingang der Ort liegt, war fruchtbar, zwischen kleinen Bächen fanden sich Oliven-, Feigen-, Zitronen- und Orangenbäume. Auch im Gebiet von Galiläa Feigenkakteen, Palmen und Felder. Die Tracht der Samariterinnen und Galiläerinnen schilderte die kritische Wienerin als schmutzig und einförmig. Einige Frauen bedeckten ihr Gesicht, andere nicht, aber sie könnten sich ruhig verhüllen, meinte sie, denn schöne, reizende Mädchen und Frauen könne man mit der Laterne suchen.

In Jenin, einer schmutzigen, kleinen Stadt, die aber auf eine lange Geschichte zurückblickt und Residenz des Gouverneurs vom Distrikt der Esdrelon(Jesreel)-Ebene war, suchten sie den Platz, wo die jüdische Königin Jezabel (Isabel) aus dem Fenster gestürzt und von Hunden zerrissen worden war. Frau Pfeiffers Kommentar: »Palast und Fenster sind so ziemlich verschwunden, allein Hunde, die vielleicht auch heute noch bereit wären, einen so köstlichen Königsbissen mit wahrer Begierde zu verschlingen, liegen überall in den Gassen.« Das anstrengende Reiten, die Nächte auf nacktem Boden gingen weiter. Erst in Nazareth fanden sie in einem Kloster eine etwas bequemere Unterkunft. Doch sie machten sich gleich wieder auf den Weg zu den örtlichen Sehenswürdigkeiten. Es war ein harter Tag für die durchaus an Strapazen gewöhnte Reiterin. Schon von früh an hatte sie sich nicht wohlgefühlt, hatte heftige Kopfschmerzen bekommen und sich mehrfach übergeben müssen. Doch wie zuvor versuchte sie sich nichts anmerken zu lassen, sie wollte ja all die heiligen Stätten in Nazareth besuchen. Deshalb verbarg sie ihre Unpässlichkeit, schleppte sich von Ort zu Ort, nahm den ganzen Tag nichts zu sich, und beim Mittagessen wurde ihr vom Geruch der Speisen so übel, dass sie sich ein Taschentuch vors Gesicht hielt und Nasenbluten vorschützte, um hinauslaufen zu können. Aber am nächsten Morgen saß Frau Pfeiffer wieder zu Pferde und nutzte auf der Rückreise die Gelegenheit, noch einmal alle Orte zu besichtigen, an denen sie in so schlechter Verfassung gewesen war.

Sie brauchte wahrhaftig viel Kraft. Am Fuß des Berges Tabor war kein Weg mehr zu entdecken, sie setzten mit den Pferden über Stock und Stein, bis die Tiere nach einer halben Stunde völlig erschöpft waren und die Gruppe in großer Hitze zu Fuß weiterkletterte. Doch wurden sie durch die Aussicht über das ganze Tal bis zum Galiläischen Meer, dem See Genezareth, entschädigt. Sie befanden sich nun auf dem Boden der Bergpredigt. Pfeiffer machte Eichen- und Johannisbrotbäume bis zur Spitze des Tabor aus und in den Tälern statt des üblichen Gesteins gute Erde. Doch die Dörfer waren klein und elend, denn die Bewohner wurden unterdrückt und ausgebeutet durch Steuern; ihr Stück Land konnte der Besitzer ihnen jederzeit wegnehmen – Verhältnisse, wie sie in vielen Ländern noch immer zu finden sind. Sie stiegen am jenseitigen Hang wieder hinab in das schöne, große Tal Safed, wo Jesus die viertausend Menschen mit einigen Broten und Fischen speiste, und kamen nach fünfeinhalb Stunden Ritt nach Tabarieh (Tiberias), einer der vier heiligen Städte Judäas. Auf der Höhe des letzten Berges stiegen sie von den Pferden und betrachteten lange die vor ihnen liegende Landschaft bis zum Galiläischen Meer mit der Stadt, die fünf Jahre zuvor von einem schweren Erdbeben heimgesucht worden war. Dabei hatten Tausende den Tod gefunden, und obwohl vieles wieder aufgebaut worden war, wirkte der Anblick der gerissenen, beschädigten, eingestürzten Häuser, der zusammengefallenen Terrassen und Türme noch immer gespenstisch.

Die Stimmung stieg, als sie den Karmel erreichten, wo der Prophet Elias die Baals-Priester besiegt hatte. Ida war begeistert von dem Kloster der Karmeliter, das sie schöner fand als selbst die in Jerusalem und Nazareth. Vielleicht spielten dabei auch die Unterkünfte für Pilger eine Rolle, die Verpflegung, das köstliche Mahl, der elegante Speisesaal, die schön gedeckten Tische, alles sauber, und dazu ein liebenswürdiger Geistlicher, der ihnen Gesellschaft leistete. Man kann es ja verstehen. Die nicht mehr junge Frau strengte, wenn es nötig war, alle Kräfte an, schickte sich mit wahrer Selbstverleugnung in die Unzuträglichkeiten der Reise, aber sie wusste eben auch einen gewissen Komfort zu schätzen und zu genießen. Einen »wahren Glanzpunkt für Seele und Körper« nannte sie den Karmel. Nicht der karge, nur hier und dort mit Gestrüpp bedeckte Berg selbst hatte es ihr angetan, sondern die »himmlische« Aussicht, der Blick über den unbegrenzten Meeresspiegel mit den Städten Acre, Sur und Saida entlang der Küste, zu den Hügeln und Gebirgsketten und auf das fruchtbare Tal, in dem der »nicht unbedeutende« Ort Haifa lag, der heute über 200 000 Einwohner zählt und auch damals als Reede von Acre wohl etwas mehr als »nicht unbedeutend« war. Hätte man hier nicht ein paar Tage bleiben können? Doch ihre Reisebegleiter dachten an das umfangreiche Programm und drängten weiter.

Acre (Akko), das seit frühester Zeit von Kreuzrittern, Franzosen, Engländern und Türken umkämpft worden war, hatte Pfeiffer ja bisher nur vom Schiff aus gesehen. Nun stand sie zwischen zerschossenen Häusern und Bergen von Schutt, denn zwei Jahre zuvor hatte eine englische Flotte durch die Beschießung der Stadt die Belagerungstruppen Mehemed Alis, des osmanischen Statthalters in Ägypten, vertrieben. Unglücklicherweise war dabei zuletzt noch ein großes Pulvermagazin in die Luft geflogen.

Das Kloster, in dem die Reisenden übernachteten, war klein, eigentlich nur ein Wohnhaus mit Kapelle, in dem zwei Geistliche und ein Laienbruder lebten. Die Wiener Hausfrau beklagte den Schmutz im Speisesaal, auch die Kost »tat sich nicht gerade hervor«, doch tröstlich war, dass die Gattin eines im Dienst des Paschas von Acre stehenden Arztes sich täglich mehrere Stunden um die Gäste kümmerte und die – welche Freude! – Französin war. So gab es einen angenehm verplauderten Damenabend.

Die zwölf bis fünfzehn Frauen im Harem des Paschas, zu denen die europäische Besucherin eingeladen wurde, stammten wohl aus allen Gegenden der Welt. Aber viel Schönheit war da nicht zu finden, wenn man die als Idealbild geltende Beleibtheit nicht bedachte. Wem konnte das schon gefallen, vom Saft der Hennawurzel lichtbraun gefärbte Nägel und Handinnenflächen? Oder der Ring in der Nase einer Sklavin oder blau bemalte Lippen? Und alle hatten sie schwarz gefärbte Augenlider und Augenbrauen.

Wiederholt beklagte die Wienerin den Mangel an Bildung bei den Orientalinnen. Sie konnten weder lesen noch schreiben, nicht zu reden von der Kenntnis einer fremden Sprache, und man wusste nie, was man mit ihnen anfangen sollte. Höchst selten war einmal eine in der Kunst der Goldstickerei bewandert. Wen wundert es, dass Pfeiffer ihnen als ein recht fremdartiges Geschöpf erschien? Begann sie gar noch Tagebuch zu schreiben, so kamen alle, auch etwa anwesende Männer, betrachteten sie und das Buch von allen Seiten und gaben ihrer Verwunderung durch Zeichen Ausdruck.

Hier nun versammelten sich die Damen auf Kissen um ihre Besucherin und versuchten etwas über sie zu erfahren. Sie probierten den Strohhut auf und befühlten den Stoff ihres Kleides. Am fremdesten erschien ihnen die Frisur. Ida trug die Haare nämlich kurz geschnitten, weil es auf dieser Tour nicht möglich war, sie entsprechend zu pflegen, und nun dachten die Damen wahrscheinlich, die Natur habe den Europäerinnen langen Haarwuchs versagt. Jede befühlte ihren Kopf, um die Ursachen zu ergründen. Außerdem fanden sie die fremde Frau viel zu mager, während diese sich wiederum nicht begeistern konnte für die orientalische Fülle. Als man sich nach einer Stunde trennte, atmete sie auf. Die Möglichkeiten eines Gedankenaustausches waren doch zu gering!

Bei mehreren Haremsbesuchen machte sie jedoch gleiche Erfahrungen. Es gab vielleicht schönere Frauen, reichere Kleider, aber stets »dieselbe Unwissenheit, Neugierde und Trägheit«. Doch hielt sie diese müßigen Geschöpfe für glücklicher als die Europäerinnen. Sie schloss das aus ihrem Leibesumfang, der »sich doch gewöhnlich nur bei ruhigen oder zufriedenen Gemütern einstellt«. Außerdem hatten die Gesichtszüge keinen »bestimmten, ausgesprochenen Charakter«, konnten also »unmöglich großer Empfindungen und Leidenschaften« fähig sein, »weder im Guten noch im Bösen«. Gewiss mochte es Ausnahmen geben, aber der Durchschnitt war doch so, wie sie es beobachtet hatte.

Die letzte Etappe bei der Rückkehr nach Beirut erwies sich noch einmal als geradezu unerträglich. Sie ritten zwar »nur« zehn Stunden, dies aber ohne die geringste Unterbrechung und bei einer Temperatur von 40 Grad Celsius. In dieser Sandwüste bot ihnen keine Quelle oder Zisterne einen Tropfen Wasser, auch die Flussbetten waren ausgetrocknet, und sie fanden keinen Baum, der ein wenig Schatten gespendet hätte. Die Tiere litten so stark, dass zwei der Anstrengung erlagen, zurückgelassen und dem Verdursten ausgeliefert wurden.

Nun sollte Pfeiffer die Stadt erst wirklich kennen lernen, in der sie sich bisher ja nur ganz kurz aufgehalten hatte. Eigentlich reizte es sie wenig, auf dieser Sandfläche herumzulaufen, der nur die Maulbeerpflanzungen ein frisches Aussehen gaben und die, wie so viele Städte in der Welt, bei näherer Betrachtung stark verlor. Lediglich die Landschaft, Himmel, Sonne, das Gebirge, Mond und Sterne, entschädigten sie für »die unendlichen Leiden«, die ihr hier auferlegt wurden.

Wieder gab es Unterkunftsschwierigkeiten. Die Wirtin, bei der sie das erste Mal gewohnt hatte, war abwesend, Ida saß »im vollen Sinne des Wortes, auf der Gasse«. Ein Geistlicher, den sie aus Konstantinopel kannte, brachte sie außerhalb der Stadt bei einer arabischen Familie unter, »recht brave« Leute, aber niemand sprach Italienisch, und sie kannte doch nur wenige arabische Worte: schön, Wasser, Milch und nichts. So blieben unangenehme Erfahrungen nicht aus. Von einem Knaben ließ sie sich in eine Kirche führen, aber als sie wieder herauskam, war er verschwunden, und sie versuchte stundenlang, den Rückweg zu finden. Das Haus, der Garten – so viele sahen ähnlich aus. In diesem Labyrinth, wo es kaum Straßen oder Wege gab, traf sie nur Araber, die sie nicht verstanden, und nur durch Zufall stieß sie wieder auf ihre Unterkunft.

Schon um ein Schiff nach Alexandria zu finden, musste sie unbedingt ein Quartier in der Stadt haben, gegen Bezahlung natürlich. Sie war ja nicht ohne Mittel, hielt sie lediglich zurück für besondere Fälle. Doch der österreichische Generalkonsul, den sie zweimal um Hilfe bei der Suche bat, fand die Sache nicht der Mühe wert, sondern äußerte nur die trostreichen Worte: »Ich bedaure, es ist wirklich traurig.«

Da erinnerte sie sich an eine Französin so um die vierzig, mit der sie sich würde verständigen können. Und sie hatte Glück. Pauline Kandis, eine gutmütige und mitfühlende Frau, Privatlehrerin auf bescheidener Ebene, bot ihr sogar das eigene Zimmer an. Nur – die ganze Wohnung bestand lediglich aus diesem einen Raum, der durch mehrere hohe Kästen in zwei Bereiche unterteilt war. Auf der einen Seite saßen die Schülerinnen an einem großen Tisch, die andere stand dem gestrandeten Gast zur Verfügung. Es war eine Art Rumpelkammer mit Kisten, Körben und Töpfen, zwischen denen ein Brett auf einem alten Fass als Tisch diente. Pfeiffer, vom vielen Herumlaufen erschöpft, hatte jetzt nur noch den Wunsch zu ruhen und ließ sich zwischen dem Gerümpel auf den Boden nieder. Später, während der Nacht, erweiterten sich ihre Möglichkeiten: Sie konnte über beide »Gemächer« verfügen, denn Mademoiselle Kandis erschien nur tagsüber zum Unterricht und wohnte im Übrigen bei ihrem Bruder. Es ging munter zu in dieser »Schule«. Von acht Uhr morgens bis abends um sieben ein Laufen und Springen, Lärmen und Schreien. Aber das war nicht alles. Die Bewohner von acht Taubennestern flatterten umher und stahlen Ida die Bissen vom Teller, ja sogar vom Mund, und sie beschmutzten alles. Wenn Pauline und ihre Schülerinnen gegangen waren, blieb immer noch der Hahn, der mit vier Hennen und elf Küken am Boden residierte und der um Mitternacht zu krähen begann. Und welch eine Hitze und Gestank! Die Gequälte öffnete das Fenster und legte sich vor die Tür, falls ein Einbrecher sie besuchen sollte. Das offene Fenster aber lockte Katzen an, die hereinschlichen und ihr nächtliches Lied anstimmten. Also verbarrikadierte sie die Fenster mit Balken. Was für Nächte, so hingestreckt auf einer alten Kiste, ohne Beschäftigung, ohne ein Buch zum Lesen oder einen Tisch zum Schreiben! Nahm sie tagsüber doch einmal ihr Tagebuch vor, so versammelte sich die »holde Jugend« um sie und verfolgte jede ihrer Bewegungen.

Wer Sinn für skurrile Dinge hat, wird diese Szene höchst amüsant finden, zumal die Schilderung nicht unbedingt übertrieben sein mag, aber die bedauernswerte Reisende verdient doch unser Mitgefühl. Dabei entschuldigte sie sich auch noch bei ihren Lesern, dass sie alles nur deshalb so ausführlich beschrieb, weil sie jene abschrecken wollte, »die etwa Lust zu solch einer Reise hätten und nicht reich, vornehm oder doch recht abgehärtet sind, denn ohne den Besitz wenigstens einer dieser Eigenschaften möge jeder lieber zu Hause bleiben«.

Zehn lange Tage saß sie fest in Beirut, ohne ein Schiff zu finden. Dann kam wieder einmal, wie vom Himmel gesandt, ein Helfer. Es war der Maler Hubert Sattler, den sie von Konstantinopel her kannte. Er schlug ihr vor, mit dem Grafen B. und einem Franzosen D. nach Damaskus zu reiten. Pfeiffer sagte sofort zu. Nur heraus aus diesem Hühnerstall!

Die Erfahrungen früherer Ritte wiederholten sich auf dem Weg über den Antilibanon, die Überwindung gefährlicher Stellen auf schmalen Pfaden durch Felsmassen und trockene Flussbetten, jedoch in einer unvergleichlichen Landschaft, die zu genießen Ida in blindem Vertrauen auf den Instinkt ihres Pferdes schließlich gelang. Dann lag das Tal von Damaskus vor ihnen, das mit seinem frischen Grün einen schroffen Gegensatz zu der öden Umgebung bildete. Sie ritten im Schatten der fruchtbaren Obstgärten und durch ein großes Tor in die Stadt, voll von begeisterter Erwartung.

Und wieder zunächst die Enttäuschung in den Straßen. Doch als sie eines der wohlhabenden Häuser betraten, glaubten sie sich in ein Märchen aus Tausendundeiner Nacht versetzt. Sie fanden Fruchtbäume und Blumenbeete in den Innenhöfen und Springbrunnen, die angenehme Kühle verbreiteten. Und dann diese mit Mosaik- und Marmorböden ausgelegten Gemächer mit den üppigen Ruhebetten an den Wänden, den kostbaren Stoffen, Spiegeln und Schnitzereien! Die Österreicherin war überwältigt.

Im großen Bazar aber begegnete man den Fremden mit Ablehnung. Von der Omaijadenmoschee durften sie nicht einmal den Vorhof betreten, und den Maler hinderte man daran, auch nur einen Springbrunnen zu zeichnen. Die Anfeindungen verschärften sich bis hin zu Steinwürfen und Spucken.

Was also konnte man tun, was von hier aus besuchen? Das weltberühmte Palmyra, das fünf Tagesreisen entfernt lag? Seit Jahren waren dabei noch alle Reisenden von Beduinen ausgeplündert oder gar ermordet worden, und der Pascha sah sich außerstande, eine sichere Eskorte bereitzustellen. Auch einige Häuptlinge der Beduinen konnten da nicht helfen. Stattdessen also nach Baalbek, dem alten Heliopolis, in Gesellschaft des Grafen Z., dem der Pascha eine Ehrengarde von zwölf Mann mitgab.

Der anstrengende Ritt von achtzehn Stunden mit nur einer Pause lohnte. Sie streiften lange in den Ruinen der berühmten Sonnenstadt umher, immer wieder überrascht und voller Bewunderung angesichts der kühnen Tempel, der hohen Säulen und mächtigen Marmorblöcke. Noch war hier nichts erforscht oder geordnet, das würde erst zwischen 1898 und 1905 durch deutsche Archäologen geschehen. Aber die Besucher konnten sich vorstellen, wie es in den prächtigen, mit Ornamenten geschmückten Tempeln ausgesehen hatte, die voll von kostbaren Statuen gewesen waren. Jetzt standen da nur noch die Sockel. Mit einem Gefühl der Bangigkeit durchschritten sie das Eingangsportal zum Venustempel, dessen mittlerer, kunstvoll ausgearbeiteter Block ein Stück herabgerutscht war und drohend über dem Eingang hing. Man hatte sie zwar gewarnt, allein zwischen den Trümmern herumzulaufen, aber sie waren so fasziniert, dass sie es vergaßen und jeden Winkel in Augenschein nahmen. Tatsächlich trafen sie niemanden außer ein paar Neugierigen, die die Fremden betrachten wollten. Pfeiffer schloss daraus, dass Raubüberfälle in den Büchern von Reisenden mehr zur Ausschmückung dienten als auf Wahrheit beruhten. Ihr jedenfalls sei nie ernsthaft etwas geschehen, obwohl sie oft gefährliche Gegenden mit nur einem Diener durchquert hatte.

Nach der Nacht im Kloster von Baalbek, der zum Teil auf den Trümmern von Heliopolis entstandenen neuen Stadt, erwartete die kleine Gruppe eine unheimliche Begegnung. Beim Weiterritt forderte sie ein Soldat, der eine Pestkranke transportierte, am Rande eines Abgrunds energisch zum Halten auf. Er hatte den unteren Teil seines Gesichts mit Teer bestrichen und riet ihnen, Nase und Mund sorgfältig zu bedecken. Dann schleppte er die auf einen Esel gebundene Frau eng an die Felswand, damit die Reiter an ihr vorüberziehen konnten.

In der Landschaft des bis auf dreitausend Meter reichenden Gebirges, von dem der Prophet Jesaya (60,13) sagte: »Die Herrlichkeit des Libanon soll an dich kommen, Tannen, Buchen und Buchsbaum miteinander, zu schmücken den Ort meines Heiligtums«, kam die Naturliebhaberin auf ihre Kosten, obwohl wieder höchst unangenehme und gefährliche Wege das Reiten schwierig machten und sie weder Menschen noch Wohnstätten trafen. Dann ruhten sie in zweitausend Meter Höhe unter den berühmten Zedern des Libanon, den Resten eines ausgedehnten, schon im Altertum für den Schiffbau abgeholzten Waldes. Heute stehen dort laut Habinger noch 400 zum Teil tausendjährige Exemplare mit einem Umfang bis zu 18 m. Von der Kirche eines Dorfes, das in einem malerischen Tal inmitten von bizarren Felswänden lag, waren Glockentöne zu hören, und da packte die Wienerin das Heimweh. Nur hier unter den römisch-katholischen Maroniten konnte man solches Geläut hören, das sonst von der türkischen Regierung verboten war. Sie fühlte sich plötzlich ihren Lieben so nah, »die vielleicht im selben Augenblick auf solche Töne hören und dabei der fernen Pilgerin gedenken«.

Wieder trafen sie auf ein Dorf, in dem die Pest herrschte. Sie umgingen es, schlugen ihre Zelte an einem Flüsschen auf und nahmen Kälte und Feuchtigkeit in Kauf. Doch die Einwohner kamen herbei und forderten ein Bakschisch, wurden aber aus Furcht vor Ansteckung zurückgewiesen. Pfeiffers Beobachtung, dass die Bettelei im Orient überall gebräuchlich sei, bestätigte sich wieder einmal. Sie konnte es verstehen, wo die Armut nicht zu übersehen war. Wenn aber die Leute gut gekleidet daherkamen, in geräumigen Steinhäusern wohnten, wo Überfülle herrschte an Getreide, Wein, Feigen- und Maulbeerbäumen und sogar reichlich Kartoffeln gediehen, da war das doch wohl nicht zu rechtfertigen. – Heute, im Zeitalter der Entwicklungshilfe, muss man feststellen, dass das Vertrauen in den Reichtum des Besuchers sich noch wesentlich ausgeprägter zeigt, nicht nur bei darbenden Menschen.

Bei der Rückkehr nach Beirut hatte Ida Pech. Das englische Paketboot, das Post, Passagiere und Stückgut beförderte, war gerade abgefahren. Es hätte sie nach Alexandria bringen können, aber da es nur einmal monatlich verkehrte, wartete sie nun neunzehn lange Tage auf eine andere Gelegenheit und kam inzwischen wieder im »Hühnerstall« ihrer Freundin Pauline Kandis unter. Trotz der chaotischen Verhältnisse in dieser Unterkunft rechnete sie die Französin zu den besten unter vielen guten Menschen, und der Abschied fiel ihr schwer, als sie an Bord eines griechischen Zweimasters Beirut endlich verließ.

Ägypten

Gleich gab es wieder Ärger mit dem Kapitän, der trotz der Versicherung von Konsulatsbeamten, er sei ein Ehrenmann, kein Versprechen einhielt. Die unteren Räume des Schiffes waren so mit Waren vollgestopft, dass den Passagieren nur das Deck blieb. Die Seefahrerin konnte sich also tagsüber gegen die große Hitze nur mit ihrem Sonnenschirm schützen und war nachts neben Kälte und Wind einer Feuchtigkeit ausgesetzt, die in kurzer Zeit den Mantel durchdrang. Zehn Tage und elf Nächte hielt sie das aus, ohne sich einmal umziehen zu können, was durchaus nötig gewesen wäre, denn das Schiff war, wie die griechischen gewöhnlich, »ekelhaft schmutzig«. Ihre Mitreisenden hielten es für selbstverständlich, Messer, Scheren oder Trinkgläser anderer Leute zu benutzen, ohne zu fragen und ohne sie anschließend zu reinigen. Sie nahmen auch auf deren Matten, Teppichen oder Kissen Platz und ließen manches Tierchen darauf zurück. Selbst Pfeiffers Zahnbürste fand Interesse und wurde ausprobiert, man bescheinigte ihr sogar, dass das Ding gut sei. Zum Glück war sie nicht auf das Essen an Bord angewiesen, sondern hatte sich mit einigen lebenden Hühnern, Reis, Butter, getrocknetem Brot und Kaffee versehen. Aber zugegeben, die Reise kam nicht teuer.

Das Segelschiff war vom Wind abhängig. Tage und Nächte kreuzte es, und dann befand es sich wieder auf demselben Fleck wie vorher. Sie fuhren und fuhren, und Ida wurde ungeduldig. Für sie war Zeit immer kostbar, und manchmal vergoss sie aus Ärger Tränen.

Am vierten Tag gelangten sie nach Limassol auf Zypern, und sie erfuhr, dass der Grund für diese ihr verheimlichte Zwischenlandung nicht Mangel an Lebensmitteln war, sondern der Kapitän Wein laden und nach Reisenden Ausschau halten wollte, die sich aber nicht einstellten. Als er einen weiteren Zwischenstopp einlegen wollte, wurde sie wütend, drohte mit dem Gericht, wenn er nicht unverzüglich das Endziel ansteuerte, und hatte tatsächlich Erfolg. Endlich auf der Reede von Alexandria, doch keine Einfahrt. Das Schiff kam aus einem Land der Pest und wollte in ein ebensolches einfahren. Trotzdem mussten die Passagiere in die Quarantäne, weil die Ägypter behaupteten, die Pest in Syrien sei bösartiger als die ihrige, während die Syrer dasselbe von der ägyptischen Pest sagten. Dabei konnten die Reisenden doch ein Gesundheitszeugnis vorweisen.

Ida Pfeiffer betrat nun einen neuen Weltteil: Afrika, und sie stellte fest, dass Mut und Ausdauer sie in keiner Lage verlassen hatten und sie Schritt für Schritt dem Ziel nähergekommen war. Ihre Überzeugung, »daß der Mensch mit festem Willen beinahe Unmögliches leisten kann«, wurde dadurch weiter gefestigt.

Die Ägypter gaben ihr sogleich Gelegenheit, diese Tugenden erneut zu beweisen. Sie sperrten die Reisenden in leere Quarantäneräume mit vergitterten Fenstern, die auch noch teuer bezahlt werden mussten, und es blieb jedem selbst überlassen, sich Lebensmittel von außerhalb zu besorgen. Bis Ida begriff, wie das vor sich ging, und Missverständnisse auf Grund ihrer mangelnden Sprachkenntnisse ausgeräumt waren, hatte sie wieder einmal 24 Stunden gehungert. Dann erbarmte sich am zweiten Tag eine arabische Familie und gab ihr etwas ab – sogar ohne Bezahlung! Schlimmer war der Wassermangel. Nach Sonnenuntergang wurden Schläuche mit Meerwasser zum Reinigen des Geschirrs geliefert und zweimal am Tag Süßwasser in zwei steinerne, nie gereinigte Tröge geschüttet, aus denen alle ihre vielfach schmutzigen Trink- und Kochgefäße auffüllten. Manche langten dabei mit den Händen hinein und setzten ihre schmutzigen Füße zum Waschen auf den Rand. Wen wundert es, dass der Europäerin die Lust zum Trinken verging?

Doch schon am zweiten Tag wurde der Schmutz beseitigt, und ein Beamter prüfte, ob die Eingeschlossenen auch ihre Wäsche und Kleider aufgehängt, Bücher aufgeschlagen und Briefe oder Schriften an Bindfäden aufgereiht hatten. Dabei hielt er sich alles, was er für verpestet hielt, mit einem Stock vom Leibe. Am siebenten Tag wurde das Ganze mit einem stinkenden Rauch von Schwefel und einem übelriechenden Harz fünf Minuten lang ausgeräuchert und am neunten Tag die gesundheitliche Überprüfung der Reisenden vorgenommen. Diese Zeremonie hätte ein Arzt unserer Tage gewiss mit erstauntem Interesse verfolgt. Sie mussten sich mit der Faust auf die Brust und in die Seite schlagen, und wenn sie dabei keine Schmerzen fühlten, waren sie gesund und wurden auf die ägyptische Menschheit losgelassen.

Endlich öffnete sich das Tor des Quarantänegebäudes, Verwandte und Bekannte der Passagiere eilten herbei, alle waren fröhlich, nur die Österreicherin blieb unbeachtet. Einzig die Abgesandten der Wirte, die Träger und Eselstreiber, »dieses blutige Geschlecht, das man überall findet«, scharten sich um sie. Sie bestieg eines der Grautiere und ritt zum Gasthof »Colombier«. Dabei gewann sie Einblick in armselige Wohngebiete, schilderte anschaulich die Häuser, die Frauen und ihre Arbeiten. Männer sah sie nicht, vermutlich waren sie auswärts beschäftigt. Dann kam sie zu den Vierteln der Wohlhabenden und war von allem beeindruckt, selbst vom österreichischen Konsulat, wo man sich diesmal sehr freundlich zeigte und ihr half, Platz in einer arabischen Barke zu finden, die auf dem Mahmudija-Kanal bis zur Mündung in den Nil fuhr. Dort wurden die Waren auf größere Boote umgeladen.

Bei der Fahrt Nil-aufwärts nach Kairo war sie die einzige Fremde, und es gab niemanden, mit dem sie eine gemeinsame Sprache fand. Doch die Frauen waren freundlich und bereit, sie an ihren Vorräten teilhaben zu lassen. Wenn das Schiff bei einem Dorf anhielt, erboten sie sich, ihr etwas zu besorgen, und da alle Worte unverständlich blieben, begann Ida die Dinge aufzuzeichnen. Man überließ ihr als erster das Feuer zum Kochen und räumte ihr den besten Platz auf dem Vorderschiff ein, damit sie die Gegend betrachten konnte. Natürlich wurden Gegendienste erwartet. So nahm sie nachts die älteste von ihnen mit in ihre Kajüte und ließ die anderen ihre Gebete, ihre Gesichts- und Fußwaschungen dort verrichten. Niemand hätte gedacht, dass sie einander später noch einmal begegnen würden.

Angesichts des Nil-Deltas, von dessen Größe und Schönheit sie hingerissen war, fand die Weltenbummlerin es unbegreiflich, dass so viele Menschen, die Gesundheit, Geld und Zeit hatten, nicht ans Reisen dachten, dass die Unterhaltungen in den großen Städten ihnen mehr bedeuteten als ein Bild wie dieses Delta. Keine Gesellschaft, kein Spiel, kein Theater und kein Putz oder Wohlleben würde ihr den Nachgenuss einer solchen Reise ersetzen können.

Bei der Ausschiffung und auf dem Weg zum österreichischen Konsulat zeigte sie, wie erfolgreich sie sich der zu vielen Dienstbereiten erwehren konnte, vom Schiffskapitän über die Eselstreiber bis zu einer Unzahl von Leuten, die ihr Köfferchen zum Esel hinaufreichten oder überhaupt nur die Hand ausstreckten, die schrien und lärmten und so versuchten, sie zu beeindrucken. Doch mit einer Ida Pfeiffer konnten sie das nicht machen. Energisch und geschickt besorgte sie sich ein Eselchen, entlohnte wichtige Personen und wies ungerechtfertigte Geldforderungen zurück. Nur mit der Sprache gab es Probleme, aber da kam ihr der Gedanke, einfach versuchsweise jeden wohlgekleideten Orientalen französisch oder italienisch anzureden, und schon beim dritten hatte sie Erfolg. Er wies dem Besitzer ihres Reittiers den Weg zum österreichischen Konsulat.

Die Stadt erkundete sie ebenfalls auf Eselsrücken, was nichts Besonderes war. Auch die ägyptischen Damen pflegten ihre Besuche zu Esel zu machen, und einen Führer hatte ihr der österreichische Konsul, »menschenfreundlich wie ein wahrer Christ«, vermittelt. Anfangs versetzten sie das Getümmel, der Lärm und Trubel in Todesangst, und am Abend war sie völlig erledigt. Da aber nie etwas passierte, gewöhnte sie sich an die Umgebung und folgte ihrem Begleiter unbesorgt durch das ärgste Gewühl der damals 200 000 Einwohner zählenden Stadt. Im Tagebuch wurden dann die Eindrücke von dieser bunten Völkergesellschaft festgehalten, Kleidung und Verhalten der Menschen, die Moscheen, die Wohnungen und Paläste, die Gärten und Bazare. Acht Tage lang war sie von morgens bis abends unterwegs. Sie probierte und beschrieb Datteln, Bananen, Zuckermelonen, Pfirsiche und Weintrauben und etwas später auf der Insel Roda auch Zuckerrohr, Baumwolle und Kaffeebäume.

Nicht immer war es beschaulich und erfreulich. Das »Narrenhaus«, zu dem der Begleiter sie führte, verursachte ihr einen Schock. Ein »Schreckensort«, in dem die Unglücklichen hinter eisernen Gittern, einige mit Halsringen angeschmiedet, sich gierig auf das Brot stürzten, das man ihnen hinwarf. Sie sahen abgemagert und verwildert aus und blickten mit verzerrten Gesichtern auf die Besucher. Es war das erste, aber nicht das letzte Haus dieser Art, das Ida Pfeiffer auf ihren Reisen zu sehen bekam.

Auch auf biblische Erinnerungen stieß sie wieder: die Stelle, wo Moses im Binsenkörbchen gefunden wurde; die Zisterne, in die Joseph von seinen Brüdern versenkt wurde; ein großer Baum, »unter welchen die Heilige Familie auf ihrer Flucht die Ruhe genoß«.

Ein Ausflug nach Giseh begann mühselig. Der Nil hatte viele Orte unter Wasser gesetzt, und sie mussten Umwege machen, über Kanäle setzen und durchs Wasser reiten oder sich sogar hinübertragen lassen. Doch wurde sie in Giseh aufgrund eines Empfehlungsbriefes von einem böhmischen Kapellmeister herzlich aufgenommen. Man konnte Deutsch miteinander reden und unterhielt sich über Beethoven, Mozart, Strauß und Lanner. Nur von den modernen »Bravour-Kompositeuren« Thalberg und Liszt hatte noch niemand etwas gehört.

Auf dem weiteren Weg zu den Pyramiden gab es wieder mancherlei Hindernisse zu überwinden, von denen das Schlimmste ein breiter Nilarm war, über den sie sich von zwei großen, starken Arabern tragen lassen musste. Die beiden Männer nahmen sie auf die Schultern, während sie sich an den Köpfen festhielt, und ihre Füße wurden waagerecht gehalten, damit sie nicht eintauchten. Manchmal ging den Helfern das Wasser bis zu den Achseln, sodass sie in der starken Strömung hin und her schwankten. Eine wirklich unangenehme Viertelstunde! Als sie dann noch einmal durch tiefen Sand gewatet waren, standen sie vor der Cheopspyramide. Pfeiffer hatte sie sich größer vorgestellt, und es war keine Frage, dass sie die 137 Meter hinaufsteigen würde. Noch ahnte sie nicht, wie sehr ihr Respekt vor der Höhe dabei wachsen sollte.

Sie engagierte zwei Araber zu ihrer Hilfe, doch vor dem Aufstieg streifte der sie begleitende Diener ihr noch die Ringe von den Fingern, die sonst leicht in fremde Hände gelangen konnten. Ein beschwerliches Unternehmen und nur etwas für schwindelfreie Leute. Da gab es kein Geländer und keine bequeme Treppe, oft nicht einmal eine Stelle, wo man den Fuß aufsetzen konnte, und bei Blöcken, die einen Meter und höher waren, zogen die beiden Männer sie an den Händen hinauf.

Sie brauchten 45 Minuten, dann waren sie oben, und nun saß sie lange und genoss die großartige Aussicht. Tief unten der Nil, ein paar Menschen, die wie Zwerge aussahen, am Horizont das Mokattam-Gebirge, dazwischen der sich verzweigende Strom, die Gärten um die Stadt, die Weite der Wüste. Und sie dachte an ihre Familie, mit der sie so gern »die seligen Gefühle geteilt hätte, die sie hier erfaßten«.

Wie aber würde der Abstieg vor sich gehen? War es nicht der beschwerlichere Teil? Doch die zerbrechlich wirkende, aber strapazengewohnte Frau verblüffte alle. Ohne Schwindelgefühle stieg sie hinab, sogar mit dem Gesicht nach vorn und ohne fremde Hilfe. Sie kam lange vor ihrem Diener hinunter und nahm befriedigt die Anerkennung ihrer ägyptischen Hilfskräfte entgegen.

Auch im Inneren der Pyramide bedurfte es noch einmal einer nicht unbeträchtlichen Gelenkigkeit. Man musste sich bücken, der schmale Weg war abschüssig und führte über glattes Gestein, über das sie mithilfe der Araber mehr rutschte als ging. Doch nachdem sie die königlichen Grabkammern betrachtet hatte, verzichtete sie auf Weiteres. Sie erhob nicht den Anspruch, eine Altertumsforscherin zu sein, ihr genügte es, die Kunst- und Naturschönheiten überhaupt einmal gesehen und »nach ihren einfachen Gefühlen« betrachtet zu haben.

Die acht Tage, die sie in Kairo blieb, reichten kaum aus für die Fülle der Sehenswürdigkeiten: christliche Kirchen, alte Gassen, das Theater mit einem Lustspiel in italienischer Sprache, die Heulenden Derwische, die sich hier etwas gemäßigter bewegten als die in Konstantinopel, der Sklavenmarkt, ein islamisches Fest am Geburtstag des Propheten, der Palast des Vizekönigs mit seinem schönen Park, die Kalifengräber, der versteinerte Dattelwald.

An Transportmöglichkeiten hatte sie nun schon allerlei kennen gelernt, aber etwas fehlte noch: ein Kamelritt. Wie so oft wurde die Zeit knapp, sie wollte aber unbedingt vor der Abfahrt ihres Schiffes noch nach Suez reiten. Also mietete sie zwei Kamele für sich und ihren Diener, besorgte Proviant: Brot, Datteln, etwas gebratenes Fleisch und hartgekochte Eier sowie Wasser in Schläuchen, und startete zu einem ihrer nicht seltenen Gewaltritte. Die ersten vier, fünf Stunden fand sie es recht angenehm auf dem »Wüstenschiff«, doch dann spürte sie immer mehr die Unbequemlichkeiten: Sie konnte sich nirgends stützen oder anlehnen, und das Schaukeln ermüdete sie. Aber was Ida Pfeiffer sich in den

Kopf gesetzt hatte, pflegte sie auch durchzustehen. Und so ritten sie fünfzehn Stunden ohne Pause, von vier Uhr nachmittags bis um sieben in der Frühe, ganz allein, ohne Karawane. In ihren Aufzeichnungen pries sie die Stille der Umgebung, stellte Vergleiche an zwischen Reisen in der Wüste, auf dem Meer oder im Gebirge und erklärte, wie man auf das Tier hinaufkommt und wieder herunter. Sie trafen viele Karawanen, sahen tote und halb von Schakalen verzehrte Kamele, und das Bild sterbender, nach Nahrung suchender und von ihren Besitzern verlassener Kreaturen ging ihr lange nicht mehr aus dem Sinn.

Nach dem einstündigen Frühstück zogen sie um Acht weiter bis nachmittags um Fünf. Einmal glaubte sie, das Rote Meer zu sehen, und freute sich, dass sie schon so weit gekommen waren, aber eine Fata Morgana hatte ihr vorgegaukelt, was sich in Wirklichkeit erst einen halben Tag später zeigte.

In dieser Nacht waren ihr nicht mehr als drei Stunden Schlaf vergönnt, dann weckte sie der Diener, der sich einer Karawane anschließen wollte, denn die Gegend wurde unsicherer. Mit einem Strick verband man ihre Kamele mit den anderen Tieren und folgte den Reisenden, von denen Pfeiffer in der Dunkelheit nur so viel erkennen konnte, dass es eine arabische Familie war. Doch da rief unerwartet jemand ihren Namen: »Ida, Ida!« Sie traute ihren Ohren nicht, aber tatsächlich saßen auf dem vorderen Kamel Bekannte von ihr, einige der Frauen, mit denen sie auf dem Nil nach Kairo gefahren war. Nun befanden sie sich auf dem Weg nach Mekka und freuten sich, die fremde Reisegefährtin noch einmal zu sehen.

Sie ritten die ganze Nacht hindurch und waren um neun in Suez, wo Pfeiffer dank eines Empfehlungsbriefes beim österreichischen Honorarkonsul, einem reichen Griechen, sehr freundlich aufgenommen wurde. Aber der Ort bot einen traurigen Anblick: kein Garten und kein Baum. Am Meer zeigte man ihr die Stelle, wo Moses die Israeliten hindurchgeführt hatte, doch sie ließ sich nicht von der Wundererzählung beeindrucken. Sie wusste, hier ging der Wasserspiegel bei Ebbe sehr stark zurück, und noch immer wählten ganze Karawanen diesen Weg. So ritt auch sie hindurch, denn auf jeden Fall würde es in Europa Eindruck machen, dass Ida Pfeiffer es den Israeliten gleichgetan hatte!

Zurück nach Wien

Anfang September 1842 verließ sie Ägypten und reiste über Italien, wo sie den Vesuv bestieg, in Rom die seltene Genehmigung zum Besuch der Katakomben erhielt und sogar der Papst ihr eine Audienz gewährte, zurück nach Wien, wo sie am 8. Dezember eintraf und in den Schoß der Familie zurückkehrte. Nun wollten Verwandte und Freunde lesen, was sie niedergeschrieben hatte, und so vertraute sie die vierzehn Hefte ihres Tagebuchs dem Wiener Verleger Dirnböck an, nicht ohne Einwände ihrer Familie, die auf Mitsprache bestand. Obwohl sie seit langem von ihrem Mann getrennt lebte, führte dieser oder ein von ihm Beauftragter die weiteren Verlagsverhandlungen, und das Buch erschien zunächst ohne Nennung ihres Namens. Sie entschuldigte sich, dass sie so viel von sich geschrieben hatte, aber gerade das macht ja den Reiz ihrer Bücher aus, es gab und gibt ihren Lesern, den Leserinnen vor allem, die Möglichkeit, sie besser kennen zu lernen und ihre Leistungen gebührend zu würdigen. Keinesfalls wollte sie der Sucht nach Bewunderung beschuldigt werden, wenn sie ihrem inneren Drang folgte und sich in der Welt umsah. »Ferne ist mir der Dünkel, mich in die Reihen jener geistreichen Frauen drängen zu wollen, denen schon in der Wiege der Weihekuß der Musen ward.« Dass ihre Reisebegierde sich nach den Begriffen der meisten Menschen nicht ziemte, das wusste sie, und es gab tatsächlich auch böse Reaktionen, aber sie bat, sie nicht zu streng zu beurteilen und ihr die Freude zu gönnen. Schließlich schade es niemandem und sie mache es glücklich.

Das Buch wurde ein großer Erfolg und erlebte vier Auflagen. Nachdem die erste noch anonym erschienen war, gab die Autorin bei der zweiten immerhin schon ihre Initialen preis und von der dritten an den vollen Namen. Hätte Ida Pfeiffer diese Bücher nicht geschrieben und veröffentlicht, und sie wurden in sieben Sprachen übersetzt: Kein Mensch wüsste heute noch etwas über ihre Person, den Grad ihrer Beliebtheit und was sie geleistet hat.

Ida Pfeiffer hatte Geschmack am Reisen gefunden und strebte bald ein neues Ziel an: Island, wo sie, bei ihrem Interesse für Landschaften, eine außergewöhnliche Natur zu finden hoffte. Inzwischen war sie beschäftigt mit der Publikation ihres Buches, sie besuchte Verwandte und Bekannte, lernte Englisch und Dänisch und ließ sich einweisen in die Technik ihres neu erworbenen Daguerreotyp-Apparates, einen erst 1837 erfundenen Vorläufer unseres Photoapparates, ein »leichttragbares« Taschengerät. Mit ihm hat sie die wohl ersten beiden Aufnahmen von Island gemacht, die auch noch erhalten sind, hat aber bei späteren Reisen anscheinend darauf verzichtet, denn es war nicht mehr die Rede davon. Wahrscheinlich erwies sich das »leichttragbare« Taschengerät doch als zu unhandlich für ihren Reisestil. Natürlich brauchte sie die Zeit bis zur nächsten Reise auch für weitere Vorbereitungen, denn es sollte in ein unwirtliches Land gehen, aber darüber erfährt man kaum etwas von ihr. Nur dass sie George Steward Mackenzies »Reise durch die Insel Island im Sommer 1810« gelesen hat, weiß man, aber ob vor oder nach ihrer Fahrt, ist ebenfalls nicht sicher. Hinsichtlich ihrer Lektüre über fremde Länder mangelt es meist an präzisen Angaben.

Von der Hitze in die Kälte: Island (1845)

Am 10. April 1845 machte sie sich auf den Weg nach Norden. Der Abschied von zu Hause fiel ihr diesmal leichter. Sie war selbstsicherer geworden, sie hatte ihre Kräfte, ihr Durchhaltevermögen erprobt und wusste, wie man sich in schwierigen Situationen durchsetzt, und sie vertraute darauf, überall auch gute Menschen zu finden.

Schon die Reise bis Hamburg bot genug Unbequemlichkeiten und Hindernisse. Pfeiffer benutzte die verschiedensten Verkehrsmittel: Omnibus, Eisenbahn, Postfuhrwerk und Flussschiff, darunter höchst unbequeme, schmutzige Vehikel, in denen die Fahrgäste eingepfercht saßen oder dem Regen ausgesetzt waren. Und es galt, verschiedene Landesgrenzen mit den entsprechenden Zoll- und Passagierschein-Formalitäten zu überschreiten. All das war schon lästig für jemanden, der wenig oder kein Gepäck mit sich führte, wie viel schlimmer aber für den, der einige Monate in ein weit entferntes unwirtliches Land gehen wollte. Und man bedenke, wie man zu jener Zeit reiste. Nicht mit leichten, handlichen Koffern, die man auf glattem Boden bequem rollen kann, sondern mit beachtlichen Ungetümen, Kisten und Kästen.

Nach einem Besuch bei den Verwandten ging es weiter mit der Eisenbahn nach Kiel, das zu Dänemark gehörte, und von dort mit einem Dampfboot nach Kopenhagen. Während der sieben Tage, die ihr bis zum wirklichen Beginn des Abenteuers Island blieben, war sie trotz des unfreundlichen Wetters ständig unterwegs, betrachtete Prachtstraßen, Schlösser und Paläste – mächtige Gebäude fanden ja stets ihre Bewunderung –, besuchte natürlich die Museen und wann immer möglich Oper und Konzerte, deren Aufführungen sie sehr selbstsicher mit denen in ihrer Heimat verglich.

Hier in Kopenhagen fand die Reisende eine so freundliche Aufnahme, dass ihr Dank geradezu überschwänglich klang. Besonders verbunden war sie Herrn Knudson, einem Großkaufmann mit weitreichenden Verbindungen, besonders nach Island, der sie auf einem seiner Schiffe mitnahm und ihr auch weiter viele Wege ebnete.

Anfang Mai stach die Brigg in See, doch schon bald ließ das raue Meer das Schiff tanzen, und Pfeiffer konnte die Fahrt nicht lange genießen. Sie, die erfahrene Reisende, die schon so vieles durchgestanden hatte, durchlebte Tage schrecklichster Seekrankheit. Als jedoch die Küste Norwegens auftauchte, hielt es sie nicht mehr in der Kajüte, sie schleppte sich an Deck, wurde aber sehr schnell von der Kälte und dem eisigen Wind wieder vertrieben. Es war eine ganz andere Klimazone, in die sie nun kam.

Am fünften Tag sah sie ihr Ende nahen, wenn nicht etwas geschähe. Sie musste versuchen, sich mit Gewalt von diesem Leiden zu befreien oder aufzugeben. Und eine Ida Pfeiffer entschied sich natürlich für die Gewaltmaßnahme. Mit Hilfe eines Schiffsjungen schleppte sie sich an Deck und versprach, jedes Mittel zu nehmen, das man ihr empfahl. Das Mittel bestand aus feiner, in Wasser gekochter Grütze, die mit Wein und Zucker gemischt war. Das hatte sie so lange zu nehmen, bis der Magen es nicht mehr von sich gab. Dazu kleine Stücke rohen, ordentlich gepfefferten Specks und einige Tropfen Rum. Es dauerte viele Stunden, bis der Magen sich bequemte und eine kleine Dosis davon behielt, und sie setzte diese Kur zwei unendlich lange Tage fort. Dann besserte sich ihr Zustand etwas, und sie machte sich daran, genau den Verlauf ihres Leidens und die Art der Kur zu beschreiben, um Menschen, die Ähnliches erlebten, Mut zuzusprechen, dass sie in einer solchen Lage nicht jede Nahrung verweigerten. Ida Pfeiffer hatte oft das Bedürfnis, ihre Erfahrungen, vor allem die schlimmen, weiterzugeben, um andere vor Unannehmlichkeiten oder Gefahren zu warnen.

Dann schilderte sie, um ihren Geist wieder zu beschäftigen, ihre Mitreisenden und das Leben auf dem Schiff. Es waren Herr Knudson, Herr Brüge, ein Kaufmann, der an den Westmännerinseln abgesetzt werden sollte, der Kapitän, der Steuermann und sechs bis sieben Matrosen.

Am sechsten Tag hatte sie sich so weit erholt, dass sie sich an die Tafel setzen konnte, doch sagten ihr Essen und Getränke gar nicht zu. Ebenso wenig gefiel ihr das Tischtuch, das bei der Einschiffung vielleicht weiß gewesen sein mochte, doch nun hatte »das unaufhörliche Rollen und Werfen des Schiffes alle genossenen Gerichte und Getränke darauf verzeichnet«, und wer im Frühjahr einmal auf einem kleineren Schiff den Nordatlantik überquert hat, weiß, was es bedeutete, dass darüber noch »eine Art hölzernes Netz« gespannt und die Teller und Gläser hineingesetzt wurden. Was ihr nun aber fast wieder den Magen umdrehte war, dass der Schiffsjunge vorher jeden einzelnen Teller und jedes Glas reinigte, und zwar an einem in der Nähe hängenden Handtuch, dessen Farbe dem Schmutz des Fußbodens glich. Doch fand sie auch das noch nicht so schlimm, wohl aber, dass es morgens wirklich als Handtuch diente und zu anderen Tageszeiten als Geschirrtuch.

Trotz allem, sie gewöhnte sich an die Kost und entschuldigte sich in einer Fußnote für ihre Beschreibung. Sie wollte den wackeren Herrn Knudson nicht beleidigen. Schließlich wisse wohl jedermann, dass das Leben auf einem Schiff sich stark von dem an Land unterscheide, und sie betonte, dass ihr Gastgeber nicht nur in Kopenhagen, sondern selbst in Island durchaus kultiviert und komfortabel lebe. Erfreulicherweise mangelte es auch unterwegs nicht an guten Weinen, und fast täglich fand sich ein Anlass, sie zu genießen.

In Havenfjord, einem kleinen Ort mit nur drei hölzernen Häusern, einigen Magazinen und Bauernhütten, betraten die Reisenden isländischen Boden. Ida war von der stürmischen Überfahrt zwar noch halb betäubt und ihr Schritt unsicher, aber sollte sie deshalb kostbare Zeit mit Ausruhen in Knudsons Haus vergeuden? Sie inspizierte sogleich die Wohnungen der reichen Kaufleute und die Katen der Bauern. Als sie dann vor dem ersten Lavafeld stand, vor schwarzen Massen, Wänden, Säulentrümmern und kleinen Grotten, zwischen denen Pferde, Schafe und Kühe herumkletterten, da vergaß sie ihre Schwäche und kletterte ebenfalls unermüdlich in dieser »fürchterlich schönen Verwüstung« herum.

Nach einigen Stunden hatte sie wieder so viel Kraft gewonnen, dass sie sich noch am selben Nachmittag auf den Weg nach Reykjavik machte. Herr Knudson warnte sie vor schlechten Wegen und gefährlichen Abgründen, doch sie vertraute auf ihre Reitkünste. Die Wege konnten ja nicht schlimmer sein als so manche, die sie in Syrien kennen gelernt hatte.

Ihre Führerin bei diesem dreistündigen Ritt war ein Original: eine Frau von über siebzig Jahren, die wie fünfzig wirkte. Sie trug Männerkleidung, ruderte ihr Boot sicher wie ein Fischer und besorgte alles schneller und genauer als ein Mann, weil »sie sich auf ihren Wanderungen in nicht so häufige Vertraulichkeit mit der Branntweinflasche setzte«.

Nichts für komfortgewohnte Touristen, dieses Island. Aber Herr Knudson hatte wenigstens für ein freundliches Quartier in der Hauptstadt bei der Bäckerfamilie Bernhöft gesorgt, wo sie sich zwischen ihren Inlandsreisen immer wieder in herzlicher Atmosphäre erholen konnte. Der Hausherr stammte aus Holstein, mit ihm konnte sie sogar Deutsch sprechen. Er begleitete sie auch auf kleinen Ausflügen und half ihr bei der Suche nach Blumen, Käfern und Muscheln, denn hier begann die unermüdlich Beobachtende mit dem Sammeln naturkundlicher Objekte. Das Interesse dafür hatte ihr Reisegefährte im Heiligen Land, Graf Berchthold, der ja Arzt und Botaniker war, in ihr geweckt, und diese Tätigkeit wurde später zur Geldquelle für ihre Reisen.

Wenig gefiel ihr das Verhalten der örtlichen Honoratioren. Sie waren von einer an solchem Ort wahrhaft unpassenden Steifheit, die das, was Pfeiffer schon von den Hamburgern kannte, noch weit in den Schatten stellte und sich auch durch Empfehlungsbriefe nicht mildern ließ. Die umgängliche und schon an einige Bewunderung gewöhnte Österreicherin fühlte sich isoliert, mit Nichtachtung bedacht. Und sie sah den Grund darin, dass sie weder reich war noch als Naturforscherin kam, also jemand, von dem man Geschenke erwarten oder an dem man Geld verdienen konnte. Solche Besucher gaben selbst Einladungen, erwarben so manches für ihre Sammlungen, hatten beträchtliches Gepäck bei sich und benötigten viele Pferde, die man ihnen teuer verkaufen konnte. Am freudigsten sahen die Bewohner Reykjaviks dem jährlichen Einlaufen der französischen Fregatte entgegen, wo Essen und Abendgesellschaften an Bord veranstaltet wurden. Was dagegen hatte diese bescheidene ältere Frau zu bieten! Schmerzliche

Erkenntnisse waren das, aber andererseits bereitete es ihr Genugtuung, so den wahren Charakter der Menschen zu erkennen, von denen die einen es nicht der Mühe wert fanden, sich zu verstellen und freundlich zu tun, und die anderen echte Herzlichkeit und Hilfsbereitschaft zeigten.

In nimmermüder Aktivität sah und hörte die Reisende sich um und unterrichtete ihre Leser über die Landschaft, die Lebensweise, den Einfluss des Klimas, das Essen, die Wohnungen, die mühe- und entsagungsvolle Tätigkeit von Ärzten und Priestern sowie den Handel, der in dänischer Hand lag, weil »die Isländer zu wenig Spekulationsgeist besitzen, um sich auf solche Geschäfte einzulassen«.

Wieder war das Essen anfangs nicht nach ihrem Geschmack, obwohl sie zugab, dass die Frau des Bäckers die Küche nach dänischer und isländischer Art sehr gut zu führen wusste. Es gab nun einmal andere Rezepte in diesem Land, aber abgekochter Klippfisch und in Butter und Zucker geröstete Kartoffeln – das war eben etwas zu erschreckend Neues. Auch heutige Reisende sind ja befremdet, wenn sie vor süße Bratkartoffeln gesetzt werden. Aber all das war schließlich zu ertragen, nur nicht die sogenannten Leckergerichte! Und auch da ließe sich über die Kombination von klein gehackten Fischen, harten Eiern und Kartoffeln noch reden, keineswegs aber über die dazugehörige dicke, braune Brühe, die gepfeffert, gezuckert und gesäuert war. Doch nicht immer verließ Ida der Appetit, zuweilen gab es auch rote Grütze oder süßen Quark und mittags Lachs, Lammfleisch oder Geflügel, und der Kaffee, hier war sie oft wählerisch, fand ihre volle Zustimmung. Sie gewöhnte sich schließlich an die Kost, so wie sie sich später an noch viel Abstoßenderes gewöhnen sollte oder auch an lange Hungerzeiten.

Wer als Ausländer in Reykjavik lebte, von dem damals noch nicht mehr als eine Straße mit noch ein paar weiteren Häusern existierte und das kaum 500 Einwohner hatte (heute sind es mehr als 100 000), brauchte auf einen gewissen Komfort und auf Abwechslungen, Zusammenkünfte, Bälle oder Ausflüge nicht zu verzichten. Ida Pfeiffers Reisestil allerdings war alles andere als komfortabel. Für sie war ein großer Aufwand mit Zelt, Lebensmitteln, Kochgeschirr, Kissen, Decken und warmer Kleidung zu teuer, und deshalb nahm sie Entbehrungen und Mühen auf sich, machte oft die anstrengendsten Ritte, um eine kleine Kirche oder eine Hütte für die Nacht zu erreichen, lebte tagelang nur von Käse und Brot und brachte die Nächte meist auf Kisten oder Bänken zu, frierend und schlaflos. Regen, Sturm und Kälte machten ihr das Vorwärtskommen weit beschwerlicher als im Orient, und ihre Kleidung war höchst unpraktisch für diese Region. Sie musste sich warm anziehen, und die langen, schweren Frauenkleider waren hinderlich beim Reiten sowie beim Auf- und Absteigen vom Pferd, und rastete sie bei Regenwetter auf einer Wiese, so saugten die Röcke auch noch das Wasser vom Gras auf, am Ende hatte sie keinen trockenen Faden mehr am Leibe. Im Sommer war das Reiten kein Problem (Wagen waren ja sowieso nicht üblich und nicht möglich), aber wenn es durch Sümpfe und Moor oder über Lavafelder ging, wurde es gefährlich. Ihre Pferde musste sie kaufen, sie wurden nicht vermietet, doch waren sie nicht zu teuer. Wollte man sie aber nach der Reise wieder loswerden, so bekam man kaum etwas dafür, man konnte sie ebenso gut verschenken.

Von den Isländern hielt die Wienerin nichts, sie fand deren Charakter tief unter ihrer Erwartung und noch tiefer unter den Schilderungen, die sie gelesen hatte. Da die Führer sich schläfrig und träge zeigten, war nie an ein rechtzeitiges Aufbrechen zu denken, nicht vor sieben Uhr morgens. Wer mit Ida Pfeiffer reiste, musste eben ausdauernd und immer munter sein.

Die Pferde allerdings nötigten ihr Hochachtung ab, nur musste man gewisse Ticks kennen, um sie in Gang zu halten, und sie durften nicht stolpern. Alle diese Dinge, mit denen sie sich herumzuschlagen hatte, kosteten sie doch sehr viel Kraft.

Nach kleineren Ausflügen in die Umgebung von Reykjavik in Gesellschaft örtlicher Honorationen (dem Stiftsamtmann, dem dänischen Verwalter Islands, samt Gemahlin und einem Kammerherrn aus Kopenhagen sowie einem dänischen Baron), die immer mit einem opulenten Picknick verbunden waren, ging es zu den Schwefelquellen und Schwefelbergen von Krisuvik. Ihr Führer war, »wie alle seine hiesigen Standesgenossen« unliebenswürdig, träge, geldgierig und kümmerte sich höchst ungern um sie und ihre Pferde, desto mehr um Branntwein, den man, sie bedauerte das zutiefst, im ganzen Lande fand. Es war ein Ritt von zehn Stunden, und ihr großes Erlebnis war die Lava.

Sie fühlte weder Kälte noch Sturm, blickte nur um sich und bewunderte die mannigfaltigen Formen dieser Landschaft, die langen Gesteinsströme, die porösen Felsmassen, die wie ein versteinertes Meer waren, die Seen, in die sich steile Berge absenkten.

Gegen sechs Uhr abends kamen sie in Krisuvik an. Pfeiffer hatte seit dem frühen Morgen nichts als ein Stückchen Brot und etwas Käse gegessen, aber sie nahm sich nicht die Zeit, um Kaffee zu kochen, sondern wanderte gleich mit ihrem Führer den rauchenden Bergen entgegen. Nur manchmal ging der Weg über angenehmen Wiesengrund, viel öfter mussten sie durch sumpfige Stellen stapfen und über elastischen, nachgebenden Boden, auf dem der Fuß sich eindrückte. In der Höhe fanden sie Becken voll von brodelndem Wasser, und ringsum stiegen aus zahllosen Ritzen Dampfsäulen auf. Es brauste und zischte, dazu der starke Wind – sie war froh, diesen Berg, an dem alles zu kochen schien, bald wieder zu verlassen. Doch fanden sie noch viele andere Quellen, aus denen zwar keine Wassersäulen aufstiegen, wo sie aber oft bis über die Knöchel einsank, um dann erschrocken den in Dampf gehüllten Fuß zurückzuziehen. Der Führer ging voran und tastete mit einem Stock den Weg ab, rutschte aber trotzdem selbst einmal bis über die halbe Wade in den Boden. Doch schien ihn das nicht zu beeindrucken, er war es wohl gewöhnt.

Gegen neun Uhr abends, noch schien die Sonne, kamen sie zurück nach Krisuvik: ein Kirchlein und ein paar elende Häuschen, wo sie Leute fand, deren Kopf und Hände von Aussatz bedeckt waren, Leprakranke.

Sie verbrachte die Nacht in der Kirche, nicht im Gebet wie in Jerusalem, sondern weil es keine andere Herberge für sie gab. Es war nicht das erste Mal und nichts Ungewöhnliches, denn die kleinen Gotteshäuser dienten auch als Aufbewahrungsort für Lebensmittel und allerlei andere Dinge und eben als Nachtquartier für Reisende. Aber eine solche Entweihung heiliger Gebäude fand sie doch empörend, obwohl sie selbst noch öfter in ihnen Unterschlupf suchen musste und dort »Fische, Talg und weiß Gott, was noch für gestankverbreitende Dinge aufgespeichert« fand.

Man richtete den Raum für sie her, warf Pferdesättel, Stricke, Kleider, Hüte und herumliegende Gerätschaften in eine Ecke, brachte Decken und Kissen und bereitete ihr auf einem Kasten, in dem Messgewänder und Altartücher aufbewahrt wurden, ein Lager. Es war rührend, wie sich ihre Gastgeber um sie kümmerten, doch wäre sie endlich gern allein geblieben. Sie wollte ihren Hunger stillen, ihre Erlebnisse ins Tagebuch eintragen und schlafen.

Aber es ging nicht. Ein Besuch wie dieser brachte Abwechslung in den isländischen Alltag und wollte genossen werden. Die Leute kamen herbei und scharten sich um sie, ohne den Blick von ihr zu wenden. Was sollte sie tun? Wenn sie die Neugierigen hinwegjagte, wären sie gekränkt. Also packte sie ihre Sachen aus und ging an die Zubereitung des Abendessens, wobei die Zuschauer verwundert jede ihrer Bewegungen verfolgten. So etwas wie den Spirituskocher, auf dem sie sich einen Kaffee machte, hatten sie noch nie gesehen. Wer weiß, was da noch alles kam! Sie verzehrte ihr Mahl wie auf einer Theaterbühne und nahm dann ihr Tagebuch heraus, gewissermaßen als Schlusspunkt der Vorstellung. Daraufhin wurde es einen Augenblick lang ganz still, bis jemand flüsterte: »Sie schreibt! sie schreibt!« Und niemand dachte daran, sich zurückzuziehen, noch eine ganze Stunde lang, bis endlich Ruhe eintrat.

Aber nun wurde es ihr doch etwas unheimlich, so allein in einer Kirche und inmitten des Friedhofs. Nach Mitternacht begann es auch noch zu stürmen, dass die Holzwände knarrten und krachten. Außerdem war es unangenehm kalt, das Thermometer zeigte zwei Grad, und Ida Pfeiffer dankte Gott, als diese Nacht vorüber war.

Auf dem Rückweg nach Reykjavik nahm sie nicht die gerade Strecke, sie wollte die unwirtlichste der bewohnten Gegenden kennen lernen und ritt über Lavafelder, wo sie »drei Meter hohe, in den verschiedensten Formen aufgetürmte schwarze Massen« umgaben, »deren untere Teile mit weißlichem Moos, wie mit einem dichten Reif überzogen waren, während die oberen als Spitzen und Zacken empor ragten und, häufig durchbrochen, die sonderbarsten Aufsätze und Gestalten bildeten ... Diese Lavaströme scheinen aus neuerer Zeit zu stammen, da die Massen mehr schlackenartig und glasig sind«. Ida Pfeiffer betrachtete alles gründlich, und ihre Schilderungen, obwohl sie sie oft erst später festhalten konnte, sind anschaulich und voller Einzelheiten.

In Grundvik, einem grünen Plätzchen mit wenigen elenden Katen, behauptete ihr Führer, sie müssten hier übernachten, denn es sei noch zu weit bis zum vorgesehenen Tagesziel. Doch Ida Pfeiffer durchschaute den Mann, er wollte nur die Reise um einen Tag verlängern. Aber mithilfe ihrer Landkarte und den im vorhinein eingeholten Informationen über die Etappen, eine Vorsorge, die sie möglichst immer traf, konnte sie die Behauptung widerlegen. Der Ritt ging also weiter bis zum Ort Stad, wo es wesentlich besser aussah. Es war der Sitz eines Priesters, der der Besucherin gleich seine Aufwartung machte und sie zu ihrer Schlafstätte führte – nicht zu seinem Wohnhaus, sondern in die Kirche. Er ließ Stühle und einen Fußschemel bringen, stellte ihr seine Frau und die Kinder vor und bewirtete sie mit Kaffee, Butter und Käse. Auf dem Geländer um den Altar bemerkte Ida die Kleider des Priesters und seiner Familie, die sich, wie sie feststellte, von denen des Bauernvolks nur sehr wenig unterschieden.

Doch er war ein belesener Mann, und da sie inzwischen schon besser Dänisch sprach, konnte sie sich mit ihm unterhalten, über Palästina zum Beispiel, was ihn sehr interessierte. Er stellte Fragen, die zeigten, »daß er in der Geographie, Naturgeschichte, Völkerkunde usw. sehr bewandert« war. Sie plauderten ganze zwei Stunden miteinander.

Auch heute noch hat das Reisen in Island seine Tücken, doch gibt es, wenn man nicht reitet, Geländewagen mit Funkausrüstung oder relativ gut ausgestattete Busse. Als Pfeiffer nach Reykholt (Reikiadal) und der Grotte Surthellir wollte, stand sie vor vielen Schwierigkeiten. Sie brauchte ein zweites Pferd, da sie mehr Gepäck, also ein Kissen, Roggenbrot, Käse, Kaffee und Zucker, mitnehmen und die Tiere wechseln musste, denn eines würde die Strapazen nicht aushalten, bei aller Ausdauer und Bedürfnislosigkeit, die die Reiterin an ihnen immer wieder zu rühmen wusste. Und einen anderen Führer, denn der bisherige kannte sich nicht aus. Ihre Gastgeber, Herr Knudson und Herr Bernhöft, suchten lange nach jemandem, der nicht über Gebühr dem Alkohol zusprach und obendrein noch dänische Kenntnisse hatte. Der, den sie schließlich fanden, machte allerdings nicht den besten Eindruck.

Eine wichtige Angelegenheit ist immer das Bepacken der Tiere, und Pfeiffers Leser erfuhren genau, wie das geschah, wie die Gepäckstücke beschaffen waren (massive Holzkoffer, mit einem rauen Fell überzogen und von allen Seiten mit Eisen beschlagen) und wie man sie auflud, damit nicht alles ins Rutschen kam. Trotzdem musste unterwegs täglich mehrfach neu gepackt werden. Auch heute macht jeder, der in derartigen Regionen mit Packtieren reist, ähnliche Erfahrungen und hat solche Unzuträglichkeiten mit viel Geduld zu ertragen, da hat sich nichts geändert. Sie ritten auf und ab durch eine hügelige Landschaft, von einem lavabedeckten Tal ins andere, fanden anfangs noch menschliche Besiedelung und bald nichts mehr als leere, von Bergen eingeschlossene Gebiete, wo nur noch einzelne Hütten als Notunterkunft anzutreffen waren – so war es damals, so ist es noch heute.

Kurz vor Thingvalla (Thingvellir), dem ersten Tagesziel, war ein erschreckender Abstieg in die nur acht bis zehn Meter breite Almannagja-Schlucht zu bewältigen. Der schmale Pfad führte über große Lavablöcke zwischen hoch getürmten Wänden, auf denen lose Steinkolosse lagen, die jeden Moment herabzustürzen drohten. Beklommen stiegen sie hinunter und durchzogen die Kluft, ohne einen Laut von sich zu geben, denn konnte nicht jede Erschütterung katastrophale Folgen haben? Die Felstrümmer ringsum sprachen für sich selbst. Thingvalla, heute Ziel vieler Reisegruppen, gilt als eines der schönsten Täler Islands: auf der einen Seite der See, auf der anderen die Berge und der Fluss Öxara mit dem Wasserfall. Als ich 1971 dort war, bot sich mir noch immer dasselbe Bild, wie es Ida Pfeiffer beschrieben hat und wie man es auf alten Stichen sehen kann: die wenigen von Wiesen umgebenen Häuschen und die Kirche. Geschichtsträchtiger Boden ist das. Hier fand im Jahre 930 der erste Althing statt, eine Versammlung der Führer des Landes, die von da ab alljährlich im Sommer zwei Wochen lang Gesetze verkündeten sowie Recht sprachen und dabei natürlich die Gelegenheit zu Festlichkeiten nicht ungenutzt vorübergehen ließen. Der Ort hat seinen bedeutenden Platz im Herzen der Isländer behalten. Auch die Ausrufung der vollen Unabhängigkeit des Landes im Jahre 1944 fand in Thingvalla statt.

Der Pastor wollte den seltenen Gast in seiner Hütte schlafen lassen, einer bescheidenen Wohnstätte, die nicht besser aussah als die der benachbarten Bauern, doch Ida ging lieber in die Kirche, die etwas abseits stand und deshalb unerwünschte Besucher vielleicht weniger anzog. Das anfängliche Gefühl, an einem unheimlichen Ort zu sein, hatte sie überwunden und verbrachte eine ruhige Nacht auf einer der hölzernen Kisten.

Und wieder weiter durch ein Gelände, das geistige wie körperliche Widerstandskraft erforderte. Manchmal wären die Hindernisse auf dem Weg wirklich mit wenigen Mitteln zu beheben gewesen. Da war der Übergang über einen Wassergraben, der aus einigen Steinen und Platten bestand und so voller Löcher war, dass die Pferde nicht wussten, wohin sie ihre Hufe setzen sollten. Sie weigerten sich, diese unsichere »Brücke« zu betreten, und man stieg ab und führte sie hinüber. Nach ihnen kam eine Karawane von fünfzehn Pferden, die von den Reitern mit derben Peitschenhieben hinübergezwungen wurden. Pfeiffer betrachtete wütend diese Szene. Es lagen doch genügend Steine in der Nähe, warum nahm niemand ein paar davon und füllte die Löcher aus, anstatt die Pferde zu prügeln und Knochenbrüche zu riskieren? Ein träges Volk, diese Isländer! Sie bedauerte die Tiere so, dass sie Steine holte und in die Löcher packte – eine wirklich kleine Mühe von nur einer Viertelstunde! O Ida Pfeiffer, wie viele solcher Beispiele falscher Bequemlichkeit trifft man noch immer!

In Reikiadal nahm sich der Priester Jonas Jonason ihrer an, führte sie zu den Springquellen und begleitete sie am Tag darauf auch zur Grotte Surthellir, die sich in einem unübersehbaren, mit Lavamassen gefüllten Tal unter einer Felsendecke befand. »Da sieht man die Lava in glasigem, krausem Zustande die herrlichsten Zeichnungen und Arabesken bildend, oder in ungeheuren Platten, die teils einzeln liegen, teils wie aufgeschwemmt übereinander geschichtet sind, und dazwischen türmen sich große mächtige Ströme, die mitten im Laufe erstarrt sein mußten.« Sie kletterten auf Händen und Füßen in das unterirdische Labyrinth und folgten dem Hauptgang und verschiedenen Nebengängen. Zwei Stunden lang stiegen sie über lose Lavatrümmer, zogen sich gegenseitig die hohen Steine hinauf oder ließen sich hinabrutschen. Der nächste Tag brachte wieder einen der beschwerlichsten Ritte von einem toten Tal ins nächste durch eine erstarrte Natur. Die schneebedeckten Hochebenen und die Eisrinden auf den Flüssen, die sie überqueren mussten, flößten Ida Entsetzen ein. Wie das Packpferd vorangeprügelt wurde, um den Weg zu weisen! Wie die Tiere bis über die Sprunggelenke oder gar bis zum Bauch in den Schnee einsanken! Sie fragte sich, was ihr zu tun bliebe, wenn der Führer so weit einsinken würde, dass er nicht mehr herauskäme. Wo sollte sie Hilfe suchen in dieser Schneewüste? Sicher würde sie in die Irre geraten und durch Hunger oder Kälte zugrunde gehen. Inmitten von Wolken und Nebel schüttelte sie ein eisiger Sturm von den nahen Gletschern so, dass sie sich kaum auf dem Pferd halten konnte. Sie waren jetzt schon dreizehn Stunden geritten, waren halb erstarrt vor Nässe und Kälte, und der Regen strömte unaufhörlich. Da beschloss sie, an der erstbesten Kate zu halten.

Glücklicherweise wurden sie freundlich aufgenommen, doch hatten die Leute selbst wenig zu bieten. In einem einzigen Raum schliefen auf vier breiten Betten sieben Erwachsene und drei Kinder, die eine überall verbreitete Art Grippe gepackt hatte. Es hustete und ächzte von allen Seiten, und der Boden war mit Auswurf bedeckt. Doch welche Gastfreundschaft! Man wollte ihr eines der Betten ganz überlassen, aber sie quartierte sich lieber in dem engen Gang zwischen Küche und Schlafraum ein, der als Milchkammer diente. Da ihr durchnässter Mantel zum Trocknen aufgehängt werden musste, gab man ihr eine Decke, von der sie nicht wusste, wie viele Krankheitskeime sich darin verbargen, doch sie benutzte sie als Unterlage auf ein paar Brettern und stellte sich schlafend, damit man sie allein ließ.

Das Wetter blieb miserabel, und Pfeiffer hatte nun genug vom Reisen, nur zurück nach Reykjavik! Sie schlug den freundlich angebotenen Lammbraten mit Butter aus, ihr war der Appetit vergangen, und dann hieß es nur noch: reiten, reiten.

Doch wusste sie nun, was sie leisten konnte. Sie hatte trotz des unbarmherzigen Klimas nicht einmal einen Schnupfen davongetragen, hatte während der ganzen Tour nichts Warmes oder auch nur Kräftiges gegessen, hatte nachts auf Bänken und Kisten geschlafen und auf diese Weise in sechs Tagen Hunderte von Kilometern zurückgelegt, nicht zu vergessen die Höhle Surthellir mit ihrer Kletterei, und sie war, wie sie meinte, gesund und munter nach Reykjavik zurückgekehrt. Doch blieb sie in der Stadt nur, bis das Wetter sich wieder aufheiterte.

Dann steuerte sie eines ihrer Hauptziele an, den großen Geysir, der allen anderen Springquellen in der Welt seinen Namen gegeben hat. Unsicher stand sie davor, sie wusste nicht, wie weit sie sich dem Becken nähern durfte, ohne einzusinken. Doch ein Bauer, der ihre Furcht sah, nahm sie bei der Hand. Allerdings hatte er, es war Sonntag, der Branntweinflasche etwas zu tapfer zugesprochen, und sie war nicht sicher, wieweit sie sich ihm anvertrauen durfte. Doch ihr Führer, der sie von Reykjavik her begleitet hatte, ging zu ihrer Beruhigung selbst mit und übersetzte das »isländische Kauderwelsch« des Mannes ins Dänische. Nun schoss der Geysir aber seine Wassersäule nicht regelmäßig und oft nur in sehr großen Abständen empor. Manchmal musste man mehrere Tage warten, um einen wirklich großen Ausbruch zu erleben. Da traf es sich gut, dass ein französischer Gelehrter, P. Gaimard, einige Jahre zuvor sein Zelt zurückgelassen hatte, das von einem Bauern aufbewahrt und gegen ein kleines Entgelt für einen der seltenen Besucher aufgeschlagen wurde. So fand Ida eine Unterkunft für ihre Beobachtungen.

Nachdem um elf Uhr nachts schließlich alle nach Hause gegangen waren und sie allein zurückgelassen hatten, lauschte sie, ob sich ein Ausbruch ankündigte. Und als sie dann um Mitternacht einige dumpfe Töne vernahm, wurde ihr doch leicht ungemütlich in dieser Umgebung, noch dazu während der Geisterstunde. Das Becken lief über und leerte sich wieder, aber sonst ereignete sich nichts. Und noch ganze dreizehn Mal registrierte sie die dumpfen Töne, das Überlaufen, die Entleerung – ohne Wassersäule. Immer wieder war sie unterwegs zwischen Zelt und Geysir, doch die Stunden vergingen, und nichts geschah, ebenso am folgenden Tag und in der zweiten Nacht. Mit der Zeit wurde ihr der Ablauf der Erscheinungen geläufiger, sie leistete sich zwischendurch einen leisen Schlummer oder besuchte einige der vielen anderen Quellen und hielt alle Einzelheiten in ihrem Tagebuch fest.

Am Tag darauf war es endlich so weit. Um neun Uhr morgens, der Bauer hielt sich gerade bei ihr auf, schossen die Strahlen empor »mit unbeschreiblicher Kraft, Heftigkeit und Wasserfülle«, vier Minuten lang, dann war das Becken wieder leer. Sie stiegen hinein bis unmittelbar an den Kessel, Pfeiffer löste einige Krusten und kostete das Wasser. Es hatte keinen unangenehmen Geschmack und enthielt wohl nur wenig Schwefel. Nun sah sie jede halbe Stunde nach, wie lange es dauerte, bis es wieder gefüllt war, und ihr Ausharren lohnte sich. Nach nur zwei Stunden gab es einen neuen Ausbruch, dann noch einmal am Abend, einmal in der dritten Nacht und ein letztes Mal kurz vor ihrer Abreise. Drei Tage und drei Nächte hatte sie unmittelbar am Geysir zugebracht und fünf Ausbrüche erlebt. Sie konnte zufrieden sein. – Heute, da immer größere Touristenmassen immer schneller an den Sehenswürdigkeiten dieser Welt vorbeigeschleust werden, darf man sich fragen, wer hier wohl noch so viel Zeit und Mühe investieren wird wie eine Ida Pfeiffer.

Was ihre Bücher so lebendig macht, sind nicht nur die Gefühle des Abscheus, die sie mit wahrer Lust schildert, sondern auch so manche Szene wie auf dieser Tour die Versammlung vor einer Kirche nach dem Sonntagsgottesdienst. Die Leute strömten heraus, 96 waren es, die stille Beobachterin hatte sie gezählt, für Island eine beachtliche Menschenmenge. Sie schwatzten, schäkerten und befeuchteten ihre Kehlen mit Branntwein, von dem sie vorsorglich größere Mengen mitgebracht hatten. Beim Abschied regnete es Küsse von allen Seiten. Der in Island gebräuchliche derbe Kuss schien Pfeiffer angesichts der schmutzigen Gesichter und tabaktriefenden Nasen nicht gerade erstrebenswert, für die Isländer war er eine Sitte, die sie ohne Rangunterschiede pflegten. Alle küssten den Priester und er sie, und auch Idas Führer, ein Bauernknecht, küsste ein halbes Dutzend Töchter eines königlichen Beamten oder Frau und Kinder eines Pastors, und diese erwiderten seine Küsse ebenso herzlich. Man erfährt nicht, ob Ida Pfeiffer auch geküsst hat, darf aber wohl annehmen, dass sie diese alte Sitte lieber von fern auf sich hat wirken lassen.

Die 1491 m hohe Hekla, ein sieben Kilometer langer Vulkanrücken im Süden, gehört auch in unseren Tagen zu den Zielen jedes Islandreisenden, und selbstverständlich musste Ida hinauf wie auf jeden Berg, dessen Gipfel erreichbar war. Es wurde ein Unternehmen von zwölf Stunden. Ausgerüstet mit Brot, Käse, einer Flasche Wasser für sich selbst und einer Flasche Branntwein für die Führer, bestiegen sie am frühen Morgen ihre Pferde. Sie hatten lange Stöcke mit Eisenspitzen dabei, um den Schnee zu prüfen und um sich darauf zu stützen. Das Wetter war schön, was als glückliche Vorbedeutung gewertet wurde. Monsieur Gaimard, der französische Gelehrte, hatte vor neun Jahren drei Tage warten müssen, und seitdem war niemand mehr auf dem Vulkan gewesen. Auch ein Prinz von Dänemark sollte unverrichteter Dinge weitergezogen sein.

Die Schwierigkeiten des Aufstiegs zu Pferde waren beträchtlich. Sie zwängten sich durch Engstellen, kletterten über kohlschwarze Lavablöcke oder rutschten zurück. Unberechenbar waren die Schluchten voller Schnee, der schon weich war von der Frühlingssonne, wo man bei jedem Schritt einsank und ausglitt. Nach dreieinhalb Stunden ließen sie die gequälten Tiere zurück, viel zu spät, fand die unermüdliche Bergsteigerin, doch der Führer wusste, warum er darauf bestanden hatte.

Nie hätte sie, so willensstark sie war, die Strecke zu Fuß bewältigt. Wer je mit der stachligen, porösen Lava der Hekla in Berührung gekommen ist, weiß, wovon sie redete.

Nach weiteren zwei Stunden hatten sie die Höhe erreicht. Aber nun verdunkelte sich die Sonne, die Gipfelkletterer wurden von dahinstürmenden Wolken eingehüllt, und es begann zu schneien. Dabei bewegte sich die Temperatur um den Gefrierpunkt. Doch Ida wich nicht, sie blieb, bis sich ihr eine Fernsicht bot, die sie später in beredten Worten schilderte, obwohl sie meinte, dass ihre Feder zu schwach sei, um das Großartig-Erschreckende recht zu beschreiben: die übereinander getürmten Lavamassen, die versteinerten Ströme, die grässlichen Schluchten, die Höhlen, Täler und Berge. Was, wenn sie nie wieder aus diesem Labyrinth herausfände? Denn es warteten ja nicht am Fuß des Berges die Busse, die die modernen Touristenscharen nach kurzem Aufenthalt wieder einladen und sie, hin- und herschwankend auf dem nachgiebigen Boden, in weniger gefährliche Gefilde zurückbringen.

Ida versuchte sich vorzustellen, wie hier alles gearbeitet und gewütet hatte bei der Entstehung dieser Gletscher, Lavamassen, Schnee- und Eisfelder, der Flüsse und kleinen Seen. Und sie dankte Gott, dass er sie »dieses Chaos seiner Schöpfung schauen« ließ, dankte ihm doppelt, dass er sie »in Gefilden leben ließ, wo die Sonne mehr zu tun hat, als nur den Tag zu schaffen; wo sie wirkend und wärmend Pflanzen und Tiere belebt und das Herz des Menschen zur Freude und zum Dank gegen den Schöpfer stimmt«.

Und sie fragte sich, ob all dies nun für immer zur Ruhe gekommen sei. Ihre Frage wurde fünf Wochen später beantwortet: Die Hekla, die achtzig Jahre lang ruhig gewesen war, brach erneut aus.

Ein Besuch beim Sysselmann in Hjalmholm, mit dessen Töchtern sie sich angeregt unterhielt, wirft ein Licht auf ihre Persönlichkeit. Stolz entfaltete sie ihre dänischen Sprachkenntnisse, was die jungen Damen zu Lachausbrüchen veranlasste über die komische Ausdrucksweise. Doch die Besucherin focht das nicht an, sie nahm ihr Wörterbuch zur Hand und schwatzte weiter. Hier gab sie auch von sich selbst eine Beschreibung ihres Äußeren. Man solle doch bedenken, dass die gute Mutter Natur gegen Leute ihres Alters sehr unerbittlich verfahre. Die scharfe Luft und die rauen Stürme, denen sie ständig ausgesetzt sei, hätten ihr stark gebräuntes Gesicht sehr entstellt. Ihre Lippen waren aufgesprungen, und die Nase begann sich zu schälen. Als sie ihr Haar aus der Stirn strich, riefen die Mädchen überrascht aus: »Sie ist ja weiß!« Worauf sie ihren Ärmel hochnahm, um zu zeigen, dass sie »nicht zu dem Stamme der Araber gehöre«. Man sieht, ihr Selbstbewusstsein hatte sich, mit Recht, schon jetzt stark gefestigt, noch bevor sie als Weltreisende Berühmtheit erlangte.

Nach dieser Tour, bei der sie wieder etwa 400 km zurückgelegt hatte, endete der Aufenthalt in Island, und sie hielt Rückschau. Auf Grund ihrer Lektüre hatte sie »ein wahres Arkadien«, erwartet und sich innig gefreut, dieses Land betreten zu können. Doch vieles war enttäuschend gewesen, und der Mangel an Begeisterung betrübte sie selbst. Warum sah sie immer alles so viel prosaischer als andere Reisende? Sie wollte nicht behaupten, dass ihre Eindrücke richtig seien, aber dies war eben ihre Sicht, schließlich plauderte sie ja anderen nichts nach, und das war doch eine gute Eigenschaft.

Dass die Geografie Islands sie stark beeindruckt hat, steht außer Zweifel, hier gibt es keinen Mangel an Begeisterung, doch an den Menschen hatte sie vieles auszusetzen. Die Bauern waren wenigstens ehrlich und stahlen nicht. Aber die sogenannte gebildete Klasse, da hatte sie angesichts ihrer Erfahrungen bald ihre anfängliche gute Meinung verloren. Es blieben die »Arbeitsleute« in der Nähe der Hauptstadt. Sie waren nur aufs Geld aus und verließen den Arbeitgeber und ganz besonders den Fremden ohne Vorwarnung, wenn ihnen woanders ein besserer Verdienst winkte.

Mit Erstaunen hatte sie gesehen, dass fast alle Isländer, die Frauen etwas weniger, lesen und schreiben konnten und sich in jeder Hütte zumindest die Bibel fand, aber auch Gedichte und Erzählungen, manchmal in dänischer, ja hier und da sogar in deutscher Sprache. Oft war sie unterwegs erstaunt gewesen, mit wie viel Verständnis die Leute ihre Landkarte betrachteten. – Wer in unseren Tagen Island besucht, sieht die Parallelen. Er findet unzählige Buchläden, ganze Bibliotheken in isländischer Sprache, und er hört, dass in keinem Land der Welt pro Kopf so viele Bücher publiziert würden wie auf dieser abgelegenen Insel. Gastfreundschaft hatte sie aber gefunden, bei Priestern wie Bauern, wenn diese auch nicht ganz uneigennützig gewesen war. Schließlich hatten beide gewusst, dass in diesem Land weder Abenteurer noch Bettler herumreisten und der Fremde sich schon erkenntlich zeigen würde. Doch erkannte sie an, dass die Priester wirklich hilfreich gewesen waren und bescheiden in ihren Forderungen, wenn sie ihr Pferde besorgt hatten, die Bauern hingegen nur dort, wo sich fast nie ein Fremder sehen ließ.

Besonderes Missfallen fand natürlich die Leidenschaft der Isländer für das Trinken, die sich bis heute ja wenig geändert hat. Doch dass sich einer vor Trunkenheit kaum noch auf dem Pferd halten konnte, und nicht nur an Sonntagen, das gab es nur bei Männern, nicht bei Frauen – »Gott sei es gedankt!«

Und die geringe Sauberkeit! Wollte sie beschreiben, was sie da gesehen hatte, ihre Leserinnen würden mitten auf dem festen Land seekrank werden. Gewiss könnte die Insel auch sehr viel wohlhabender und blühender sein, wäre nicht die Trägheit der Menschen. Warum legten sie nicht einige von den vielen Sümpfen trocken und verwandelten sie in Viehweiden? Stattdessen begnügte man sich mit dem, was die Natur freiwillig bot. Sie war sicher, dass einige deutsche Bauern das Bild sehr zu seinem Vorteil verändern könnten.

Heimreise über Norwegen und Stockholm nach Wien

Nun, da sie einmal im Norden war, wollte sie auch gleich noch einen Blick »auf die pittoresken Länder« Skandinaviens werfen. In Norwegen lernte sie ein besonderes Transportmittel kennen, das Karriol, und sie zögerte nicht, das leichte zweirädrige Fuhrwerk selbst zu kutschieren, wie es auch die einheimischen Frauen taten. Ein unbequemer schmaler, länglicher Kasten zwischen zwei mächtigen Rädern war das, in dem sie sich lang ausstrecken musste, mit einem Leder bis an die Hüfte zugeschnürt wurde und so die ganze Fahrt lang zu bleiben hatte, ohne auch nur einen Fuß bewegen zu können.

Das Land bot der Österreicherin, was sie lange entbehrt hatte: von Gebirgen umschlossene Seen, Wälder, fruchtbare Täler, Obst- und Blumengärten. Doch lockte sie auch Telemarken, die wilde Landschaft mit ihrer Romantik. Allerdings bestanden Bedenken, ob eine Reise dorthin für eine Frau allein nicht zu schwierig war, besonders wenn sie nur geringe Kenntnisse der Landessprache hatte. Aber Ida fand niemanden, der sich ihr anschließen wollte, und so fuhr sie eben allein. Leider fehlte es an geeigneten Transportmitteln. Sie war gezwungen, sich einen Wagen anzuschaffen und von Station zu Station Pferde zu mieten. Dabei blieb es nicht. Um den berühmten Rjukanfoss zu sehen, ließ sie erst ihren Wagen zurück, ritt dann fünf Stunden lang bis zum Örtchen Tindosö und musste schließlich einen großen See überqueren. Obwohl es bereits seit einiger Zeit regnete, beeilte sie sich, für die etwa fünf Stunden lange Fahrt ein Boot mit zwei Männern zu mieten, bevor möglicherweise ein Sturm einsetzte und niemand mehr bereit war, sie hinüberzubringen. Der See war gefährlich, leicht wurde da das Boot bei Sturm gegen eine der steilen Felswände getrieben, und die freundlichen Buchten mit Wiesen und Feldern konnten kaum das Bild der Felsmassen und überhängenden Blöcke verdrängen, die über einzelnen Gehöften drohten. Ida war bald völlig durchnässt und im Begriff aufzugeben. Doch der Gedanke, dass der höchste norwegische Wasserfall bei diesem Wetter besonders reizvoll sein müsse, gab ihr die Kraft durchzuhalten. Aber die Bauersleute, auf deren Hof am See sie die Nacht leidlich angenehm verbrachte, machten ihr keine Hoffnung auf Wetteränderung. Sollte sie also umkehren? Oder einige Tage warten? Dazu fehlte ihr die Geduld. Sie hängte sich ihren durchnässten Mantel um und ließ sich weiterrudern.

Noch einmal musste sie das Transportmittel wechseln: Ein Pferd trug sie an steilen Hängen oberhalb des Sees weiter, und das letzte Stück legten sie zu Fuß zurück, wobei sie auf Stegen von zusammengelegten Baumstämmen zahlreiche Wildbäche zu umgehen hatten. Ein Glück, dass sie schwindelfrei war und sich auf den Arm ihres Führers stützen konnte. Überall rieselte von den Bergen das Wasser herab, das den Pfad überschwemmte und ihr bis über die Knöchel ging. Aber trotz aller Mühe und Gefahr war sie begeistert von der Landschaft und kam endlich ans Ziel. Welch ein Anblick! Doch in der nächsten Minute ließ dichter Nebel dieses Wunder der Natur vor ihren Augen verschwinden. Vergebens die ganze ungeheure Anstrengung und Selbstverleugnung! Doch Ida Pfeiffer trat nicht den Rückweg an, noch nicht! Sie setzte sich auf einen Felsblock und starrte zwei Stunden lang in die wilde Schlucht, wo der Fall manchmal in ganz schwachen Umrissen zu erkennen war, lauschte dem gewaltigen Tosen des Sturzes und dem Erzittern der Felsen unter ihren Füßen.

Ein neuer Lichtpunkt auf der Heimreise über Göteborg und Stockholm war die Begegnung mit der schwedischen Königin, die von ihren Unternehmungen erfahren hatte und besonders etwas über Palästina hören wollte. Dabei durfte die Wienerin den ganzen Palast sehen bis hinein in die Wohnräume und war bezaubert von der Pracht, den Kunstschätzen, der geschmackvollen Einrichtung, noch mehr aber von der Herzlichkeit, mit der die Monarchin sich mit ihr unterhielt.

In Hamburg waren die Verwandten höchst erstaunt über ihr Auftauchen, man hatte sie für tot gehalten. Schließlich war sie mit einem armseligen Boot nach Dänemark abgereist und hatte über zwei Monate nichts von sich hören lassen – ihr Brief aus Kopenhagen war verloren gegangen.

Die Fahrt nach Wien wieder zeigt ein Bild der Verkehrsverhältnisse in Deutschland. Ida benutzte eine Kutsche von Travemünde nach Hamburg, ein kleines Dampfboot auf der Elbe nach Harburg, den Eilwagen nach Celle, eine »Privatgelegenheit« nach Lehrte und bis Berlin die noch neue Eisenbahn, bei der man sich nicht um sein Gepäck kümmern musste, obwohl viele Ländergrenzen zu überschreiten waren. Allerdings wurden häufig die Wagen gewechselt. Wegen der Leipziger Messe herrschte großer Betrieb, oft hatte der Zug 35–40 Wagen, drei Lokomotiven und an die 700–800 Reisende. Doch alles funktionierte. Das erfreulich höfliche Personal rief bei jeder Station die Dauer des Aufenthalts aus, sodass der Reisende aussteigen und in einem Gasthaus oder Zelt etwas essen konnte. Die Wagen waren besser als heute zum Ein- und Aussteigen eingerichtet, da man die Gleise auf den Stationen tief gelegt hatte und der Fahrgast keine Stufen überwinden musste. Sichtlich war man dort in der Mitte des 19. Jahrhunderts mehr um Kundenfreundlichkeit bemüht als in unseren Tagen. Keine Schwierigkeiten auch gab es auf dieser Fahrt mit Pässen oder Passierscheinen, wie Pfeiffer es in anderen (deutschen) Staaten erlebt hatte, wo ein Polizeisoldat die Reisenden nur nach ausführlicher Befragung aussteigen ließ und die Pässe erst auf das Amt getragen wurden. Der Tourist im 20. Jahrhundert, dem der Reiseleiter alle diese Unannehmlichkeiten abnimmt, sollte sich fragen, worauf sich denn sein Stolz, große Zeile der Welt gesehen zu haben, gründet.

Am 4. Oktober 1845, nach sechs Monaten, sah Ida Pfeiffer ihre Vaterstadt wieder. Sie hatte viel ausgestanden und gelitten, was sich aber nicht auf ihre Reiselust und ihren Mut auswirkte, und für alles fühlte sie sich durch die Erlebnisse reich entschädigt. Sie fügte ihrem Buch, im Bestreben nach genauer Schilderung und möglichst vielen Daten, einen Anhang bei mit einer Liste der Besoldungen der königlich dänischen Beamten, der Verwaltungsfachleute, Polizisten, Ärzte, Apotheker, Hebammen, Angaben über Zuwendungen an den Bischof, Besoldung der Hochschullehrer, außerdem ein Verzeichnis der isländischen Insekten, Schmetterlinge, Blumen und Kräuter, die sie gesammelt und mitgebracht hatte, mit lateinischen und deutschen Namen und zum Teil auch mit dem Fundort. Viele davon konnte sie an Museen verkaufen.

Die erste Weltreise (1.5.1846–Anfang November 1848)

Nur sieben Monate blieb sie daheim, dann trieb es sie wieder hinaus. Von Hamburg fuhr sie Ende Juni, zusammen mit dem Grafen Berchthold, auf der dänischen Brigg »Caroline« nach Brasilien. Im Gegensatz zu einem Dampfschiff war das Segelschiff, das zweieinhalb Monate für die Überfahrt brauchte, nicht für die Bequemlichkeit der Passagiere, sondern zur Beförderung von Waren gedacht. Das bedeutete beschränkte Räumlichkeiten, bescheidene Kost und Abhängigkeit von den Launen des Kapitäns. Ida hatte ja bereits Erfahrungen gesammelt und empfahl zur Verbesserung der Kost Suppenglace (eine nach dem Erkalten schnittfeste Brühe) und feinen Zwieback, die man gegen Feuchtigkeit und Ameisen in Blechkästchen aufbewahren sollte. Eier müssten für südliche Gegenden in starkes Kalkwasser getaucht oder in Steinkohlenstaub verpackt werden. Dazu Reis, Kartoffeln, Zucker, Butter »und alle Ingredienzen zur Bereitung von Weinsuppe oder Kartoffelsalat«. Wer mit Kindern reiste, dem empfahl sie nachdrücklich eine Ziege. Erwachsene brauchten als Getränk Wein im Gepäck, sofern dieser nicht zur Schiffskost gehörte. Die Matrosen dagegen versahen sich mit Wasser aus der Elbe, das zwar schmutzig und trüb aussah, doch jahrelang der Fäulnis widerstehen sollte. Auch durfte man nicht damit rechnen, dass die Koje möbliert war, sollte also nicht ohne Matratze und Kissen reisen.

Brasilien

Am 16. September liefen sie in den Hafen von Rio de Janeiro, der Hauptstadt des seit 1822 unabhängigen Kaiserreichs Brasilien, ein. Die Besucherin fand dort durchaus nichts Anziehendes. Da es an Entwässerungsgräben fehlte, pflegten starke Regengüsse die Straßen unter Wasser zu setzen, sodass Fußgänger sich von Schwarzen hinübertragen ließen. Jeder Verkehr hörte auf, das Gesellschaftsleben stagnierte, ja selbst Wechsel wurden an solchen Tagen nicht eingelöst. Pfeiffer sah viel Schmutz und Hässlichkeit, und das Angebot an Waren höherer Qualität war nicht mit dem europäischer Städte zu vergleichen.

Am wenigsten gefielen ihr die Menschen, diese Schwarzen »mit den plattgedrückten, häßlichen Nasen, den wulstigen Lippen und kurz gekrausten Haaren«. Halbnackt liefen sie herum, in elenden Lumpen oder in abgetragenen Kleidern ihrer Herren. Entsetzt war sie über die Krankheiten und Gebrechen, die sie sah, die Augenleiden und die Elephantiasis, ja selbst Hunde und Katzen fand sie schäbig und voller Wunden. Erst nach einiger Zeit stellte sich eine gewisse Gewöhnung ein, und sie entdeckte selbst unter den jungen schwarzen Frauen »artige Gestalten« und an den etwas dunkel gefärbten Brasilianerinnen und Portugiesinnen hübsche, ausdrucksvolle Gesichter.

Bei all diesen gefühlsmäßigen Empfindungen versuchte sie doch, den Schwarzen Gerechtigkeit widerfahren zu lassen. Zwar meinte auch sie, dass sie nicht die geistige Bildung wie die Weißen hätten, sich aber nicht, wie oft behauptet wurde, auf der Stufe des Übergangs von der Affen- zur Menschengestalt befänden. Man verwehre ihnen doch jeden Schulunterricht, lasse sie absichtlich in diesem Zustand, und sie prophezeite, dass das Erwachen dieses Volkes, das viermal so zahlreich war wie die Weißen, fürchterlich sein werde. Gleich aber schränkte sie diese Bemerkungen ein: »Ich versteige mich in Vermutungen und Abhandlungen, die wohl gelehrten Männern zukommen, nicht aber mir, die ich die dazu nötige Bildung durchaus nicht besitze; mein Zweck ist: nur einfach meine Anschauungen darzulegen.« Koketterie oder Erschrecken über ihr eigenes Urteil? Es ist bemerkenswert, dass sie sich dagegen verwahrte, als Touristin bezeichnet zu werden, sie gestand diesem Namen eine weit positivere Bedeutung zu, als wir dies heute tun. Für eine Touristin habe sie zu wenig Witz und Laune, um unterhaltend zu schreiben, und zu wenig Kenntnisse, um richtig urteilen zu können. Wer meine, sie sei aus Eitelkeit unterwegs, der möge selbst einmal eine ähnliche Reise unternehmen, dann könne er sehen, dass »solche Beschwerden, solche Entbehrungen und Gefahren nur durch angeborene Reiselust, durch unbegrenzte Wissbegierde überwunden werden können«.

Die Sklaven beschäftigten sie ja in vielen Ländern, so auch hier, wo sie offiziell zwar nicht ins Land gebracht werden durften, aber viele Tausende eingeschmuggelt wurden. Ihr Los erschien ihr jedoch weniger schlecht als das der russischen, polnischen oder ägyptischen Bauern, die man nicht Sklaven nannte. Nur wenn die hiesigen entliefen, dann gab es harte Strafen.

Immer stellte sie Vergleiche an mit dem, was sie gelesen hatte, so auch bezüglich der üppigen Natur, des ewig lachenden Himmels, des immer währenden Frühlings. Die Vegetation ist reich, stellte sie fest, doch soll man nicht glauben, dass deshalb alles schön und gut ist. Sie litt unter der Feuchtigkeit und Hitze und vor allem unter den Insekten, verbrachte ganze Nächte sitzend im Kampf mit den Moskitos. Die Lebensmittel wurden von Kakerlaken und großen Ameisenschwärmen angegriffen, Kleider und Wäsche musste man in Blechkästen vor ihnen sichern. Und die Sandflöhe! Sie setzten sich unter Fußsohlen und -nägel, und ohne Hilfe eines Schwarzen, der es verstand, den Springer samt seinen Eiern aus der Haut zu entfernen, war man ziemlich verloren.

Zwar hielt sie Brasilien für das vielleicht interessanteste Reiseland der Welt, leben aber mochte sie da nicht, denn auch gegenüber den Weißen hatte sie kaum Gefühle der Sympathie, rügte ihre Sucht nach Gewinn, ihren Mangel an Moral und guten Sitten und auch an Religion. Die Prozessionen, Gebete und Kirchenfeste in diesem durch und durch katholischen Land dienten doch nur zur Unterhaltung!

An Leute, die nach Brasilien auswandern wollten, richtete sie eine leidenschaftliche Warnung. Schon bei der Überfahrt werde ihnen ihr kleines Vermögen genommen. Wenn sie von der Regierung nicht eingeladen worden seien, bekämen sie keine Unterstützung, ohne Geld keine Ländereien, niemand nehme Europäer als Plantagenarbeiter, weil sie das Klima nicht vertrügen, sodass sie als Bettler in den Straßen endeten. Jene, die als Kolonisten von der Regierung gerufen würden, bekämen zwar ein Stück Wald zum Roden, Lebensmittel und andere Unterstützungen, aber ohne Geld kämen auch sie nicht weit. Nur wenige mit eiserner Gesundheit und enormem Fleiß könnten sich eine Existenz schaffen. Am besten fänden sich noch Handwerker zurecht, da aber ihrer zu viele kämen und immer mehr Schwarze ihren Platz einnähmen, hätten auch sie nicht die besten Aussichten. Sie riet jedem Auswanderungswilligen, sich genau zu informieren, und zwar vorher, »die Enttäuschung ist umso fürchterlicher, da sie erst erfolgt, wenn es zu spät ist«. Auch andere Autoren jener Zeit haben die Verhältnisse so geschildert.

Zusammen mit dem Grafen Berchthold hatte Ida die Möglichkeit, eine solche junge Auswanderersiedlung zu besuchen: die von Deutschen angelegte Kolonie Petrópolis. Sie fuhren mit einer Barke nach dem 37 km entfernten Porto d'Estrella, und für den Rest von gut fünf Kilometern, den man ihnen als schönen Spaziergang geschildert hatte, machten sie sich zu Fuß auf den Weg. Als sie ein breites Tal mit üppiger Vegetation, mit wilden Ananaspflanzen und umherschwirrenden Kolibris durchquert hatten, führte zwischen dichtem Urwald eine breite, gepflasterte Straße bergan. Die beiden fanden eine Fülle von Pflanzen und Insekten, und da sie öfter Leute trafen, dachten sie nicht an Gefahr und achteten nicht darauf, dass ein Schwarzer ständig hinter ihnen herging. Plötzlich, an einer einsamen Stelle, fiel dieser, in einer Hand ein langes Messer, in der anderen ein Lasso, über sie her und gab ihnen zu verstehen, dass er sie ermorden und in den Wald schleppen wolle. Völlig überrascht und auch unbewaffnet, man hatte ihnen ja den Weg als gefahrlos geschildert, versuchten beide, mit ihren Sonnenschirmen die Messerstiche abzuwehren, doch diese unvollkommenen Waffen hielten nicht lange. Auch bekam der Mann den von Pfeiffer zu fassen, konnte ihn ihr aber nicht entwinden, bis der Griff abbrach (den sie später zu Hause als Trophäe aufbewahrte). Dabei fiel sein Messer zu Boden, das sie zu ergreifen versuchte, doch er war schneller, stieß sie hinweg, packte es, schwang es über ihrem Kopf und brachte ihr einen Stich und einen tiefen Schnitt in den linken Oberarm bei. Nun gab ihr die Verzweiflung den Mut, ihr Taschenmesser, das sie als einzige Waffe gleich zu Anfang hervorgezogen und geöffnet hatte, in seine Brust zu stoßen, doch sie traf nicht, brachte ihm aber eine ordentliche Wunde an der Hand bei. All das hatte sich in wenigen Augenblicken abgespielt, bevor der Graf hinzusprang und den Angreifer von hinten packte, sodass Ida sich vom Boden erheben konnte. Auch Berchthold erhielt noch einen Schnitt über die ganze Hand. Der Schwarze, nun voller Wut über seine Verwundung, griff erneut mit dem Messer an, und hätte man nicht Pferdetritte gehört, die beiden wären wohl endgültig verloren gewesen. So aber ließ der Mordbube von seinen Opfern ab und verschwand im Urwald. Es erschienen zwei Reiter, die vom Pferd sprangen, als sie die blutenden Wunden sahen, und die Verfolgung aufnahmen. Der Wegelagerer wurde mithilfe von zwei anderen Schwarzen bald gefangen und mit einer tüchtigen Tracht Prügel sowie heftigen Schlägen auf den Kopf belohnt. Dabei verzog er keine Miene, blieb wie erstarrt liegen und biss dann wütend um sich, als sie ihn aufhoben und zum nächsten Haus trugen. Pfeiffer und der Graf ließen sich ihre Wunden verbinden und setzten die Wanderung fort, nicht ganz ohne Angst, wenn ihnen Schwarze begegneten, doch ohne weitere Zwischenfälle »und in immerwährender Bewunderung der reizenden Landschaft«.

Später, in Rio, wunderte man sich sehr über diesen, wie man meinte, durchaus ungewöhnlichen, Angriff, und nur angesichts ihrer Wunden wurde ihnen Glauben geschenkt. Sie erfuhren, dass der Bursche von seinem Herrn wegen eines Vergehens gezüchtigt worden war und sein Hass auf die Weißen ihn zu der Tat getrieben hatte.

Ida und Graf Berchthold erlebten nun die erst vierzehn Monate zuvor von Einwanderern aus Deutschland und der Schweiz gegründete Urwaldstadt Petrópolis in ihren Anfängen. Hier, auf achthundert Meter im Hochtal der Serra dos Órgáos gelegen, gediehen europäisches Gemüse und Früchte, die in der Hauptstadt verkauft wurden. Eine kleine Reihe von Häusern bildete die erste Straße, ein im Bau befindliches größeres Gebäude sollte das Lustschloss des Kaisers Pedro II. werden, nach dem die Stadt benannt war. Weiter im Wald lagen noch einzelne Häuschen. Das war der Ort, der im Jahr 1970 über 100 000 Einwohner zählen sollte.

Im Gegensatz zu Einwanderern, die in der Annahme unbegrenzte Landreserven vorzufinden, aufs Geradewohl gekommen waren (wie man sie auch im 20. Jahrhundert noch treffen konnte), hatten diese Neusiedler den Vorteil, gerufen worden zu sein. Es waren Handwerker und Krämer, denen man kleine Bauplätze in der Nähe des Schlosses zugewiesen, und Bauern, die zwei bis drei Joch (etwa 1–1,5 ha) Land erhalten hatten. »Was für Elend«, schrieb Pfeiffer, »mögen die Guten in ihrem Vaterlande erlitten haben, um einiger Joche Landes wegen einen fremden Weltteil aufzusuchen!« Sie fand in Petrópolis auch eine Bekannte vom Schiff, ein altes Mütterchen, das herübergekommen war, um bei seinem Sohn zu leben, und das die Freude über die Vereinigung sichtlich verjüngt hatte. Schlimmer war es einer ebenfalls mitreisenden Putzmacherin ergangen, die ihrem Mann, einem Schneider, folgen wollte. Sie hatte ihren Beruf aufgegeben und das ersparte Geld für die Reise geopfert, aber als der Mann von ihrer Ankunft erfuhr, ging er unter Hinterlassung von Schulden mit einer schwarzen Gefährtin davon. Zum Glück fand die Gestrandete freundliche Menschen, die sich ihrer annahmen. Beim Rundgang durch die Kolonie erwies Ida Pfeiffer eine erstaunliche Klarsicht, zu der sich selbst viele unserer Zeitgenossen im 20. Jahrhundert noch immer nicht durchringen können: Sie sah Erosionsschäden voraus, da die »umgebenden Berge so steil sind, daß, wenn sie von den Bäumen entblößt und in Gartenland umgeschaffen sind, die weiche Erde leicht von den starken Regengüssen herabgeschwemmt werden kann«.

Der Überfall hinderte sie nicht, Brasilien weiter zu erkunden, und der Graf war bereit, sie zu begleiten. Sie wollten den Ureinwohnern im Landesinneren einen Besuch abstatten. Aber dann musste Ida ihren Gefährten doch schon in Novo Friburgo zurücklassen, da die Wunde an seiner Hand sich entzündet hatte und an eine Weiterreise nicht zu denken war. Seit der Gründung im Jahre 1808 durch Franzosen und Schweizer waren dort noch kaum hundert gemauerte Häuser entstanden, und niemand konnte sich vorstellen, dass das Gebiet zum Erholungsort für die Bewohner von Rio de Janeiro werden und 1970 selbst an die 66 000 Einwohner haben würde.

Pfeiffers Zustand war besser als der des Grafen, ihre Verletzungen heilten ab und würden sie nicht behindern. Aber sollte sie allein weiterziehen oder den Besuch bei den Tupi-Indianern, der ihr so wichtig war, aufgeben? Als sie sich erkundigte, ob man mit einiger Sicherheit dorthin reisen könne, erhielt sie vage Antworten. Doch da die Leute nicht direkt abrieten, fand sie keinen Grund auf die Tour zu verzichten. Einer der Europäer besorgte ihr einen zuverlässigen Führer, und sie bewaffnete sich mit einer guten Doppelpistole – Ida Pfeiffer kannte keine Furcht.

Unterwegs waren häufig Waldbrände zu sehen, die man zur Rodung legte, und ihr Wunsch, einmal in die Nähe eines solchen Feuers zu kommen, wurde erfüllt. Vor einer gefährlich rauchenden Schlucht saßen zwei Männer, die die Herankommenden warnten und zur Eile mahnten. Darauf trieben die beiden Reiter ihre Pferde an und sprengten inmitten glühender Asche und erstickenden Qualms hindurch.

Die einsam in undurchdringlichen Waldungen liegenden Gasthäuser, in denen Ida zunächst noch übernachten konnte, waren ganz ungesichert, und sie bewunderte den Mut der Brasilianer, die als Plantagenbesitzer allein zwischen zahllosen Sklaven lebten. Allerdings war jeder, den sie traf, mit Pistolen und langen Messern bewaffnet. Da man ihr jedoch versichert hatte, dass keine Gefahr bestünde, verbrachte sie die Nächte in ruhigem Schlaf.

Später waren auch keine Rasthäuser mehr anzutreffen, und sie musste sehen, dass sie bei irgendjemandem bleiben konnte. Überall fragte man, ob sie sich nicht fürchte, so allein und nur mit einem Führer, und ihn nahm man beiseite und erkundigte sich, warum diese seltsame Frau eigentlich hier herumreise. Der hielt sie für eine Naturforscherin, und das machte ihre Unternehmungen verständlich.

In der letzten Niederlassung von Weißen, das heißt, neu eingewanderten Europäern wie auch seit sehr langer Zeit angesiedelten Portugiesen, fühlte sie sich schon wie unter »Wilden«, wenn sie den heruntergekommenen Zustand der Leute betrachtete. Aber sie waren gastfreundlich, und im Kreis der Frauen kam mit ein paar Brocken Portugiesisch, einigen Gesten und Zeichnungen sogar etwas Ähnliches wie eine Unterhaltung in Gang. Sie zeigte ihre gesammelten Blumen und Insekten, musste Ratschläge erteilen für Ohrenstechen, Hautausschläge und Skrofulose, sie verordnete lauwarme Bäder, Waschungen, Öl- und Seifeneinreibungen und dachte im Stillen: »Wollte Gott, daß das alles wirklich hilft!«

Zu den Indianern musste sie sich mit zwei Dorfbewohnern acht Stunden lang durchs Dickicht arbeiten und war entsetzt über die Dürftigkeit und das Elend, das sie vorfand. Viele von ihnen waren Christen, warum auch hätten sie die Taufe verweigern sollen: Etwas Branntwein und Tabak waren schließlich nicht zu verachten, nur schade, dass das nicht öfter geschehen konnte. Der Priester war auch zufrieden, er hatte durch die heilige Handlung ein Stück Himmel gewonnen und sah keine Veranlassung, sich weiter um die neuen Gemeindemitglieder zu kümmern. Pfeiffer besuchte alle Hütten, und da sie von ihren Begleitern als eine Frau mit vielen Kenntnissen gepriesen wurde, baten viele Kranke um ihren Rat. Sie ging auch mit auf die Jagd und verspeiste später mit ihren Gastgebern den auf hölzernen Spießen gerösteten Affen, den sie überaus köstlich fand, wenn er auch nicht so zart und schmackhaft war wie das Fleisch der Papageien. Natürlich ließ sie sich Tänze vorführen, über die sie in ihrer offenen, drastischen Art berichtete. Aber der Siegestanz, dessen wilde Bewegungen von durchdringenden Tönen untermalt wurde, flößte ihr doch Schrecken ein, wenn sie sich vorstellte, möglicherweise wirklich von Feinden umzingelt zu sein.

Doch die Leute waren freundlich gesinnt, boten ihr die beste ihrer Hütten an, wo sie den Mantel als Lager auf den Boden breitete und ihren Kopf auf ein Stück Holz legte. In der Stille der Nacht aber wurde ihr doch etwas unbehaglich zumute. Sie dachte an die wilden Tiere ringsum, an die Schlangen, die vielleicht ganz in der Nähe ihres ungeschützten Obdachs hausten. Aber dann tröstete sie sich mit dem Gedanken, dass andere Reisende die Gefahren gewiss übertrieben hatten, sonst würden die Indianer nicht so unbekümmert in ihren offenen Behausungen leben.

Zum Abschied beschenkte sie ihre Gastgeber mit Bronzeschmuck, der so großen Gefallen fand, dass sie ihr alles anboten, was sie besaßen, und sie nahm sich einen Bogen und zwei Pfeile zur Erinnerung mit.

Vom Atlantik in den Pazifik

Wieder erwartete die Seefahrerin ein maritimes Abenteuer über Wochen, nicht weil das Schiff, eine »schöne englische Barke«, zu viele Unzulänglichkeiten hatte, sondern weil das Wetter auf der Fahrt um das gefährliche Kap Hoorn sich von der ungnädigsten Seite zeigte. In der Le-Maire-Straße zerrissen zwei Segel und die Railstange des großen Unterrahsegels brach. Vom Ausgang der Straße bis an die äußerste Spitze des Kaps, für die man normalerweise sechzig Minuten brauchte, benötigten sie drei Tage. Weitere heftige Stürme trieben sie vom Weg ab, der Topmast brach, das Schiff tanzte derart, dass die Passagiere ihre Mahlzeiten auf dem Boden kauernd einnehmen mussten und der Aufwärter den heißen Kaffee über Idas Hände schüttete. Vierzehn Tage währte der Kampf mit Stürmen und Wogen, Regen und Kälte, dann waren sie auf der Höhe der Magellanstraße im Stillen Ozean. Doch dieser machte seinem Namen keine Ehre: Nach drei Tagen kam wieder ein Sturm auf, der 24 Stunden lang anhielt und das Schiff vier Segel kostete. Die Wogen überschwemmten das Deck derart, dass sich ein Brett löste und Wasser in die Ladung drang, wo der Zucker lagerte. Das letzte Fässchen Brennöl ging verloren, und der Kapitän fürchtete, mit der Beleuchtung des Kompasses nicht bis Valparaiso zu kommen. Deshalb wurden alle Lampen durch Kerzen ersetzt. Trotzdem waren die Passagiere guten Mutes, lachten sogar über die komischen Stellungen, die mancher einnahm, wenn er versuchte, sich vom Boden zu erheben, wo sie mit Mühe ihre Mahlzeiten aus Brot, Käse und rohem Schinken verzehrten.

Mit der Landung in Valparaiso betrat Ida Pfeiffer nun chilenischen Boden, doch konnte ihr die Stadt keine Begeisterung entlocken. Alles war öde, die Menschen wirkten auf sie wie Räuber, denen sie selbst bei Tage nicht an einsamen Orten begegnen mochte. Sie sah in Ketten gelegte Gefangene bei öffentlichen Bauten; die Fenster und Türen der Häuser waren mit Gittern und Balken gesichert; nachts wurden die bewohnten Hügel mit Polizeiposten besetzt; reitende Patrouillen durchstreiften die Stadt und begleiteten einzelne Menschen auf dem Heimweg vom Theater oder von Gesellschaften.

Pfeiffer hielt sich nur wenige Tage in Valparaiso auf und nutzte die sich nicht häufig bietende Gelegenheit, mit einem Schiff nach China zu fahren. Sie brauchten 39 Tage bis zur Vulkaninsel Tahiti, die seit 1842 unter französischem Protektorat stand und 1958 zum französischen Überseegebiet erklärt wurde. Dort gelang es dem Lotsen nur mit viel Glück, sie durch die wilde Brandung zwischen den Korallenriffen in die schmale Hafeneinfahrt zu bringen, die vor ihr auch schon Bougainville und Cook bei ihren Weltumseglungen fast zum Verhängnis geworden waren. Und auch hier eilten geschäftstüchtige Einheimische in ihren Booten herbei, kletterten an Deck und boten Früchte und Muscheln an.

Französische Kriegsschiffe im Hafen und französisches Militär auch in Papeete, dem Hauptort, wo drei- bis vierhundert Menschen lebten, deren Zahl inzwischen auf das Sechzigfache angestiegen ist. Alles war überfüllt, die alleinstehende Reisende konnte keine Unterkunft finden und landete schließlich, nachdem sie von Hütte zu Hütte gegangen war, unter dem Palmblätterdach eines Zimmermanns. Dort überließen ihr die vier Bewohner ein leeres Fleckchen hinter der Tür – gegen teure Bezahlung.

Idas Schönheitssinn wurde hier weniger beleidigt als in anderen Ländern: Die Leute hatten schöne Zähne und dunkle Augen, und ihre Tätowierungen fand sie kunstvoll zusammengesetzt und geschmackvoll ausgeführt. Wenn nur nicht die flachen Nasen gewesen wären!

Aber die Sitten! Schon Mädchen von sieben oder acht hatten ihre kleinen Liebhaber, und die Eltern freuten sich auch noch darüber! Unverheiratete Mädchen lebten »so ungebunden als nur immer ein Wüstling zu leben vermag«, ja selbst als Ehefrauen sollten sie nicht die treuesten sein. Und die Tänze waren die unanständigsten, die die ehrbare Österreicherin je gesehen hatte. Trotzdem konnte sie sich nicht einer gewissen Faszination entziehen. Es waren Szenen, um die sie jeder Maler beneidet hätte: die Kulisse der prächtigen Palmen und andere riesige Bäume, die Hütten darunter und die Schar fröhlicher Menschen. Das misstönende Geheul allerdings und die verzerrten Gesichter der Männer waren grässlich, aber auch weibliche Gestalten tanzten und tobten wie besessen, und das Publikum jubelte. Hätten nicht die Franzosen dieses Benehmen in etwas sittlichere Bahnen leiten können? Ganz im Gegenteil! Die Einheimischen lernten durch sie eine Menge unnötiger Dinge kennen, in deren Besitz sie auch gern kommen wollten, und dazu brauchten sie Geld. Wo aber konnte man das leichter verdienen als bei den Herren aus Frankreich? Pfeiffer wusste nicht, dass es sich hier um alte Landessitten handelte, die auch die europäischen Entdecker im 18. Jahrhundert schon kennen gelernt hatten.

Am 1. Mai wurde der Namenstag des französischen Königs Louis Philippe gefeiert, und der Gouverneur richtete ein großes Fest aus, bei dem die Königin Pomare erschien und auch die Besucherin aus Europa eingeladen wurde. Sie saß beim Essen zwischen dem Prinzgemahl und einem König, der Besitzer einer Nachbarinsel war, und auch später erhielt sie vom Gouverneur mehrmals Einladungen, bei denen die Königin anwesend war. Sie konnte sich also nicht über mangelnde Aufmerksamkeit beklagen.

Das Schiff blieb vierzehn Tage in Tahiti, Zeit genug, sich auf der Insel umzusehen. Am liebsten hätte sie doch einen der Offiziere begleitet, wenn er dienstlich unterwegs war, aber seltsamerweise fand jeder eine andere Ausrede, bis sie dahinter kam, dass die Herren immer ihre Favoritin dabei hatten. Schließlich erbarmte sich ihrer ein Herr X. (»Ich nenne auf Tahiti absichtlich keinen Namen der Herren; ich glaube, mir dadurch ihren Dank zu verdienen.«). Er war bereit, sie nach Papara, wo er seine Wohnung hatte, mitzunehmen, allerdings ging auch er nicht ohne Mädchen. Mit von der Partie war außerdem der vornehmste Chef der Insel samt Familie, ein fast neunzigjähriger, munterer Greis, dessen fünfte Gattin 23 Lenze zählte. Er konnte sich noch gut an den zweiten Besuch des berühmten Weltumseglers James Cook erinnern, dessen Schiff 1773 zwei gute Wochen vor Tahiti geankert hatte. Der mit dem Engländer reisende Georg Förster hat begeistert geschildert, wie die Einheimischen in Hunderten von Kanus herbeikamen und sie freundlich begrüßten. Für die sehr begehrten

Nägel, Glasperlen, Hemden und Äxte tauschten sie Vögel und Fische, vor allem aber Kokosnüsse, Bananen und andere Früchte, durch deren Genuss sich viele Männer aus der geschwächten Besatzung wieder erholen konnten. Ida lernte die einheimische Küche kennen, aß, auf Strohmatten am Boden sitzend, Schweinefleisch, das im Erdofen geschmort worden war und ihr auf einem großen Blatt gereicht wurde, und trank dazu Miti, ein säuerliches Kokosprodukt. Auch vom Fleisch einer riesigen Seeschildkröte probierte sie und trank Kokosmilch dazu.

An den Begräbnisfeierlichkeiten für einen Sohn des alten Chefs nahm sie natürlich auch teil, denn solche Ereignisse fanden überall, wo sie hinkam, ihr Interesse. Dort zeigte der Vater für ihre Begriffe recht wenig Anteilnahme und hielt sich nur kurz in der Hütte auf, wo der Leichnam ruhte. Aber freilich, der Tote lag da schon seit drei Tagen, weil man auf den Vater gewartet hatte, und roch abscheulich. Der Alte jedenfalls schwatzte gleich wieder heiter und ruhig unter dem nächsten Baum mit den Nachbarn, als sei nichts geschehen. Ida Pfeiffers Neugier hingegen war noch nicht gestillt. Sie nahm den Angriff auf ihr Riechorgan in Kauf, um sich anzusehen, wie die weiblichen Verwandten und Nachbarinnen drinnen ganz gemütlich aßen, tranken und sich unterhielten. Nichts in den Gesichtern der unmittelbar Betroffenen ließ Trauer erkennen, bis sich Stiefmutter und Gattin erhoben, über den Sarg warfen und eine halbe Stunde lang mit Hingabe heulten. Danach gingen sie »mit freundlicher Miene, mit trockenem Auge« an ihren Platz zurück und setzten ihr Gespräch fort.

Nach einem weiteren, abenteuerlichen Ausflug nahm sie Abschied von dem »reizenden Eiland«. Sie verließ es ungern, nur der Gedanke, nach China, »dem sonderbarsten aller Länder« zu kommen, machte es ihr leichter.

In Macao, das unter portugiesischer Verwaltung stand und dessen Einwohnerzahl von 20 000 zu Pfeiffers Zeit nun auf etwa eine halbe Million angestiegen ist, betrat sie chinesischen Boden, und wieder erfüllte sich ein Traum. Sie hätte nicht zu hoffen gewagt, wirklich diese Chinesen zu sehen »mit ihren geschorenen Häuptern, langen Zöpfen und den häßlichen, schmal geschlitzten, kleinen Augen, gerade so, wie sie auf den Bildern gezeichnet sind, die wir in Europa haben«.

Der Kapitän nahm sie mit an Land, wo er in einem der portugiesischen Handelshäuser zu tun hatte, sodass sie ein wenig das Treiben in den Gassen betrachten konnte. Europäer, selbst Frauen, konnten sich hier ungehindert bewegen, ohne wie in anderen chinesischen Städten mit Steinen beworfen zu werden. Größtes Vergnügen bereitete ihr die Art, wie die Leute mit Stäbchen aßen, wirklich geschickt, fand sie, nur wenn sie damit den Reis aus der Schüssel in den Mund schoben und die Hälfte danebenfiel, war das wieder nicht so appetitlich.

Da sie keinen Empfehlungsbrief hatte, nahm sie gern den Vorschlag des Kapitäns an, bis Hongkong, das seit 1842 in Händen der Engländer war, als Gast auf dem Schiff zu bleiben. Doch sie wollte nach Kanton (Guangzhou) und hielt sich nur einige Tage in der Hafenstadt Victoria auf, wobei ein Kaufmann sie betreute. Der war von der Idee einer Weiterreise in einer kleinen chinesischen Dschunke nicht begeistert, er riet ihr ab, »sich ohne Schutz dem chinesischen Volke anzuvertrauen«. Doch andere Möglichkeiten schienen der sparsamen Wienerin zu teuer, und im Übrigen hatte sie keine Furcht vor den Chinesen. Sie setzte ihre Pistolen instand und begab sich an Bord. Und sie fühlte sich wohl unter den Leuten, die sich ruhig und anständig benahmen, ihr Tee anboten und für die Nacht eines ihrer Kopfschemelchen gaben, als sie bemerkten, dass sie kein Kissen bei sich hatte.

Je näher sie Kanton kamen, desto bunter wurde das Leben auf dem Wasser. Sie betrachtete die Tausende von kleinen Sampans, die doppelstöckigen Dschunken, die Kriegsschiffe und die wie hübsche Häuser wirkenden Mandarinsboote, vor allem aber die herrlich geschmückten Blumenkähne. Und sie sah den Fischern zu, die ihre Netze auswarfen, und den Badelustigen aller Altersgruppen.

Seit kurzer Zeit erst war auch europäischen Frauen der Zutritt zu den Faktoreien, den Handelsniederlassungen gestattet, sodass Ida ohne Sorge an Land gehen konnte. Sie hatte eine Empfehlung an einen Herrn Agassiz, kannte aber noch kein chinesisches Wort. Also machte sie dem Kapitän mit Zeichen verständlich, dass sie kein Geld habe und ihn deshalb um seine Begleitung zur Faktorei bitte, wo sie ihn bezahlen konnte. Herr Agassiz war sehr verwundert, als er hörte, dass sie zu Fuß gekommen war und niemand ihr etwas angetan hatte. Jetzt erst begriff sie, dass sie sich auf ein Wagnis eingelassen hatte. Noch nie war so etwas vorgekommen, man hätte sie nicht nur beleidigen, sondern auch steinigen können, und möglicherweise wäre ihr Führer dann plötzlich verschwunden gewesen. Zwar hatte sie bemerkt, dass man ihr nachschrie, mit Fingern auf sie zeigte und ein Schwarm Neugieriger hinter ihr herlief, doch war sie furchtlos weitergegangen, was vielleicht nicht ohne Eindruck auf die Leute geblieben war.

Erst vor wenigen Jahren hatte Großbritannien im Frieden von Nanking China gezwungen, die Häfen Kanton, Amoy, Ningpo, Fuchou und Schanghai für den freien Handel zu öffnen und Hongkong abzutreten. Seitdem waren Europäer hier höchst ungern gesehene Gäste, und vor allem Frauen, denn man dachte noch immer an die Prophezeiung, dass einst eine Frau das himmlische Reich erobern werde.

In den fünf Wochen, in denen sie in Kanton blieb, lernte sie die Lebensumstände der Europäer kennen, von denen nur wenige ihre Familien mitbrachten, schon gar nicht nach Kanton, wo sie wie in einem Gefängnis leben mussten und das Haus höchstens in einer verschlossenen Sänfte verlassen konnten. Zudem kosteten Wohnung und Hilfskräfte weit mehr als selbst in den teuersten europäischen Großstädten. Kein erstrebenswertes Dasein. Man hielt weder Pferde noch Wagen, und es gab keine Unterhaltungs- und Versammlungsorte. Das einzige Vergnügen bot gelegentlich ein gemietetes Boot oder ein Spaziergang am Abend in einem kleinen, gut abgesicherten Garten, den sich die Ausländer angelegt hatten.

Die Chinesen dagegen lebten billig, doch was Pfeiffer über deren Speisezettel hörte, fand sie nicht sehr appetitanregend. Außer der Hauptnahrung Reis verzehrten sie »Hunde, Katzen, Mäuse und Ratten, das Eingeweide des Geflügels, das Blut jedes Tieres, ja sogar, wie man mir sagte, die Seidenraupen, Regenwürmer und das gefallene Vieh«.

In Kanton konnte sie nicht wie sonst einfach in die Häuser gehen, um zu sehen, wie die Leute lebten. Doch sie mischte sich möglichst viel unters Volk, erlebte Fremdartiges und Schockierendes wie die Gruppe von Verbrechern im Joch, die zur Schau in den Straßen herumgeführt wurde. Sie erfuhr, welche Strafmaßnahmen üblich waren vom Prügeln bis zum Abziehen der Haut und zögerte nicht, ihren Leserinnen schaurige Einzelheiten vorzusetzen.

Höchst überrascht war sie beim Anblick der kleinen Füße von Frauen, obwohl sie davon gelesen hatte, und sie ruhte nicht, bis sie mithilfe einer Missionarsfrau ein solches Füßchen genau betrachten und beschreiben konnte. »Die vier Zehen waren unter die Fußsohle gebogen, an dieselbe fest gepreßt und schienen mit ihr wie verwachsen, nur die große Zehe ließ man ungestört auswachsen. Der Vorderteil des Fußes war mit starken, breiten Bändern so zusammengeschnürt, daß er, statt in die Breite und Länge, in die Höhe ging und sich mit dem Rohre des Fußes vereinte ... Der Riß wird stets in weißes Linnen oder in Seide gewickelt, mit starken, breiten Seidenbändern umwunden und in niedliche Schuhe mit sehr hohen Absätzen gesteckt. Zu meiner Verwunderung trippelten diese verstümmelten Geschöpfe trotz uns breitfüßigen Wesen ziemlich schnell einher, nur mit dem Unterschied, daß sie dabei gleich Gänsen wackelten, sie stiegen sogar treppauf und -ab ohne Hilfe eines Stockes. Von dieser chinesischen Verschönerung sind nur die Mädchen der ärmsten Klasse, das ist jener, die in Booten wohnt, ausgenommen, in den vornehmen Familien trifft alle das Los, in den geringeren gewöhnlich die erstgeborne Tochter. Der Wert der Bräute wird nach der Kleinheit der Füße bestimmt. Man nimmt diese Verstümmelung nicht an dem neugeborenen Kinde vor, sondern wartet damit bis zum vollendeten ersten, manchmal auch bis zum dritten Jahr. Auch wird der Fuß nach der Operation nicht, wie manche behaupten, in einen eisernen Schuh gezwängt, sondern nur mit festen Bändern zusammengeschnürt.«

Noch vieles mehr gab es zu berichten über die Religion, die Vielehe, über Betrügereien, den Opiumhandel, Korruption, Falschmünzerei, Einbrüche und Piratenüberfälle. Die Besucherin hörte täglich von Gewalttätigkeiten in ihrer näheren Umgebung und lebte in ständiger Angst, denn man sprach davon, dass in Kürze eine Revolution ausbrechen werde, bei der man alle Europäer töten wolle. Das waren keine unmöglich erscheinenden Geschichten, denn immer wieder kam es zu Feindseligkeiten mit Großbritannien und Frankreich, und während des ganzen 19. Jahrhunderts trat in diesem Teil der Welt keine Ruhe ein.

Trotzdem wagte Ida Pfeiffer viele Gänge und wurde begleitet von einem Herrn von Carlovitz, der dabei auch sich selbst manchen Gefahren aussetzte, aber gelassen blieb, wenn das Volk, zornig über diese Frau, die es wagte, sich öffentlich zu zeigen, hinter ihnen herjohlte. Er machte es möglich, dass sie mehr sah als je eine Europäerin vor ihr. Der weiteste Ausflug war eine Fahrt auf dem Perlfluss. Herr von Carlovitz begleitete sie auf einem guten Boot, das ihnen Herr Agassiz samt dem nötigen Proviant besorgt hatte. Auf seine Bitte fuhr auch noch ein Missionar mit ihnen, der die Landessprache kannte, sich so leichter zu bewegen vermochte und der unterwegs fleißig fromme Broschüren verteilte, nicht nur vom Boot aus, sondern auch in einigen Dörfern – ein riskantes Unternehmen: Drei Monate später wurden sechs junge Engländer grausam ermordet, als sie einen dieser Orte besuchten.

Schließlich blieb nur noch ein Gang um die Mauern der eigentlichen Stadt Kanton, deren Umfang Ida Pfeiffer mit etwa 14 km angab. Die Zahl der Bewohner wurde auf 400 000 geschätzt, dazu kamen die auf den Booten mit 60 000 und die in der nächsten Umgebung ansässigen mit 200 000, im ganzen also 660 000 Menschen (1995: 2,9 Mio.) – immerhin schon eine beachtliche Bevölkerung, darunter 200 Europäer.

Der Missionar war bereit, sie und Herrn von Carlovitz wieder zu begleiten unter einer Bedingung. Die Europäerin musste sich verkleiden, denn bisher hatte noch keine Frau diesen Gang gewagt. So begaben sich also drei männliche Wesen in das Getümmel von unverschleierten Frauen, Lastträgern, Sänften und von Männern, die große Kübel mit einem gewissen übelriechenden Inhalt schleppten. Immer wieder entstand um sie herum ein Volksauflauf, oder man weigerte sich, sie zu befördern.

Am schlimmsten erging es Ida wenige Tage später in einer Teefabrik, wo die sechshundert Leute, unter ihnen viele alte Frauen und Kinder, ihre Arbeit unterbrachen, die Kleinen hochhoben, auf die Fremde eindrängten und ein so fürchterliches Geschrei anstimmten, dass der Eigentümer, der die Besucherin selbst führte, sie dringend bat, das Gebäude so schnell wie möglich zu verlassen. Doch servierte er ihr anschließend in seiner Wohnung eine Tasse Tee mit traditionellem Zeremoniell wie bei den reichen und vornehmen Chinesen.

Indien

Das nächste große Erlebnis war Indien, wohin sie über Hongkong, Singapur und Ceylon gelangte. Als das Schiff sich den Mündungen des Ganges näherte, der dem Meer schon längere Zeit vorher seine schmutzig-gelbe Farbe gegeben hatte, tat Ida Pfeiffer etwas, wovor sie jeder ihrer Landsleute wohl gewarnt hätte: Sie füllte ein Glas aus des heiligen Stromes Fluten und leerte es auf das Wohl all ihrer Lieben im Vaterland. Aber wie so vieles hat sie auch das überlebt.

Sie wusste, dass es auch in Kalkutta wieder schwer sein würde, eine Unterkunft zu finden, und bat deshalb einen der Maschinisten um Beistand. Der brachte sie an Land, mietete ihr einen Palankin, eine Sänfte, und gab den Leuten eine Adresse an. Dann wurde sie zum erstenmal und sehr zu ihrem Missvergnügen auf diese, wie sie meinte, entwürdigende Art von vier Trägern im Eilschritt durch die Straßen getragen. Sie lag auf Matratzen und Kissen wie in einem Bett in diesem schwarz angestrichenen Behältnis und meinte lauter Sterbende ins Krankenhaus oder Tote auf den Friedhof befördert zu sehen.

Die Hauptstadt Britisch-Indiens, deren Einwohnerzahl 1991 mit über vier und der Bereich Großkalkutta mit elf Millionen angegeben wurde, hatte damals 600 000. Im Inneren herrschte ein solcher Betrieb, dass, wie Pfeiffer beobachtete, eine Equipage durch die engen und krummen Straßen nur hindurchkam, wenn die Diener vom Wagen stiegen, vor ihm herliefen und die Menschenmassen anriefen oder sie auseinander jagten. Da lebte es sich natürlich viel angenehmer im Viertel der Europäer und Amerikaner, von denen es etwa zweitausend in Kalkutta gab; ihre Häuser waren in Gärten hinter hohen Mauern verborgen.

Ida Pfeiffer kam zu einer ungünstigen Zeit. Drei Missernten in Europa hatten den Handel mit Indien weitgehend zum Erliegen gebracht, und Geschäftszusammenbrüche waren an der Tagesordnung. Besonders stark traf das die Wohlhabenden in Indien, die, so Pfeiffer, an einen Luxus gewöhnt waren, von dem man sich keinen Begriff machen konnte. Während ihres Aufenthalts profitierte allerdings auch sie als Gast davon, denn sie fand bei Weißen wie Einheimischen größtes Entgegenkommen, bewegte sich in den vornehmsten Zirkeln und wurde bei Einladungen stets im Wagen abgeholt. Als der Oberrichter Peel ein großes Fest zu seinem Geburtstag veranstaltete, lehnte sie zunächst die Einladung ab, weil ihr die entsprechende Kleidung fehlte. Aber man ließ die Entschuldigung nicht gelten, und so fasste sie Mut und erschien an der Seite von Lady Cameron, der Gattin des gesetzgebenden Mitglieds des Rates von Indien, Charles Henry Cameron. Vermutlich hat sie bei dieser Gelegenheit doch ihre Kleidung etwas aufgestockt, denn auf der Liste ihrer Reisekosten finden sich in Kalkutta Ausgaben für zwei Kleider, Schneiderlohn und ein Paar Schuhe. Trotzdem wird sie in ihrem einfachen Musselinkleid sehr schlicht gewirkt haben neben den anderen Damen, deren Garderobe aus kostbaren Stoffen, aus Samt, Seide oder Atlas bestand und mit Spitzen und Schmuck überladen war. Alle behandelten sie indessen höflich, zogen sie ins Gespräch und erwiesen ihr jede mögliche Ehre. Sie war keine Unbekannte mehr.

Ähnliches erfuhr sie bei einem indischen Baboo, der zu den reichsten Leuten seines Landes gehörte. Der gebildete Mann empfing sie am Tor, geleitete sie ins Empfangszimmer, wo sie in einem großen Bücherschrank Werke bekannter englischer Dichter und Philosophen entdeckte. Allerdings hatte sie Zweifel, ob die Bücher gelesen wurden, denn sie standen ziemlich durcheinander, einige sogar verkehrt herum.

Auch die beiden Söhne des Baboo erschienen, und obwohl die Besucherin wusste, dass es schon eine halbe Beleidigung war, sich nach Frau und Töchtern auch nur zu erkundigen, tat sie es. Der Baboo ließ daraufhin seine Töchter kommen, von denen die Neunjährige in sechs Wochen verheiratet werden sollte. Ida ging noch weiter und wollte wissen, ob das Mädchen denn den Bräutigam auch liebe, und der Vater erläuterte ihr geduldig die Heiratssitten. Schließlich trat auch seine Frau auf samt einer fünfzehnjährigen Schwägerin, prächtig aber »nicht sehr dezent« gekleidet in ihren durchsichtigen Stoffen, die oft noch auseinander fielen und mehr entblößten, als angemessen schien. Die beiden Damen waren so mit Gold, Perlen und Edelsteinen überladen, »daß sie wahrlich wie Lasttiere zu tragen« hatten. Pfeiffer zählte und registrierte genau: die Löcher in den Ohrläppchen, die Zahl der Armbänder und die Brillanten an dem goldenen Hauptschmuck, den man ihr in die Hand gab und der gewiss ein halbes Pfund wog. Sie brachten ihre Schmuckkästchen herbei, zeigten all ihre Schätze und führten den Gast sogar noch in die inneren Gemächer.

Von den prächtigen Festen ging es zu den Sterbehäusern am Fluss, deren Ida eines in Augenschein nahm. Sie begnügte sich nicht mit stummer Betrachtung, sondern stellte Fragen: ob die Kranken nicht schon tot seien, so unbeweglich, wie sie unter ihren Wolldecken lagen; ob man ihnen denn noch etwas zu essen gebe oder zu trinken, und sie vergewisserte sich, dass Mund und Nase nicht mit Gangesschlamm verstopft waren, wie sie es gelesen hatte. Bei den Verbrennungsplätzen aber überkam sie angesichts der riesigen Vögel, die auf die Reste der unter hochauflodernden Flammen liegenden Toten warteten, ein solcher Schauder, dass sie die Flucht ergriff und sich lange nicht von der Erinnerung an dieses Bild befreien konnte – was sie nicht hinderte, die Totenriten ausführlich zu beschreiben.

Nach gut fünf Wochen begab sie sich nach Benares und wählte ein Dampfboot, das aber trotz seiner technischen Vorzüge nur langsam vorankam, da es wegen der vielen Untiefen nicht bei Nacht fahren konnte. Zunächst war alles höchst einförmig, weder Städte noch Dörfer, nur hin und wieder das Gebrüll von Tigern und die Krokodile auf den Sandbänken. Dann tauchten Reisfelder und Dörfer mit elenden Hütten auf und schließlich niedrige Gebirgsketten, die Rajmahal-Hills. Einmal geriet das Schiff auf Grund, und es brauchte fast einen Tag, um wieder flott zu kommen. Angesichts großer Plantagen füllte sich das Tagebuch auch mit Notizen über die vielen Verwendungsmöglichkeiten von Kokospalmen.

Manche Szene sah die Europäerin mit Empörung, zum Beispiel wie die Händler, die an Bord kamen, um ihre Waren zu verkaufen, von den Ausländern auf die rüdeste Weise behandelt und oft betrogen wurden, und sie schrieb: »Wenn uns die sogenannten barbarischen und heidnischen Völker verabscheuen und hassen, haben sie vollkommen recht. Wo der Europäer hinkommt, will er nicht belohnen, sondern nur herrschen und gebieten, und gewöhnlich ist seine Herrschaft viel drückender als jene der Eingeborenen.«

Benares, die heiligste Stadt Indiens, war ganz anders als das schon fast europäisch wirkende Kalkutta, wo man über den Palästen, Equipagen, Gesellschaften und Promenaden fast die Einheimischen vergaß. In Benares gab es nur wenige Europäer, die bei jedem Schritt zu fühlen bekamen, dass sie nur geduldete Eindringlinge waren.

Die brave Hausfrau aus Wien befand sich dort in einer märchenhaften Welt, wie sie farbiger und faszinierender nicht sein konnte. »Die Stadt Benares ist schön«, schrieb sie, fügte aber gleich wieder eine ihrer sarkastischen Nebenbemerkungen an: »besonders von der Wasserseite aus gesehen, wo man ihre Mängel nicht bemerkt ... Prachtvolle Treppenreihen, aus kolossalen Steinen gebaut, führen das Ufer hinan zu den Häusern und Palästen, zu den kunstvoll gebauten Stadttoren.« Die Frühaufsteherin genoss bei Sonnenaufgang das Schauspiel am Fluss, wenn die Hindus ihre Riten vollzogen, sich der Sonne zuwandten, ihren Kopf dreimal mit Wasser übergossen und Gebete murmelten. Sie sah die Brahmanen, die die Spenden der Wohlhabenden und Pilger in Empfang nahmen, die mit Blumen und Fruchtkörnern geschmückten heiligen Symbole von Vishnu und Shiwa in den Tempeln und kleine Stiere aus Metall oder Stein in den Vorhallen. Die lebenden weißen Stiere durften sich ungehindert überall bewegen und von den Opfergaben fressen, nur nicht von dem zum Kauf ausgestellten Getreide – damals wie heute.

Der Höhepunkt kam kurz vor der Abreise: Sie wurde durch Vermittlung von Herrn Lau, einem Reisegefährten, dem Raja von Benares vorgestellt, der am linken Ufer des Ganges residierte. Ein herrlich geschmücktes Boot führte sie hinüber zur Zitadelle Ramnaghur. Doch entgegen ihrer Erwartung fanden sie dort nur unregelmäßige Höfe und kleine unsymmetrische Gebäude ohne allen Geschmack und Luxus, die angefüllt waren mit europäischen Möbeln, Glaslüstern und bescheidenen Bildchen an den

Wänden. Aber es wimmelte von dienstbaren Geistern, die die fremde Frau mit Interesse betrachteten. Sie wurden empfangen von dem Prinzen und seinem Bruder, die Gewänder aus Gold durchwirktem Atlas angelegt hatten und mit Diamanten geschmückt waren. Man bot ihnen Wasserpfeifen an, für die sie jedoch dankten und den Genuss lieber dem Raja allein überließen. Ein Mann voller Anstand und Lebhaftigkeit war das, doch für eine Unterhaltung brauchte man leider einen Dolmetscher. Natürlich wurden Tänzerinnen aufgeboten, graziös und in Gold und Seide gekleidet, nur als sie ihre Darbietung mit Gesang begleiteten, ward Pfeiffer »für ihr Gehör und Nervensystem bange«.

Auch den Garten des Prinzen durfte sie besuchen, zu dem sich die Gesellschaft auf Elefantenrücken begab, Pfeiffer mit Herrn Lau auf dem mit einem scharlachroten Tisch voller Quasten, Fransen und Gold durchwirkten Borten bedeckten Leibtier des Prinzen. Zwei Soldaten mit gezogenem Säbel liefen, um Platz zu schaffen, dem Zug voran, einige Offiziere ritten zur Seite, und um die Reiter herum bewegte sich noch ein weiteres Dutzend zu Fuß, ebenfalls mit gezogenem Säbel, und einige zu Pferde. Pfeiffer machte »diese echt indische Partie eine ungemeine Freude«. Für den Garten selbst, auf den der Prinz so stolz war, konnte sie Entzücken leider nur heucheln. Aber der Raja behandelte sie auch am nächsten Morgen noch mit größter Zuvorkommenheit, erkundigte sich nach ihrem Befinden und schickte ihr Gebäck, Süßigkeiten, Weintrauben und Granatäpfel. Es war wirklich ein Märchen aus Tausendundeiner Nacht!

Weniger märchenhaft erschienen ihr die Fakire, die sich eiserne Haken durch das Fleisch stechen ließen, mehrere Stunden auf einem Bein standen, in verschiedenen Stellungen schwere Lasten hielten oder sich stundenlang im Kreis drehten, was oft mit ihrem Tod endete. Andere nahmen nur die ekelhafteste Nahrung zu sich: Fleisch von gefallenem Vieh, halbverfaulte Vegetabilien, Unrat jeder Art, ja sogar Schlamm und Erde.

Mit Herrn Lau ging die Reise weiter in einem Postdock, einem von zwei Pferden gezogenen bequemen Palankin auf Rädern für zwei Personen, über Allahabad nach Agra. Dort gab es keinen Gasthof, aber ein deutscher Missionar nahm die Besucherin auf und zeigte ihr Stadt und Umgebung, vor allem natürlich das Taj-

Mahal. Die Behauptung allerdings, der Bau bringe bei Mondbeleuchtung einen zauberhaften Effekt hervor, wies sie zurück, denn der weiße, glänzende Marmor bewirkte nur ein Verschwimmen des Monuments in unsichere Massen. »Jener, der dies zuerst von dem Taj-Mahal behauptete, hat ihn vielleicht in einer Gesellschaft besucht, die ihn so sehr entzückte, daß er alles um sich herum himmlisch und überirdisch fand; andere mögen es bequemer gefunden haben, statt selbst zu prüfen, das zu wiederholen, was ihre Vorgänger behauptet haben.«

In Delhi fand sie einen freundlichen Gastgeber und Stadtführer, den österreichischen Orientalisten Dr. Alois Sprenger. Sie bewunderte die Handwerkserzeugnisse, die Gold- und Silberarbeiten, die kostbaren Stoffe, Kaschmirschals und Seidenstickereien. Abends schlenderte sie in den Hauptstraßen umher und beobachtete die Gaukler, Taschenspieler und Schlangenbeschwörer. Daneben brachten unzählige Prinzen sowie abgesetzte pensionierte Regenten und Minister Leben in die Stadt. Wenn diese Herren Ausflüge machten, hatten sie mindestens ein Dutzend Elefanten bei sich, dazu fünfzig Soldaten zu Fuß und zu Pferde und ebenso viele Diener. Abends traten sie dagegen bescheiden auf, ritten in den Gassen auf und ab und kokettierten mit Mädchen einer gewissen Klasse; viele davon waren Witwen, denen keine andere Wahl blieb, so weit sie nicht mitverbrannt wurden. Hochbeladene Kamele, die aus weiter Ferne kamen, ergänzten das orientalische Bild, dazu von prachtvollen weißen Zebus gezogene und mit scharlachroten Decken überhangene Wagen, die die minder Reichen oder die erwähnten Mädchen trugen.

Auch den kaiserlichen Palast besuchte sie und berichtete über das Leben des Monarchen, womit er sich die Zeit vertrieb und wen er alles erhalten musste mit seinen Einkünften, die nie ausreichten. Als Autorin von Büchern, welche vor allem von Frauen gelesen wurden, wusste sie, dass solche Dinge ihre Leserinnen besonders interessierten.

Nun sollte es nach Bombay gehen, obwohl man ihr schon in Kalkutta abgeraten hatte, von Delhi aus dorthin weiterzureisen. Diese Gebiete stünden nicht unter englischer Oberherrschaft und böten nicht die nötige Sicherheit. Besonders über die Tuggs (Thags, Thugs) oder Würger, Mitglieder einer religiösen Bruderschaft, gab es schlimme Berichte. Räuber und Mörder seien sie und führten auch bestellte Morde aus. Da sie aber kein Blut vergießen dürften, erdrosselten sie ihre Opfer. Doch in Delhi beruhigte man sie. Alles sei übertrieben, in Indien würden Reisende überhaupt selten angefallen, und an Europäer wage sich ohnehin niemand heran, da man die Nachforschungen der englischen Regierung fürchte. Im übrigen habe die Zahl der Tuggs stark abgenommen.

Die Reise würde also weniger gefährlich als vielmehr entbehrungsreich und mühselig werden. Es gab kein öffentliches Verkehrssystem, man musste eines der drei infrage kommenden Transportmittel und die nötigen Begleiter selbst mieten. Ein Palankin kam teuer, weil man acht Träger brauchte und einige mehr für das Gepäck. Das Kamel war ebenfalls nicht billig und dazu besonders unbequem. Also wählte Pfeiffer das weniger kostspielige Ochsenfuhrwerk. Sie reiste diesmal allein, Herr Lau war nach Kalkutta zurückgegangen, doch Dr. Sprenger besorgte alles für sie, schloss einen Kontrakt mit dem Fuhrmann, der die Hälfte sofort bekam und die andere bei Ankunft nach vierzehn Tagen. Er gab der unternehmungslustigen Landsmännin auch einen seiner verlässlichsten Tscheprasse mit, einen Diener der britischen Regierung, wie sie den höhergestellten englischen Beamten zugewiesen wurden und die mehr Achtung genossen als gewöhnliche Diener. Und schließlich versorgte Frau Sprenger sie mit einer warmen Decke und Lebensmitteln.

Über Nacht blieb die Reisende in Karawansereien, die in kleinen Ortschaften höchst bescheiden waren, aber sie wurden sauber gehalten und hatten als Bett ein hölzernes, mit Stricken überflochtenes Holzgestell. Der Diener legte sich vor den Eingang, doch verfügte er über einen so gesegneten Schlaf, dass er in der ersten Nacht nichts merkte vom Kampf seiner Herrin mit einem mächtigen Hund, der an ihre Vorräte gehen wollte.

Ein andermal gab es keinen Serai, ein Rasthaus, und niemand wollte die Christin aufnehmen, durch die ja jedes Haus verunreinigt wurde. So schlief sie auf einer offenen Veranda. Und schließlich glaubte sie tagsüber schon von ihrer Pistole Gebrauch machen zu müssen, als ihr Kutscher, ein streitsüchtiger Mann, der stets forderte, dass man ihm auswich, sich in eine Auseinandersetzung mit bewaffneten Kollegen einließ. Doch blieb es bei

Schimpfworten und Drohungen, und die Kerle wichen aus. Pfeiffer bemerkte dazu, dass in Indien überhaupt viel geschrien wurde, es aber nie zu einer Schlägerei kam.

Am 13. Tag langte sie in Kottah an und stellte fest, dass Fuhrmann und Diener keinen Anlass zu Klagen gegeben hatten, dass in den Serais von ihr nicht mehr gefordert worden war als von den Einheimischen und alle ihr Gefälligkeiten erwiesen hatten. »Wenn doch die Europäer wüßten«, dachte sie, »wie leicht sie diese guten Naturmenschen durch Nachsicht und Freundlichkeit gewinnen könnten! Leider aber wollen sie durch Gewalt herrschen und behandeln das arme Volk mit Verachtung und Härte.« Man kann Ida Pfeiffer also nicht eine kolonialistische Sicht- und Denkweise vorwerfen, wie dies gelegentlich getan wird, selbst wenn sie gern die Gastfreundschaft von »Kolonialisten« annahm und auch genoss.

In Kottah, der Hauptstadt des Königreichs Rajasthan, war sie durch Dr. Sprenger angemeldet. Der englische Resident, Kapitän Burdon, oberster englischer Beamter der Provinz, war zwar auf Dienstreise, hatte aber für ihre Unterkunft gesorgt und den englischen Arzt Dr. Rolland gebeten, sich um sie zu kümmern. Auch der indische König, Ram-Singh, erwies ihr Aufmerksamkeiten. Er schickte ihr nicht nur große Körbe mit Früchten und Süßigkeiten, sondern auch seinen prächtig geschmückten Leibelefanten sowie einen Offizier zu Pferde und einige Soldaten, sodass sie mit Dr. Rolland zur Besichtigung des königlichen Palastes reiten konnte.

Eine Audienz erlaubte die Etikette nicht, da der Resident außerhalb der Stadt war. Der Doktor bemühte sich jedoch, ihr am Abend allerlei Unterhaltungen zu bieten, nur hatte sie schon so viel gesehen, dass ihr manches nicht mehr neu war, all die Affen-Kunststücke, Schlangen Vorführungen und die Tänzerinnen. Immerhin konnte sie dabei vergleichen mit dem, was sie gelesen und was sie woanders erlebt hatte, und sie hielt in ihren Aufzeichnungen nicht zurück mit Richtigstellungen und Kritik. Angeblich waren die indischen Tänzerinnen weit graziöser als die europäischen, ihre Gesänge höchst melodisch und ihre Mimik zart, begeisternd, hingebend und ergreifend. Die Beobachterin fragte sich aber, ob die Verfasser solcher Bücher wirklich in Indien gewesen waren.

Andere wiederum hatten behauptet, es gäbe nichts Unsittlicheres als die indischen Tänze. Da musste man doch annehmen, dass sie die Sammaquecca und Refolosa in Valparaiso, die Insulanerinnen auf Tahiti oder selbst die europäischen Tänzerinnen in ihren fleischfarbenen Trikots nie gesehen hatten!

Für die Weiterreise am nächsten Tag nach Indore gab es keine Probleme: Der König bot ihr Kamele an, so viele sie brauchte, und auch zwei Sepoys (berittene Soldaten im britisch-indischen Heer) als Begleiter. Sie begnügte sich mit zwei Tieren, eines für sich und eines für den Treiber und den Diener, den ihr Dr. Rolland mitgab.

Natürlich erschienen sie am nächsten Tag nicht um fünf Uhr, sondern erst gegen Mittag, und als die Treiber das »Kofferchen« von zwölf Kilo sahen, wussten sie nicht wohin damit. Pfeiffer erklärte ihnen, wie man die Sachen in Ägypten verstaue und dass sie ihr geringes Gepäck dort stets auf dem Kamel gehabt habe, aber die Leute kannten es nun einmal anders und blieben dabei, es zu tragen. Überhaupt war hier vieles ungewohnt. Jedes Tier hatte seinen Führer, der vorn auf dem besten Platz saß, während dem Reisenden nur ein kleines Fleckchen am hinteren Ende gestattet war. Doch Dr. Rolland riet ihr, sich zu fügen. Am nächsten Tag, wenn sie Kapitän Burdon treffe, werde man eine andere Lösung finden.

Unterwegs eilten die Menschen herbei, um sie zu betrachten, da sie ja eine seltene Erscheinung in dieser Gegend war, und um ihr zu dienen, denn sie reiste mit des Königs Leuten. Ohne die übliche Bezahlung erhielt sie Holz, Milch und Eier, aber viel hatten die Leute selbst nicht, meist gab es nur Reis mit Wasser und Salz, bestenfalls noch Reis in Milch gekocht oder einige Eier. Um sich etwas zubereiten zu können, führte sie ein ledernes Gefäß für Wasser, ein Pfännchen zum Kochen, eine Hand voll Salz sowie etwas Reis und Brot mit sich.

Als sie spät abends in Nurankura ankam, traf sie auf einige Zelte des Kapitäns Burdon und zog sich todmüde gleich zurück, aber eine Magd bestand darauf, sie zu massieren. Idas Widerstreben half nichts, sie musste nachgeben, und nach der Behandlung fühlte sie sich wider Erwarten angenehm erleichtert und gestärkt.

Man hatte sie schon zu Mittag erwartet und wollte den Weg gleich fortsetzen, denn schlafen könne sie auch in dem bereitstehenden Palankin. Und so ging es um elf Uhr nachts weiter. Während des Marsches durch die Dunkelheit wurden die Tiger der Umgebung durch mehrere Fackelträger ferngehalten, unter deren Schutz die müde Reisende denn auch ruhig schlief bis drei Uhr, wo sie wieder in ein bequemes Zelt überwechselte.

Sie war bei den Burdons angelangt, die, abgesehen von Dr. Rolland, mit ihren sieben Kindern die einzigen Europäer in Kottah waren, und Madame Burdon hatte seit vier Jahren keine europäische Frau mehr gesehen. Ida brachte den ganzen Tag höchst angenehm im Kreis der Familie zu. Sie staunte, wie bequem hier alles eingerichtet war, und gab ein Bild vom Stil, in dem englische Offiziere und Beamte in Indien zu reisen pflegten: in Zelten zwar, aber dennoch mit einem Komfort, wie ihn nur ein gut eingerichtetes Haus bieten konnte. Natürlich gehörte dazu das entsprechende Personal, das die Zelte aufbaute, einrichtete und für die Mahlzeiten sorgte. In den kultiviertesten Ländern Europas, meinte die Besucherin, reise man nicht so luxuriös und bequem wie in Indien.

Am Abend trennten sich die Wege wieder, Ida Pfeiffer zog mit drei Kamelen davon, musste ein weiteres Mal, da es keine Karawanserei gab, ihr Lager mitten auf dem Bazar unter einer offenen Veranda aufschlagen, wo sich die halbe Bevölkerung der kleinen Stadt um sie versammelte und ihre Beobachtungen anstellte. Die Leute bekamen Gelegenheit, das Aussehen einer erzürnten Europäerin zu studieren, denn sie schalt ihre Begleiter, weil sie wegen der langsamen Gangart der Kamele kaum vorangekommen waren. Sie ließ sich nichts vormachen, wusste über die Entfernungen Bescheid und auch, wie schnell Kamele liefen und welche Etappen sie zurücklegen konnten. Die Strafpredigt wirkte, fortan hatte sie in dieser Hinsicht nicht mehr zu klagen.

Natürlich beobachtete sie überall die Frauen und stellte auf dieser wie auch auf anderen Reisen fest, dass sie in den ärmeren Schichten durchaus nicht ein so hartes Leben führten, wie man allgemein glaubte. Die schweren Arbeiten wurden von den Männern verrichtet, ja sie halfen den Frauen sogar, wuschen die Wäsche und bügelten, während die Frauen Holz, Wasser oder sonstige schwere Lasten nur für ihren eigenen Haushalt trugen. Unterwegs sah man, dass die Frauen oben auf dem Wagen saßen und die Männer nebenher gingen, und befanden sich keine Tragtiere in der Gruppe, so waren es wiederum die Väter, die Lasten und auch Kinder schleppten. Im übrigen sah sie nie einen Mann, der Frau oder Kind misshandelte. Ach, würden die Frauen der armen Volksklasse in Europa doch nur halb so schonungsvoll behandelt wie in allen übrigen Weltteilen!

Ein Ochsenfuhrwerk brachte Ida nach Indore (Indur), der Hauptstadt des Königreichs Holkar, das seit 1818 unter britischer Herrschaft stand. Trotz ihrer bescheidenen Aufmachung wurde sie vom Residenten ausgesprochen freundlich empfangen, gut untergebracht, mit Diener und Wache versehen und zum Essen eingeladen. Er sorgte auch für ihre Weiterreise, für die er ihr königliche Kamele anbot, doch zog sie einen Ochsenkarren vor, der sich kaum langsamer bewegte. Ihr Gastgeber machte den Kontrakt mit dem Fuhrmann, teilte die Stationen ein, gab ihr einen Diener und einen Soldaten mit, versah sie mit Empfehlungsschreiben und war sogar bereit, ihr Geld zu geben, wenn dies nötig sein sollte. Was sie beeindruckte, war die große Liebenswürdigkeit, mit der er sie behandelte, er war ein Mann, von dem sie überall nur Gutes hörte.

Die Kamelkarawanen wurden wegen des steinigen Bodens zunehmend durch große Ochsenzüge bis zu mehreren tausend Tieren abgelöst, die Getreide, Wolle und Salz geladen hatten und denen in den Dörfern Frauen und Kinder folgten, um den Mist für die Herstellung von Ziegeln zu sammeln. Ida wunderte sich nur, wovon sich so viele dieser Rinder ernährten, denn man sah doch so gut wie kein Gras.

Das Reisen in der Nacht war nicht ohne Gefahren. Einmal blieben die Ochsen plötzlich zitternd stehen, auch die Leute packte Furcht, möglicherweise war ein Tiger in der Nähe. Pfeiffer befahl, ordentlich Lärm zu schlagen und ein Feuer aus Dschungelgras anzuzünden, doch alles blieb still. Aber die Sorge war nicht unbegründet. Sie erfuhren, dass in dieser Gegend fast jede Nacht ein Ochse, ein Pferd oder eine Ziege gerissen wurden, auch eine Frau hatte es erst kürzlich getroffen, und alle Dörfer verbarrikadierten sich hinter hohen Stein- und Erdwällen.

Durch eine romantische Landschaft und über einen engen Gebirgspass, den ein mächtiger Felsen abschloss, ging es nach Adjunta (Ajanta), wo sie, wieder mithilfe des dortigen Residenten, die berühmten Felsentempel besuchte. Sie hatte auch vor, die von Elora zu sehen, doch als einige Europäer, wahrscheinlich Kolonialbeamte oder Offiziere, sie zur Tigerjagd einluden, schloss sie sich ihnen an. Sie wurde auf einem der Elefanten zwischen zwei Herren und den Inder gesetzt, der die Gewehre zu laden hatte, und erhielt zur Selbstverteidigung ein großes Messer, falls ein Tiger bis zum Rand des Kastens, in dem sie saßen, hochspringen sollte. Der Kampf dauerte eine halbe Stunde. Die glühenden Augen, die Schüsse und die gewaltigen Sätze des angeschossenen Tieres, zu dem sich noch ein zweites gesellte – all das versetzte sie nicht wenig in Schrecken, doch ließ sie sich nichts anmerken, und am Ende lobte man sie ob ihrer Unerschrockenheit. Beide Raubkatzen wurden erlegt, der weiße Mann hatte mit seinen Kugeln den Sieg davongetragen, an dem jedoch den Elefanten einen wesentlicher Anteil zukam. Hätten sie sich gefürchtet, wären sie davongelaufen, so hätten den Jägern auch die Waffen nichts mehr geholfen, sie wären durch die Äste der Bäume herabgerissen worden oder an ihnen hängen geblieben, und dann hätte der Tiger leichtes Spiel gehabt.

Zwischen den Ortschaften bewegte Pfeiffer sich in ständiger Unsicherheit, nicht nur wegen der wilden Tiere, auch einer ihrer Fuhrleute gebärdete sich wie irr, sodass sie dachte, er würde sie mit seiner Hacke erschlagen, und wohin sie kam, fragte man, ob ihr nichts passiert sei.

Nun wollte sie Indien verlassen, aber Wochen vergingen, in denen sie vergeblich auf ein Schiff hoffte. Inzwischen genoss sie die Gastfreundschaft des hamburgischen Konsuls Wattenbach in Bombay und ließ die Stadt und ihre Umgebung auf sich wirken, das rege Handelsleben bei Indern und Europäern, die alten und die neuen Viertel und die bunte Mischung verschiedenster Menschentypen.

Ein wohlhabender und gebildeter Parse, einer der wenigen, die Paris, London und Italien kennen gelernt hatten, und der europäischen Sitten sehr wohlwollend gegenüberstand, ermöglichte ihr Einblicke in das Leben seiner Glaubensgenossen, die anderen nicht zuteil wurden. Ida Pfeiffer konnte auf diese Weise ihre Landsleute mit ausführlichen Schilderungen religiöser Riten, Bestattungen und Hochzeiten versehen. Der aufgeklärte Parse, dessen Reformversuche außerhalb seiner Familie allerdings erfolglos geblieben waren, empfing sie in seinem europäisch eingerichteten Haus, stellte ihr Frau und Töchter vor, und sie wurde sogar zu einer Mahlzeit eingeladen. Allerdings servierte man ihr das Essen gesondert und vor den anderen, und alle beobachteten mit Interesse, wie sie mit Messer und Gabel umging. Bevor die Familie sich dann zum Mahl niederließ, fegten sie den Tisch so sorgfältig, als wäre der Gast »mit Pest behaftet«. Sie erfuhr, dass die Töchter eine europäische Erziehung erhielten, Englisch lernten, Klavier spielen, auch sticken und nähen, und sie sollten nicht ohne ihre Zustimmung verheiratet werden. Doch hatte man Bedenken, dass die Älteste überhaupt einen Mann finden würde, sie war zu europäisch erzogen und mit vierzehn Jahren schon in einem Alter, wo man dem lange vorher versprochenen Mann angetraut zu werden pflegte.

Herr Wattenbach geleitete Ida auch zu den wenig besuchten Felsentempeln von Elephanta und Salsetta, wo vor Tigern, wilden Bienen und Räubern gewarnt wurde. Aber es passierte nichts, obwohl die neugierige Besucherin während der Mittagspause heimlich ihre Gefährten verließ und allein umherstreifte. Sie kletterte zwischen den Felsen umher bis hinauf zu den höchsten Tempeln. Als sie dort Fell und Hörner einer geschlagenen Ziege fand, erschrak sie doch ein wenig, aber sie verließ sich auf die Ungeselligkeit der Tiger, die am Tage eher die Flucht ergreifen. Wenig später wurden allerdings zwei Herren nicht von Tigern, aber von wilden Bienen überfallen, und wenn die wütenden Insekten ihren vermeintlichen Feind umschwirren, Kopf, Gesicht und Hände zerstechen und einem folgen, wohin man auch auszuweichen versucht, dann gibt es wenig Rettung. Das einzige, was sie fernzuhalten vermag, ist ein stark rauchendes Feuer, das zu verlassen man aber kaum wagen kann, denn die Angreifer warten geduldig, um erneut über einen herzufallen.

Von Bombay nach Vorderasien

Endlich fand sich ein kleines Dampfschiff nach Basra, das aber nur zwei Kabinen hatte. Die kleine war schon lange vorgebucht von einem Engländer, Mister Ross, die andere von einigen reichen Persern für ihre Frauen und Kinder. Ida musste sich mit einem Platz an Deck begnügen, speiste jedoch an der Tafel des Kapitäns, der sie sehr aufmerksam behandelte. Mister Ross und sie waren die einzigen Europäer unter lauter Persern und Arabern. Da das Schiff stark überladen war, musste man an Deck über Kisten und Koffer steigen und vermeiden, auf Köpfe oder Füße zu treten. Nun verfügte Ida ja über einen umfangreichen Erfahrungsschatz. Sie belegte rechtzeitig den Platz unter dem Kapitänstisch mit ihrem Mantel und bekam so einen ziemlich sicheren Ort, wo sie niemandem im Wege war. Mister Ross hatte es schlechter getroffen, denn er konnte in seiner Kabine vor Hitze und Ungeziefer keine Nacht schlafen. Allerdings musste sie sich, obwohl sie Gallenbeschwerden hatte, vor den Mahlzeiten jedes Mal aus ihrem Asyl hervorschleppen, um den Füßen der Tischgesellschaft zu entgehen, und dies fünf Tage lang.

Gefährlicher waren die Verhältnisse in der großen Kajüte, wo achtzehn Frauen und sieben Kinder hausten. Dort herrschten die Pocken. Die Kinder hatten sie eingeschleppt, was aber unbemerkt geblieben war, da man die Moslemfrauen spät in der Nacht an Bord gebracht hatte, dicht verschleiert und in große Tücher gehüllt. Erst als am dritten Tag eines der Kinder starb, wurde die Krankheit entdeckt. Es gab noch zwei weitere Todesfälle, dann verschwand die Seuche.

Bei einer Zwischenlandung im persischen Buschir war Pfeiffer zwei Tage Gast des Residenten. Sie wollte eigentlich von Bord gehen, um auf dem Landweg Persepolis, Schiras, Isphahan und

Teheran zu sehen, aber es waren Unruhen ausgebrochen, Räuberbanden trieben ihr Unwesen, sie musste weiterfahren.

Das Schiff verließ nun den Persischen Golf und trat in den Schatt el-Arab ein, den vereinigten Unterlauf von Euphrat und Tigris, und gelangte am 12. Mai nach Basra, einer der größten Städte Mesopotamiens (des heutigen Irak). Hier sollte es nur einen einzigen Europäer geben. Ihr Empfehlungsbrief war an den englischen Agenten, einen Armenier, gerichtet, den sie, da es keinen Gasthof gab, um Unterkunft bat. Doch der gute Mann schlug ihre Bitte rundweg ab. Zum Glück konnte sie vorerst noch als Gast des Kapitäns auf dem Schiff bleiben.

Die persischen Frauen wurden hier ausgeschifft. Pfeiffer hatte gelegentlich einen Blick in ihre Kajüte werfen können und festgestellt, dass sich keine einzige Schönheit unter ihnen befand. Es gab also nichts zu verbergen. Und nun spielte sich vor den Augen der Europäerin ein bizarres Schauspiel ab. Von der Kajüte bis an die Schiffstreppe postierten sich die Männer mit großen Tüchern in Händen und bildeten undurchsichtige, bewegliche Wände, welche die Frauen abschirmten, während eine nach der anderen ihre Unterkunft verließ. Dabei waren die bedauernswerten Weiblichkeiten so eingehüllt, dass sie wie Blinde geführt werden mussten. »Sie hockten zwischen den Wänden nieder und warteten bis alle versammelt waren, dann setzte sich der ganze Zug, nämlich die bewegliche Wand und die dahinter verborgenen Schönheiten Schritt vor Schritt in Bewegung. Die Kletterei über die schmale Schiffstreppe in das wohlverhängte Boot war wirklich erbarmungswürdig – bald stolperte die eine und bald die andere. Ihre Ausschiffung währte über eine Stunde.«

Am nächsten Tag wurde Idas Unterkunftsproblem gelöst, es fand sich ein deutscher Missionar, der ihr in seiner Wohnung ein Zimmer mit Feuerstelle überließ. Man erwartete schon seit Tagen ein kleines englisches Kriegsdampfboot, das einmal monatlich Briefe und Papiere von Bagdad brachte und das bereit war, europäische Reisende mitzunehmen. Diese Chance wollte sie nutzen und konnte inzwischen noch etwas von der Stadt sehen, doch riet man ihr, sich in ein großes Tuch zu hüllen. Sie folgte dem Rat, war aber keinesfalls bereit, bei der großen Hitze einen Schleier anzulegen, eher riskierte sie, belästigt zu werden. Selbst mit dem Tuch kam sie ja nur unvollkommen zurecht, sodass man überall etwas von ihren europäischen Kleidern sah. Aber immerhin blieb sie unbehelligt. Mit dem Dampfer hatte sie Glück: Nicht nur dass der erste Offizier ihr seine Kajüte überließ und sie weder für die Fahrt noch die Kost etwas zu bezahlen brauchte, sie sparte auch viel Zeit. Mit einem anderen Schiff hätte die Fahrt über 800 km vierzig bis fünfzig Tage gedauert, da es größtenteils von Menschen stromaufwärts gezogen werden musste. Der Landweg wäre zwar kürzer gewesen, führte jedoch durch Wüsten, und der Schutz vor Räuberbanden und nomadisierenden Beduinenstämmen, den man dort nötig hatte, kam teuer.

Nach der Einfahrt in den Tigris hörten die Palmenhaine auf, die sie seit der Mündung des Schatt el-Arab begleitet hatten, und gingen über in Fruchtfelder und Grasplätze, die teilweise mit Gebüsch oder strauchartigen Bäumen bedeckt waren. Man sah die Zelte großer Beduinenstämme, mit denen Ida Pfeiffer auch in Berührung kam bei den Gelegenheiten, wenn das Schiff Holz lud. Wild sahen sie ja aus, diese Menschen, aber sie näherten sich der Fremden durchaus friedlich. Doch kaum hatte sich Ida auf der Jagd nach Insekten etwas abseits begeben, als sie sich auch schon von einem Schwarm Frauen und Kinder umringt sah – das Übliche! Nicht dass die Geschlechtsgenossinnen aggressiv gewesen wären, aber dieses ewige Berühren ihrer Figur und ihrer Kleider! Natürlich wollten auch sie ihren Strohhut aufsetzen, der eine außerordentliche Anziehungskraft auf Frauen aller Länder ausgeübt haben muss. Und unangenehm war eben auch hier wieder der Schmutz. Diese verwahrlost aussehenden Kinder hatten überall kleine Geschwüre und die Hände ständig in den Haaren.

Bagdad zeigte sich von fern in Pracht und Größe. Die Minaretts und Kuppeln schimmerten in der Sonne, daneben Paläste, Tore, Festungswerke und Gärten. Doch wie so viele Städte in der Welt verlor auch diese in der Nähe. Aber es gab wenigstens keine Unterkunftsprobleme. Sie hatte zwar einen Empfehlungsbrief an den englischen Residenten, da dieser aber Junggeselle war, zog sie lieber zu Herrn Holland, dem ersten Offizier vom Schiff, und seiner liebenswürdigen, in Bagdad geborenen Frau.

Wieder kam sie um orientalische Kleidung nicht herum: ein großes Umschlagtuch, dazu ein kleiner, mit einem Schal umwundener Fes. Gegen die steife Gesichtsmaske aber wehrte sie sich, sie würde ja ersticken darunter. Überhaupt bedauerte sie die Frauen, die so ihrer Arbeit nachgehen mussten in diesem Gewand, das den Staub am Boden zusammenfegte, oft noch ein Kind darunter, und in solcher Aufmachung die Wäsche am Fluss waschen; am Ende trieften sie vor Nässe. Doch Pfeiffer konnte durch ihre Verkleidung wirklich ungestört umhergehen, selbst mit unverhülltem Gesicht.

Das Klima in Bagdad war an sich nicht ungesund, wenn nur die Aleppo- oder Orientbeulen nicht gewesen wären. Sie entstanden durch kleine Fliegen, deren Stich Infektionen hervorrief und unangenehme Geschwüre zur Folge hatte, vor allem im Gesicht. Anfangs waren sie klein wie ein Stecknadelkopf, breiten sich aber dann aus, schwollen an und ließen tiefe Narben zurück. Das Übel trat schon bei Kindern im ersten Lebensjahr auf, und man tat nichts dagegen, weil man glaubte, es gäbe kein Mittel. Ida war froh, dass sich bei ihr nur eine schwache Beule an der Hand zeigte, anderen erging es schlimmer. Aber sechs Monate später, als sie schon in Europa war, brach das Leiden erst richtig aus, sie bekam dreizehn Beulen, die über acht Monate nicht wichen.

Bei einem großen Fest, das der englische Resident zu Ehren des Geburtstags seiner Königin gab, fiel ihr auf, dass die Frauen und Mädchen, die sie sonst so geschwätzig kannte, auffallend still waren. Mit reglosem Gesicht, ohne Empfindung saßen sie da, langweilige Gäste. Pfeiffer führte es darauf zurück, dass die einheimischen Mädchen nichts lernten. Wenn sie in ihrer Muttersprache, Armenisch oder Arabisch, lesen konnten, bekamen sie außer einigen religiösen Büchern keine weitere Lektüre in die Hand. Wie anders aber erlebte sie die Damen einige Tage später im Harem des Paschas! Da lachten sie, schwatzten und schäkerten. Ihr zuliebe legten sie ihre besten Kleider an und behängten sich mit Unmengen von Schmuck.

So zurückhaltend die Frauen an öffentlichen Orten sein mussten, so sitten- und anstandslos erschienen sie der Besucherin in den Harems und Bädern. Sie empfand Abscheu und Mitleid zugleich angesichts dieser armen Geschöpfe, die »durch Müßiggang, Mangel an Kenntnissen und Moral so tief sanken«, und wie sollte die Jugend ein Gefühl für Sittlichkeit bekommen, wenn sie schon in zartestem Alter solche Szenen und Unterhaltungen erlebte?

Dann gab es wieder Ausflüge. Das erste Ziel waren die Ruinen von Ktesiphon, zu denen ihr der Resident gute arabische Pferde und einen verlässlichen Diener mitgab. Wenn sie nicht in der Wüste übernachten wollte, musste sie die Strecke von zweimal 28 km an einem Tag schaffen und vor Sonnenuntergang wieder am Stadttor von Bagdad sein, bevor es geschlossen wurde. Madame Holland bot ihr Proviant an, doch Pfeiffer dankte. Ihr Grundsatz war ja, sich auf solchen Reisen mit nichts Überflüssigem zu belasten. Wusste sie, dass sie irgendwo Menschen treffen würde, nahm sie nichts zu essen mit. Wovon sie lebten, davon konnte auch Ida Pfeiffer leben. Schmeckte ihr das nicht, so hatte sie wohl keinen rechten Hunger. Sie nahm also nur ihre lederne Wasserflasche mit, und selbst das wäre nicht nötig gewesen, denn sie kam häufig an Kanälen des Tigris und am Fluss selbst vorüber, obwohl der größte Teil des Weges durch die Wüste führte. Und tatsächlich traf sie unterwegs auf einige Familien »in gemauerten Löchern«, wo sie Brot und Buttermilch erhielt.

Bei den Ruinen von Ktesiphon entdeckte sie wieder viele Zelte, deren Bewohner, »Wüsten Araber«, ihr nun schon bekannt erschienen, und sie fand die Leute jetzt nicht mehr so wild aussehend, wahrscheinlich hatte sie sich doch schon an deren Äußeres gewöhnt. Etwas sehr viel Angenehmeres widerfuhr ihr, als ein Perser sich näherte, auf einige schöne Zelte in der Nähe deutete und die Fremde im Namen seines Herrn, eines persischen Prinzen, einlud. Prinz Il-Hany-Ala-Culy-Mirza empfing sie sehr freundlich. Er hatte wegen der Hitze seinen Palast in Bagdad verlassen, bat sie neben sich auf den Diwan, während die anderen auf Teppichen ruhten, und es gab eine angeregte Unterhaltung, bei der die Verwunderung des Prinzen über diese weit gereiste Frau ständig stieg – meinte die weit gereiste Frau. Sie nahm höflich einige Züge aus der mit Gold, Perlen, Türkisen und Edelsteinen geschmückten Wasserpfeife, und dann wurde auch noch ein prächtiges Mahl serviert samt Teller und Essbesteck. Am Ende ließ der Prinz Wein bringen, obwohl ihm seine Religion dies streng verbot, doch die Besucherin bot ihm ja einen guten Vorwand. Er goss ihr ein Gläschen ein und trank selbst zwei, bat sie dann aber, nichts davon seiner

Mutter in Teheran zu erzählen. An sie gab er ihr einen Empfehlungsbrief mit und hoffte, dass sie, wie er sagte, der Wienerin durch ihre Stellung bei Hof weiterhelfen konnte. Wieder einmal war es wie in Tausendundeiner Nacht, und Pfeiffers Leserinnen werden den Bericht zu schätzen gewusst haben.

Nach der Mahlzeit bat sie ihren Gastgeber, seiner Gemahlin einen Besuch abstatten zu dürfen, und fand ein schönes, junges Geschöpf völlig allein mit einer alten Dienerin, das sich zu Tode langweilte. Leider aber konnten sie sich nicht einmal miteinander unterhalten, da der Dolmetscher, der beim Prinzen mit seinem Englisch ausgeholfen hatte, diesen Raum nicht betreten durfte. Doch erfuhr Ida, dass der Prinz vier weitere Frauen in Bagdad besaß und noch einmal vier in Teheran bei seiner Mutter.

Der nächste Ausflug führte die Unermüdliche zu den Ruinen von Babylon, die mit so berühmten Namen wie Semiramis, Nebukadnezar oder den Hängenden Gärten verbunden waren, und noch ein Stück weiter bis Hilla, wo ein reicher Araber sie aufnahm und ihr statt eines Zimmers seine Dachterrasse zur Verfügung stellte. Er schickte ihr einen köstlichen Pilav, gebratenes Lammfleisch und gedünstetes Gemüse, dazu Wasser und saure Milch. Sie brauchte sich auch nicht zu langweilen, denn von ihrem Standort aus konnte sie in die Höfe blicken, in denen sich das Familienleben abspielte. Sie sah, wie die Frauen Brot buken, wie Männer und Kinder sich auf Strohmatten zum Mahl niederließen und die Frauen sich dazusetzten. »Schön«, dachte sie, »hier hat das weibliche Geschlecht gleiche Rechte.« Aber welch ein Irrtum! Die Frauen mussten nur mit Strohfächern die Fliegen von den Häuptern ihrer Gebieter hinwegscheuchen.

Am nächsten Tag machte ihr der Gastgeber einen Besuch mit der ganzen Familie. Es war ein zweifelhaftes Vergnügen, denn die Frauen wollten ihr die kleinen Kinder auf den Schoß geben, die mit Aleppobeulen und bösen Augen- und Hautkrankheiten behaftet waren, und die Europäerin hatte Mühe, sich dem zu entziehen, ohne die Mütter zu beleidigen.

Für eine weitere Tour von Bagdad nach Mossul (Mosul) wurde als preiswertester und sicherster Weg der mit einer Karawane empfohlen. Doch man riet ihr ab, sich ganz allein unter die Araber zu begeben, wenigstens einen Diener sollte sie mitnehmen. Aber so viel wollte sie nicht investieren, sie kannte ja auch die Leute und wusste, dass sie ihnen trauen konnte. Also mietete sie für sich und ihr Gepäck ein Maultier mit seinem Treiber, und dann ging es ohne alle Bequemlichkeit vierzehn Tage durch Wüsten und Steppen. Pfeiffer reiste wie der ärmste Araber, musste die glühende Sonne aushalten und hatte nichts als Brot und Wasser, bestenfalls einige Datteln oder Gurken, und als Bett den heißen Boden. Ihr Köfferchen und ein Korb mit dem Brot und anderen Kleinigkeiten wurden in zwei Säcke verstaut, die das Tier über dem Rücken trug, Mantel und Kissen dienten als Sitz. Zur Verständigung mit ihren Reisegenossen half eine kleine Liste arabischer Worte, ansonsten war sie ja geübt in der Zeichensprache.

Es war eine kleine Karawane mit 26 Tieren, die vor allem Lasten trugen, und zwölf Arabern, von denen fünf zu Fuß gingen. Vor der Stadt schlossen sich noch andere Reisende an, Kaufleute zumeist, sodass der Zug am Ende 60 Tiere zählte. Nicht unbedingt eine Vertrauen einflößende Gesellschaft war das, die täglich wechselte, manchmal »ein wahres Gesindel«, auch sollten sich zuweilen Diebe anschließen. Überhaupt war nicht viel auf Schutz zu hoffen, denn die meisten waren Kaufleute oder Pilger, nicht gewohnt, sich zu verteidigen. Die Sandwüste verwandelte sich in Kies mit eingelagerten Felsschichten und Hügeln, ausgewaschen, aufgeschwemmt und übereinandergesetzt. Eine für Räuber günstige Gegend, die deshalb auch als gefährlich galt. Die Tiere wurden angetrieben und geschunden, man beeilte sich, um die schlimmste Strecke vor Einfall der tiefsten Nacht hinter sich zu bringen.

Über die türkischen Städtchen, die sie berührten und die sich weitgehend glichen, war nicht viel Gutes zu berichten. Schmutzige Gassen, Lehmhäuser in oft verfallenem Zustand, ein äußerst bescheidenes Angebot an Waren, die Bewohner arm oder von der Pest dahingerafft.

Morgens um vier kamen sie in der Heimat des Karawanenführers an. Sein Häuschen stand neben einigen anderen in einem großen, schmutzigen Hof, der von einer Mauer umgeben war und nur einen einzigen Eingang hatte. Er war voll von schlafenden Menschen, Maultieren, Pferden und Eseln. Obwohl der Hausherr drei Wochen auf Reisen gewesen war, rührte sich niemand zu seiner Begrüßung außer einer alten Frau, die wohl seine Mutter war. Pfeiffer versuchte in den zwei Tagen, die sie hier verbrachte, die Verwandtschaftsverhältnisse zu entschlüsseln, und fand drei Hauptpersonen: den Familienältesten und Vater des Karawanenführers, einen verheirateten Sohn und eine verheiratete Tochter. Die Kinder schienen Gemeingut zu sein. Der Alte, »ein schöner, kräftiger Greis von sechzig Jahren«, den sie schon aus der Karawane kannte, war ein rechter Patriarch, der sich um nichts kümmerte, sondern nur befahl. Kein angenehmer Zeitgenosse, ein Zänker, der über jede Kleinigkeit stritt, aber der Sohn widersprach nur selten und tat alles, was der Vater wünschte. Ida fand es unnatürlich, wie kalt die Erwachsenen miteinander umgingen und nur das Nötigste sprachen. Alle warmen Gefühle schienen sich auf die Kinder zu konzentrieren, die schreien und lärmen durften und denen jede Unart verziehen wurde. Wenn sie allerdings heranwuchsen, änderte sich die Lage, dann waren sie es, die die Schwächen und die Bevormundung der Eltern ertragen mussten.

Pfeiffer wurde die Zeit lang unter den Frauen, die aus der ganzen Nachbarschaft herbeikamen. Sie taten den ganzen Tag über nichts und waren erfreut über die Abwechslung, die die fremde Frau ihnen bot. Sie betrachteten sie, untersuchten ihre Kleider und wollten ihr den Turban vom Kopf nehmen.

Schließlich wurde es Ida zu viel, sie fasste eine am Arm und drehte sie zur Tür hinaus. Den anderen gab sie zu verstehen, dass das Gleiche auch ihnen geschehen würde, wenn sie sich nicht zurückhielten. Das wirkte. Nur die Frau des Karawanenführers setzte ihr weiter zu, drängte sich an sie und verlangte Geschenke, bis ihr Mann zurückkam und sie ausschalt. Nun endlich bekam Ida Ruhe.

Gegen Abend sah sie, wie ein Kessel mit Schaffleisch aufgesetzt wurde, und ihr Magen regte sich. Acht Tage lang hatte sie nichts als Brot, Gurken und einige Datteln gegessen und sie sehnte sich nach einem warmen, kräftigen Mahl. Doch hätte sie der Köchin nicht zusehen sollen. Die alte Mutter fuhr mit ihren schmutzigen Händen in den Topf mit eingeweichten Körnern und Zwiebeln, mischte und drückte sie, nahm ab und zu eine Portion in den Mund, zerkaute sie und spuckte alles wieder hinein. Die Sauce ließ sie durch einen schmutzigen Lappen laufen und goss sie über das Fleisch im Kessel. Pfeiffer war sich sicher, dass sie davon keinesfalls etwas essen würde! Doch dann durchzog ein so anregender Duft den Hof, ihr Magen knurrte, und schließlich hatte sie ja schon so manches gegessen, bei dessen Zubereitung es kaum anders zugegangen sein mochte. Sie überwand ihren Ekel und ließ es sich schmecken – eine weise Entscheidung, denn beim nächsten Essen, am Abend vor der Weiterreise, wurde ihre Hoffnung auf ein ähnlich nahrhaftes Gericht zunichte gemacht: Es gab nichts als Brot und ungewürzte Gurken.

Von Mossul aus sollte es nun endlich nach Persien gehen, das nächste Ziel war Täbris, doch fand sich keine direkte Karawane dorthin. Pfeiffer würde etappenweise sehen müssen wie sie weiterkam, hatte Umwege in Kauf zu nehmen und konnte nicht mit irgendwelcher Hilfe durch einen Europäer rechnen. Sie machte sich auf das Schlimmste gefasst und sandte von Mossul aus ihre Papiere und Schriften nach Europa, damit im Ernstfall wenigstens das Tagebuch in die Hände ihrer Söhne gelangte. Für die erste Etappe verhandelte der englische Vizekonsul mit dem Karawanenführer und versah sie mit einem Empfehlungsbrief an den dortigen »Eingeborenen«. Ida schrieb sich eine weitere Reihe arabischer und auch persischer Worte auf und machte sich »mit einem etwas beängstigten Gefühl« auf die Reise.

Ali, der Karawanenführer, sah nicht sehr vertrauenerweckend aus, doch man versicherte ihr, dass er ein wohlbekannter Mann sei. Sein Anzug aus Lumpen und Fetzen und das Gesicht ließen auf einen Räuber schließen, aber er war tatsächlich besser, als er aussah. Die drei Männer in seiner Begleitung, Kurden, schienen nicht vertrauenswürdiger. Dazu kamen noch zwei Kaufleute und ein wohlhabender Mann mit zwei Dienern, der anscheinend von einer Pilgerreise zurückkehrte.

Sie verzichteten bald auf das Reisen in der Dunkelheit, denn Kurdistan galt als verrufen, aber noch ehe sie um elf Uhr nachts ihren Lagerplatz erreichten, fiel sie ein Dutzend kräftiger Männer an. Doch einer aus der Karawane sprang vom Pferd, packte den nächsten Burschen an der Brust und hielt ihm die Pistole vors Gesicht. Da ließen die Kerle ab, zeigten den Reisenden sogar noch einen guten Lagerplatz, gegen ein kleines Bakschisch, das sie nach einer Sammlung auch bekamen. Von Pfeiffer als Frau forderte man nichts.

Inmitten einer teils idyllischen, meist aber eher bedrohlichen Landschaft mit schroffen Felspartien, Abgründen und beschwerlichen Steigungen gab es immer wieder Ereignisse, die keine Monotonie aufkommen ließen. Einer der Kaufleute stürzte vor Schwäche vom Pferd und blieb liegen, erholte sich aber glücklicherweise bis zum anderen Morgen. Zum Überqueren eines Wasserlaufs brauchten sie vier Stunden, weil das Floß zu klein war. Dann wieder verhüllte sich der Mond just in dem Moment, als sie einen engen und gefährlichen Pass zu überwinden hatten, und in der sie umgebenden Finsternis war nichts mehr von den Gebirgswänden und Abgründen zu erkennen, obwohl der Vormann ständig Feuer schlug, um mit den Funken den Pfad zu erhellen. Aber das half nicht viel, die Pferde, die sonst wie Gämsen die Hänge emporkletterten, fingen an zu stolpern und zu rutschen. Die Karawane musste anhalten, und sie standen bewegungslos einer hinter dem anderen, bis die Morgenröte anbrach. Man wundert sich, wie es Ida unter diesen Umständen möglich war, all das so farbig und in Einzelheiten zu schildern. Ganz schaurig wurde es, als Blutflecken auf dem Weg zu erkennen waren, die sich vermehrten, bis die Reisenden in einer Schlucht zwei menschliche Körper liegen sahen. Eilig flohen sie den Schauplatz dieser Mordszene.

Am vorläufigen Ziel, Ravandus, das auf einem Gebirgskegel thronte, wurde Pfeiffer freundlich aufgenommen. Ali führte sie in den Bazar zu Herrn Mansur, dem »örtlichen Eingeborenen«, einem Kaufmann, an den sie empfohlen war. Er saß in einem finsteren Loch auf dem Boden vor seinem Lager, hieß sie willkommen und ließ ihr gleich ein Frühstück servieren. Lediglich mit der Verständigung haperte es, da half nur die Zeichensprache. Er wollte für sie sorgen, konnte sie aber, da er unverheiratet war, nicht bei sich aufnehmen und brachte sie in der Familie eines Verwandten unter.

Und nun erlebte sie wieder den Hof voller Unrat und Pfützen, die »ekelhaft aussehenden, halb in Lumpen gekleideten« Frauen, die gewöhnlichen »Neugierdsuntersuchungen und Beschauungen« und die schreienden, um sich schlagenden Kinder. Die Aussichten, schnell weiterzukommen, waren gering; sie musste vier Tage aushalten und die Nächte in einem finsteren und schmutzigen Loch zubringen.

Einmal hätte sie ja ein Bad nehmen können, das ihr die durchaus gutmütigen Frauen anboten. Sie schoben in dem unsagbar schmutzigen Schafstall zwei Steine zusammen, auf die sie sich stellen sollte, damit man sie in Gegenwart der ganzen Gesellschaft mit heißem Wasser übergießen konnte. Aber die züchtige Europäerin, noch nicht so an den ungenierten Umgang unter (nicht nur) Frauen gewöhnt wie wir heute, entsagte lieber dem erquickenden Bad, obwohl sie sechs Tage lang nicht aus den Kleidern gekommen war und stark unter der Hitze gelitten hatte. Dabei waren wirklich alle bemüht, ihr den Aufenthalt angenehm zu machen. Das Essen, das sie durch Herrn Mansur bekam, war geradezu luxuriös, und am Ende gab er ihr nicht nur einen Brief an einen in Sauh-Bulak ansässigen Perser, sondern versah sie auch mit Reiseproviant.

Zu ihrer großen Freude erschien Ali, der eine kleine Ladung dorthin gefunden hatte und der sie mitnahm. So zogen sie dahin, sechs Mann und vierzehn Lasttiere, durch enge Täler, auf schlechten Wegen und fast bis zur Schneegrenze. Manchmal versuchte Pfeiffer eine Situation zu retten, indem sie ihren Vorteil als Frau ausspielte oder nicht zu verstehen vorgab, obwohl sie schon einiges von der Sprache gelernt hatte und einigermaßen begriff, was die Männer redeten. Ein Offizier an der persischen Grenze zum Beispiel verzichtete darauf, ihren Pass zu prüfen, weil er ihr, wie es schien, nicht klar machen konnte, worum es ihm ging. Tatsächlich besaß sie ein solches Dokument, aber sie wollte es vor der versammelten Dorfbevölkerung nicht aus dem Koffer holen. Ein andermal kam »ein Schwarm Berittener im größten Galopp« angesprengt mit »Lanzen, Säbeln, Dolchen, Messern, Pistolen und kleinen Schilden« und wollte wissen, wohin sie reisten und welche Waren sie mit sich führten. Solche Vorfälle wiederholten sich, doch jedes Mal begnügten sich die Leute, die zwar wie Räuber aussahen, aber sichtlich diensttuende Soldaten waren, mit Alis Antworten auf ihre Fragen. Doch dann musste er einmal falsche Angaben gemacht haben, die Männer warfen die Ladung herunter und drohten, die beiden Lasttiere wegzuführen. Ali jammerte und erklärte, alles gehöre dieser Europäerin, und solch einer hilflosen Frau wollten sie doch wohl nicht zu nahe treten. Die »hilflose Frau« tat, als verstünde sie nichts, stellte sich betroffen und traurig, während Ali zu weinen begann, und so ließ sie der Anführer samt ihrer Ladung weiterziehen.

Neuer Ärger in Sauh-Bulak. Zuerst sah es gut aus. Der persische Kaufmann führte sie zu einer christlichen Familie, einem Zimmermann mit Frau und sechs Kindern im Alter von vier bis sechzehn. Sie lebten zusammen in dem einen Raum, in dem auch die Besucherin ein Fleckchen bekam, teilten das Essen mit ihr und waren bescheiden, wenn sie ihnen etwas anbot. Doch kaum hatte der Vater die Behausung verlassen, da ging die Hölle los. Die Mutter schrie und schlug auf die Kinder ein, riss sie an den Haaren, trat sie mit Füßen und teilte Faustschläge aus. Die Kinder schlugen zurück, balgten sich untereinander, spuckten, bewarfen sich mit Holzstücken oder würgten gar die Mutter lebensgefährlich. Sobald der Vater aber zurückkehrte, trat Ruhe ein. Bei ihrer Abreise empfahl die empörte Christin aus Wien dem zuständigen Missionar in einem Brief, hier doch einmal nach dem Rechten zu sehen. »In Beten und Fasten, in Bibellesen und Kirchenbesuchen besteht doch wahrlich die Religion nicht allein.«

Sie musste unbedingt weg da, doch war keine Karawane in Sicht. Und allein? »Wenn Sie wollen, daß man Sie erschießt oder Ihnen den Hals abschneidet ...« Nach weiteren fünf Tagen war sie bereit, auch das zu riskieren. Sie mietete ein Pferd und einen Führer, wenigstens für die achtzig Kilometer bis Oromia (Urmia, Orumiyeh), wo ein amerikanischer Missionar lebte. Der Führer sah verwegen aus und verlangte den vierfachen Preis, doch Pfeiffer hatte ihre Pistolen und war entschlossen, sich wenigstens nicht ohne Gegenwehr umbringen zu lassen.

Zunächst geschah nichts, doch schreckte sie bei jeder Begegnung zusammen. Am Tag darauf war der Führer nicht von der Stelle zu bringen. Es würde nun zu gefährlich, meinte er, aber man erwarte eine Karawane. Ida war wütend, sie tobte und drohte mit Zahlungsentzug. Einige Frauen in der Nähe trösteten sie, brachten Milch und ein warmes Gericht. Und dann plötzlich, um ein Uhr nachts, wurde sie zur Weiterreise gedrängt. Warum jetzt in einer Gegend, die man bei hellem Tage gemieden hatte? Sie hielt die Hand fest auf der Pistole, lauschte auf den kleinsten Laut, beobachtete jede Bewegung ihres Führers. Kurze Zeit später trafen sie auf eine große Karawane unter dem Schutz eines Dutzends wohlbewaffneter Bauern. Diesmal hatte die eilige Reisende ihrem Führer Unrecht getan.

Freundliche Aufnahme in Oromia bei den Missionaren, aber wieder der Rat, nicht allein weiterzureisen oder übers Gebirge bei Kutschié ein paar bewaffnete Bauern mitzunehmen. Sie erhielt einen vertrauenswürdigen Führer und erklärte sich mit dem doppelten Preis einverstanden, damit er sie schneller nach Täbris bringe. Herr Wright, ihr Gastgeber, zahlte dem Mann die Hälfte (die sie ihm gegeben hatte), die andere würde er am Ziel vom englischen Konsul erhalten. Sie wollte sich den Anschein einer armen Pilgerin geben.

Ida Pfeiffer und die Missionare. In Persien, China und Indien war sie viel mit ihnen zusammengekommen, hatte ihre Gastfreundschaft genossen und ihre Hilfe in Anspruch genommen. Sie empfand große Achtung für sie, und alle, die sie kennen lernte, waren »wackere Männer und gute Familienväter«, doch sie hatte sich eine Art Märtyrer vorgestellt, die im Wunsch, die Heiden zu bekehren, auf jede Bequemlichkeit verzichteten. Stattdessen führten sie das Leben von Wohlhabenden mit schönen Wohnungen, Luxusmöbeln, guter Ernährung und pünktlich eintreffendem Gehalt. Und ihre Zusammenkünfte, waren das denn Arbeitssitzungen? Sie kamen samt ihren aufgeputzten Frauen und Kindern in Equipagen und begleitet von Dienern. Welch ein Abstand zu den Armen! Ihnen flößten sie ja mehr Furcht und Zurückhaltung ein als Liebe und Vertrauen! Eindruck und Achtung wollten sie damit erzielen? Die erreichte man doch wohl mehr durch anständiges Benehmen und Tugend als durch äußeren Glanz. Wenn sie wenigstens Erfolg gehabt hätten, aber von Taufen hörte man kaum etwas, und wie sollten sich die Leute auch bekehren allein durch Predigten in der Landessprache und das Verteilen religiöser Schriften? Die katholisch erzogene Frau Pfeiffer aus Wien hätte schon gewusst, wie man es besser machen könnte. Unter dem Volk leben und nicht europäische Frauen heiraten, die, besonders wenn sie einige Kinder hatten, schwach und kränklich wurden und sich in Europa erholen mussten. Auch die Kinder waren doch Schwächlinge und wurden spätestens mit sieben Jahren zurück in die Heimat gebracht. Wie anders bei Lebensgefährtinnen aus dem Lande, die kaum krank wurden und gesunde, starke Kinder hatten. Und die Reisen dieser Gottesdiener! Schon oft hatte sie sie unterwegs beneidet, wenn sie ihr in von Menschen getragenen Palankinen, mit Packpferden oder Kamelen, mit Zelten, Koch- und Tischgeschirr, Dienern und Mägden begegnet waren. Alles auf Kosten gläubiger Seelen in Europa und Nordamerika!

Auf dem Weg nach Kutschié bereitete ihr ein Führer endlich einmal Freude. Er brachte sie in ein reinliches Bauernhaus zu vortrefflichen Menschen, wo man ihr Bequemlichkeit, Sauberkeit und gutes Essen bot und niemand sie begaffte. Und alles ohne Geldforderungen! Wie sollte sie sich revanchieren? Da sie eine zusätzliche Leibgarde durch das verrufene Gebirge brauchte, engagierte sie zwei Männer aus der Familie, die sie doppelt bezahlte. Zwar hätten sie gegen eine Bande von Räubern wenig Schutz geboten, doch empfand die alleinreisende Frau mit ihnen »den Ritt weniger schauerlich«. Aber als die beiden sie verlassen hatten, war die Gefahr noch nicht vorüber. In einem menschenleeren Tal stürzten mehrere Kerle hervor, fielen den Pferden in die Zügel, betasteten das Gepäck und fragten den Führer aus. »Die Missionare und Konsuln bezahlen überall ihre Reisekosten«, hörte Pfeiffer ihn sagen, und jetzt bewährte sich die Tarnung als arme Pilgerin. Die Räuber betrachteten ihr Opfer: die bescheidene, vom vielen Umherziehen mitgenommene Kleidung, dieser »stumm bittende Blick« und die Tatsache, dass sie allein reiste – sie glaubten es und boten ihr am Ende sogar von ihrem kostbaren Wasser an, das sie gern nahm. Man schied als Freunde.

Die Kette erschreckender Landschaften und nicht minder erschreckender Unterkünfte wurde durchbrochen. Sie kamen jetzt durch freundliche Täler, wo Menschen auf den Feldern arbeiteten, Herden weideten und sich erstaunlich angenehme Rasthäuser fanden. Und dann lag eine große, aber anspruchslos aussehende Stadt vor ihnen. Die Mauern halb verfallen, Gassen und Plätze voll von Schutthaufen, viele Häuser in Ruinen, als hätte die Pest da gewütet. Pfeiffer fragte nach dem Namen und erfuhr: Es war Täbris, die heutige Millionenstadt. Der englische Konsul, Mister Steven, wohnte außerhalb, doch man holte den Doktor Casolani herbei. Casolani blickte sie besorgt an. »Wie kamen Sie allein hierher? Hat man Sie ausgeraubt? Sind Sie von Ihrer Gesellschaft getrennt worden und nur allein davongekommen?« Es grenze ans

Fabelhafte, fand er, dass es einer Frau gelänge, diese Länder ohne Sprachkenntnisse zu durchqueren, und auch sie dankte Gott für seinen Schutz, sie fühlte sich fröhlich und heiter. »Es war mir, als sei mir das Leben ein zweites Mal geschenkt worden.«

Täbris (Tabriz), Hauptstadt der Provinz Aserbeidschan und Residenz des Thronfolgers von Persien, der den Titel eines Vizekönigs führte, war wohl doch bedeutender, als Ida zunächst angenommen hatte. Mit seinen 160 000 Einwohnern war es schon damals einer der ersten Handelsplätze Asiens. Nur kam die Besucherin zu ungünstiger Zeit, dem Fastenmonat. Trotzdem gelang es Casolani, ihr Eintritt in mehrere der ersten persischen Familien zu verschaffen. Selbst der siebzehnjährige Vizekönig Vali Ahd empfing sie, denn Casolani hatte sie als Schriftstellerin vorgestellt und wissen lassen, dass sie die Erlebnisse dieser Reise veröffentlichen werde. Darauf ließ sich die fünfzehnjährige Prinzessin, bereits Mutter einer Tochter, erkundigen, ob auch sie erwähnt werden würde, und empfing die Fremde in ihrem vollen Schmuck. Am Schluss der Audienz wurden Früchte und Süßigkeiten serviert, doch nur für die Besucherin, denn es war ja Fastenzeit.

Der junge Vizekönig stellte viele Fragen, die Casolani übersetzte, vor allem über das Reisen. Er konnte in seiner Muttersprache lesen und schreiben und hatte einige Kenntnisse von Geschichte und Geografie. Franzosen und Österreicher aber hätten sein Urteil über die großen Umwälzungen in ihren Ländern, die Ausrufung der Republik in Frankreich, die Konstitution in Österreich, wohl mit Befremden zur Kenntnis genommen. Er sollte geäußert haben, dass »die Monarchen sehr gut, aber ganz außerordentlich dumm sein müßten, indem sie sich so leicht vom Thron jagen ließen. Das Ding würde ganz anders gegangen sein, wenn sie tüchtig hätten strangulieren und köpfen lassen«.

Russland

Nach einer Woche in Täbris hatte Ida Pfeiffer wieder schwer zu verwirklichende Reisewünsche. Sie wollte nach Russland: Nachitschewan, Eriwan (Jerewan) und Tiflis. Doch durfte seit den letzten politischen Ereignissen in Europa kein Fremder mehr Russland oder China betreten. Aber angesichts der Tatsache, dass sie eine Frau war und auch nicht mehr jung und der englische Konsul sich für sie verwendete, erhielt sie die Einreiseerlaubnis und sogar noch Briefe nach den drei Orten. Der des russischen Konsuls in Täbris verschaffte ihr an der russischen Grenze eine sehr höfliche Aufnahme, als sie aber ins transkaukasische Nachitschewan kam, sah es schlechter aus. Kein Gasthof, keine Unterkunft und eine Zollinspektion, welche sie an den Rand ihrer Geduld brachte. Nicht nur der Zollinspektor wollte ihr Köfferchen sehen, auch Frau und Schwester durchwühlten Pfeiffers Sachen, ruinierten Papierchen, Münzen, getrocknete Blumen aus Babylon und Ninive, nahmen »jedes Band, jedes Häubchen« heraus und wollten am liebsten alles behalten. Am schlimmsten erging es dem größten Schatz: einem kleinen Kopf aus Ninive. Als die Frauen mit einer schweren Holzhacke den Deckel wegschlagen wollten, warf sich die Besitzerin schützend darüber. Zum Glück tauchte gerade eine dort lebende Deutsche auf, die erklären konnte, was das Kästchen enthielt, dass die Damen es ja gern ansehen könnten, es nur bitte behutsam behandeln oder wenigstens »nur« ein Stemmeisen und eine Zange nehmen möchten. Eine Zange gab es nicht, doch wurde der Deckel vorsichtig in drei Teile aufgebrochen. Und nun die Überraschung. Ida musste trotz aller Aufregung lachen, als sie die ungläubigen und enttäuschten Gesichter sah. Wie konnte man nur Bruchstücke von Ziegeln aus Babylon und einen etwas beschädigten Kopf mit sich herumschleppen! Im übrigen ging jetzt alles glatt, Ida Pfeiffer zog als Gast in das Haus des Gouverneurs ein. Sie bekam einen Pass und alle Visa für die Weiterreise und hatte auch Gelegenheit, unter Führung der deutschen Frau das »erbärmliche, halbverfallene« Örtchen zu besichtigen, das nach persischen Berichten einmal eine der größten und schönsten Städte Armeniens gewesen sein sollte.

An der Karawane, der sie sich nun anschloss, war nichts auszusetzen, nur dass sie zu langsam vorankam. Schlimm war jedoch ein Erlebnis, das wie aus heiterem Himmel über sie hereinbrach: Ida Pfeiffer wurde verschleppt. Nur fünfzig Schritte von ihren Reisegenossen entfernt, überwältigten sie während einer Marschpause ein plötzlich mit einem Postwagen auftauchender »Herr« und ein bewaffneter Kosak, schleppten sie zum Wagen und setzten sie im nächsten Posthaus fest. Die Entführer wollten ihren Pass sehen, der aber bei der Karawane war, und so sperrten sie sie eine Nacht ein, ohne Decke oder Mantel, hungrig und durstig. Als am Morgen ihr Gepäck gebracht wurde, gab man sie frei, entschuldigte sich aber nicht, sondern lachte sie auch noch aus. Wieder trauerte sie den Arabern, Türken, Persern und Hindus nach und verwünschte die Christen.

Im armenischen Eriwan verließ sie trotz der Warnungen Wohlmeinender die Karawane, die ihr zu langsam ging, um es mit der russischen Post zu versuchen. Sie nahm die Unannehmlichkeiten in Kauf, die nötig waren, um auch nur einen Erlaubnisschein für dieses Beförderungsmittel zu erhalten, sprach an sechs Stellen vor, musste genau ihr Ziel angeben, das um nichts überschritten werden durfte, und ließ sich viel Geld abnehmen. Wofür? Für eine Fahrt in einem kurzen, ungedeckten Holzkarren, wo sie auf etwas Heu saß. Auf ihrem kleinen Koffer nahm der Kutscher Platz, der die drei Pferde antrieb. Leicht hätte sie aus diesem hin- und hergestoßenen Gefährt herausfallen können, ohne dass man bei dem Knarren des Wagens, dem Läuten der Glocken an der Troika und dem Geschrei des Kutschers ihre Hilferufe gehört hätte. Sie wäre nicht die erste gewesen.

Zunächst war der Wagen nicht da. Pfeiffer musste selbst den Postbeamten wecken, nach dem Kutscher sehen und auf jeder Station um neue Pferde kämpfen. »Man kann sich von ihrem Stumpfsinn, ihrer Rohheit und Gefühllosigkeit keine Vorstellung machen.« Die Leute schliefen zu jeder Tagesstunde, waren betrunken, nichts war in Ordnung, der Karren musste geschmiert, die Pferde gefüttert oder beschlagen, das Riemenzeug zusammengeknüpft werden. Man kennt ja die Klagen vieler Zeitgenossen über das beschwerliche Reisen mit der Postkutsche. Dabei durfte sie noch froh sein, dass sie alles überlebte, als Frau wie auch als Alleinreisende. Schließlich war sie weder ein Beamter noch ein Offizier, der die Leute zum Laufen brachte und Prügel verteilte, wenn es nicht klappte. Ganz schlimm wurde es, als Regen das Land und die Wege voller Löcher, Gruben und Steine einhüllte. Die gebeutelte Reisende schnürte sich die Stirn fest mit einem Tuch zusammen, um die Erschütterungen auszuhalten, und hatte doch ständig Kopfschmerzen. Die Räder schleuderten solche Massen von Kot auf den Karren, dass sie bald in einer Pfütze saß und bis über den Kopf mit Schmutz bedeckt war. Eine elende Reise!

Trotz ihrer Empfehlungsbriefe an den Kanzleidirektor und den Gouverneur im georgischen Tiflis verscherzte sie sich das Wohlwollen der Honoratioren durch ihre Klagen über das jämmerliche Postwesen und über ihre Entführung. Auch dass sie beteuerte, nach solchen Erfahrungen sich nichts mehr zu wünschen, als das Land zu verlassen, hörten die Herren gar nicht gern. Sie schloss nicht aus, dass, wäre sie ein Mann gewesen, man sie nach Sibirien geschickt hätte. Aber man verweigerte ihr den Zugang zu den Familien, ließ sie bei den Passformalitäten warten und fand immer neue Ausreden, bevor man sich zu den nötigen Unterschriften bequemte.

Über Kutais (Kutaissi) reiste sie weiter zum Schwarzen Meer, fuhr über Kertsch, Jalta, Sewastopol und Odessa nach Konstantinopel und Griechenland, wo sie wegen der Cholera unerfreuliche Erfahrungen mit der Quarantäne machte. Es reizte sie, noch etwas in Athen zu bleiben und den Spuren der griechischen Geschichte und der griechischen Helden nachzugehen, doch der Ausbruch der Oktoberrevolution in Wien, die Sorge um ihre Familie trieben sie heim. Nach zweieinhalb Jahren kehrte sie zurück, wohlbehalten, und auch ihre Familie fand sie unversehrt vor.

Ihre Schriften, die sie von unterwegs nach Hause gesandt hatte, damit sie nicht verloren gingen, falls ihr selbst etwas zustieße, waren noch nicht eingetroffen; sie brauchten ganze achtzehn Monate für den Weg nach Wien.

Schon kurz nach ihrer Rückkehr machte Ida Pfeiffer sich wieder auf den Weg. Hamburg, Berlin, Prag, Graz, Lemberg, bis sie endlich in den Besitz ihrer Tagebücher gelangte und die Abfassung ihres dreibändigen Werks »Frauenfahrt um die Welt«, beginnen konnte, das 1850 erschien. Vor allem aber hielt sie sich in den Museen auf. Sie hatte in Wien Kontakte zum k. k. Hof-Naturalienkabinett, dessen Direktor ihr bestätigte, dass sie sich dort fleißig über Sammelmethoden und die Technik des Präparierens informiert hatte. Sie bemühte sich, die mitgebrachten Objekte, Vögel, Reptilien, Insekten, Pflanzen, Mineralien und ethnographische Gegenstände, die sie seit ihrem Aufenthalt in Island zusammengetragen hatte, dort zu verkaufen und neue Aufträge für künftige Reisen zu erhalten. Zwar gab es Stimmen die bezweifelten, dass eine Frau ohne wissenschaftliche Vorbildung wirklich brauchbare Stücke zu finden verstehe, doch verkaufte sie zahllose Objekte nicht nur in Wien, sondern wahrscheinlich auch an das British Museum of Natural History in London und an Berliner Museen. Der Leiter der k. k. Sammlungen bezeugte, dass Ida Pfeiffer von ihrer ersten Weltreise Schätze mitgebracht habe, die eine große Bereicherung darstellten (Jehle). So ging auch der Portraitkopf aus den Ruinen von Ninive, um dessen Rettung aus den gierigen Händen von Frau und Schwester des Zollinspektors in Nachitschewan sie so mannhaft gekämpft hatte, in die Sammlungen des k. k. Antiken-Cabinetts ein und wurde als einziges Stück seiner Art in ganz Österreich bezeichnet. Von der nächsten, ihrer zweiten Weltreise, soll sie nach Jehle allein mit den ersten drei Sendungen das kaiserliche Kabinett um mehrere hundert Arten bereichert und im ganzen 2500 Stück geliefert haben. Jehle berichtet außerdem über Pfeiffers privates Museum, wo sie in Wien nach der zweiten Weltreise verschiedene Objekte aus ihrer ethnographischen Sammlung zeigte. Dabei wurde vorgeschlagen, dass sie doch Vorträge über ihre Reisen halten möge. Gewiss würde sie eine gut verständliche persönliche Schilderung ihrer Erlebnisse bieten und keine gelehrte Abhandlung, sodass, in Verbindung mit einer Präsentation ihrer Sammlungsstücke, der Erfolg nicht ausbleiben dürfte.

Die zweite Weltreise (18.3.1851–14.6.1855)

Eine zweite Reise um die Welt hatte Ida Pfeiffer nicht vor, als sie sich am 18. März 1851 erneut auf den Weg machte. Selbst mit dem Zuschuss von 150 Pfund Sterling, den ihr die österreichische Regierung halb widerstrebend gewährt hatte, wären ihre Mittel dafür zu gering gewesen. Sie dachte an Australien.

Auf dem Weg nach London blieb sie einige Zeit in Berlin und traf Alexander von Humboldt, dessen »Ansichten der Natur« sie kannte. Er nahm sie »vorzüglich freundlich« auf und bekundete ihr große Hochachtung. Sie hatte nun schon beachtliche Leistungen vorzuweisen und wurde auch von anderen namhaften Persönlichkeiten zuvorkommend behandelt, so von Carl Ritter, dessen Hauptwerk, die »Erdkunde«, zwar Fragment geblieben ist, der aber als einer der größten Geographen der Geschichte gilt. Er hatte 1820 einen Ruf an die Wilhelm von Humboldt zu verdankende Friedrich-Wilhelm-Universität (jetzt Humboldt-Universität) zu Berlin erhalten, und zu seinen Hörern und Schülern gehörten viele berühmte Persönlichkeiten, unter anderem auch sein Bruder Alexander. Mit ihm stand Ida fortan auch im Briefwechsel. Und dann gab es freundschaftliche Begegnungen mit Bettina von Arnim, mit dem Fürsten Pückler-Muskau und dem Komponisten Giacomo Meyerbeer, der zwar seine Verpflichtungen als preußischer Generalmusikdirektor gelöst und nach Paris gegangen war, aber doch wiederholt zu Konzerten nach Berlin kam.

London, wo sie sich sechs Wochen aufhielt, vermittelte ihr vielfältige Eindrücke. Das Gewirr auf den Straßen der City, die Menschenmassen, die zahllosen Wagen, die das Überqueren der Fahrbahnen lebensgefährlich machten, Eisenbahnen, Dampfschiffe und die (doch recht unbequemen) Omnibusse verwirrten sie anfangs ganz beträchtlich. Sie verglich das Gewühl mit demjenigen in neapolitanischen oder sizilianischen Städten während der Abendstunden, nur dass dort die Leute fröhlich herumspazierten und hier »alles ernst und tiefsinnig nur dem Gelde und den Geschäften nachlief«. Allerdings wurden bei aller Eile ihre Fragen nach dem Weg stets höflich beantwortet, das musste sie zugeben. Tatsächlich bereitete man ihr nirgends, etwa bei Behörden oder dem Zoll, Schwierigkeiten. Auch wissenschaftliche Kapazitäten zeigten sich entgegenkommend, zum Beispiel der Anatomie Professor Owens, der ihr gestattete, jederzeit seine Säle zu besuchen, und sie auf vieles aufmerksam machte. Oder Professor Waterhouse vom Britischen Museum, bei dem sie ihre Kenntnisse über Sammeltechniken erweitern konnte und mit dessen Familie sich freundschaftliche Beziehungen entwickelten. Oft vermisste sie das, was wir heute Lebensqualität nennen. Sie klagte über die Kälte in den schlecht geheizten Häusern; über die große Ausdehnung der Stadt, die es nötig machte, viel Zeit und Geld aufzuwenden, um von einem Ort zum anderen zu kommen; über die bekannte Langeweile der englischen Sonntage und überhaupt den Mangel an geselligem Leben, das sie aus der Heimat gewohnt war. Und wie empfindlich die Leute reagierten bei Verstößen gegen die »feine Lebensart«, welcher Stolz und Hochmut unter den Aristokraten und den Reichen!

Doch all dies hielt sie nicht davon zurück, die Stadt zu erkunden. Sie besuchte den Tower, die Märkte, die Parks, den Tunnel unter der Themse, das Postamt und vergaß auch nicht das Narrenhospital Bedlam, die Barkleysche Bierbrauerei, die öffentlichen Wohn-, Wasch- und Badehäuser. Ausflüge führten sie nach Windsor, Kew, Chiswick und Greenwich. Dabei gefielen ihr besonders gut die Gärten, die Parks und überhaupt die grüne Landschaft. Auch auf der großen Weltausstellung, für die sie vom Präsidenten der österreichischen Abteilung Karten zur Eröffnung und zu fünf Besuchen erhalten hatte, sah sie sich mehrere Male um.

Sie änderte ihre Australien-Pläne, wahrscheinlich auf Grund von Gesprächen über den südlichen Teil Afrikas mit dem Kartographen und Geographen August Petermann, dem späteren Gründer der Zeitschrift »Petermanns Geographische Mitteilungen«. Wenn sie nach Kapstadt ginge, könnte sie vielleicht von dort in unbekanntes Gebiet vordringen.

Am 24. Mai 1851 verließ sie London an Bord des Seglers »Allandale« in Richtung Kapstadt, wo sie nach 75 Tagen anlangte und vier Wochen blieb. Die Stadt, von deren 32 000 Einwohnern je ein Drittel Weiße, Farbige und Schwarze waren, erschien ihr reizlos. Selbst der Botanische Garten, heute eine mit Recht gepriesene Anlage, enttäuschte sie, er hatte »bei weitem nicht so vielartige Blumen, Pflanzen und Bäume, als man sich unter solch einem Himmelsstriche erwarten dürfte«. Und das Insektensammeln wurde ihr verleidet, als zwei schon mehrfach vorbestrafte schwarze Frauen versuchten, sie zu überfallen. Glücklicherweise vertrieb ein Passant auf ihren Hilferuf hin die Angreiferinnen.

Aber sie wollte ohnehin nicht lange in Kapstadt bleiben, sondern ins Innere vordringen. Doch musste sie einsehen, dass ihre Finanzen das nicht erlaubten. Wie sollte sie einen langen, mit Linnen oder Matten gedeckten, wie ein Haus eingerichteten Wagen nebst fünf bis sechs Paar Ochsen kaufen, einen Fuhrmann, Ochsenjungen und Diener mieten sowie Lebensmittel und oft auch Wasser mitnehmen?

Also kam sie wieder auf Australien zurück, obwohl ein solcher Besuch angesichts der gerade entdeckten reichen Goldlager nicht ratsam schien. Von allen Seiten strömten dort Auswanderer ins Land, und die Preise stiegen über alle Maßen. Auch ein Schiff war nicht in Sicht, doch im Hafen lag eine Bremer Brigg nach Singapur. Dort würden sich Möglichkeiten zur Weiterreise finden. Ida Pfeiffer zögerte nicht lange, zumal sie außer bescheidenen Kosten für die Ernährung nichts für die Fahrt bezahlen sollte.

Über mehr als einen Monat gab es keine besonderen Vorkommnisse, bis sie zur Sunda-Straße kamen. Dort trieben die Winde das Schiff volle vierzehn Tage lang hin und her über den Äquator. Manchmal auch regte sich kein Lüftchen, sodass sie vor Anker gingen. Und dazu diese unerträgliche Hitze! Dennoch wurde den Passagieren die Zeit nicht lang unter der Obhut des Kapitäns, der ein gebildeter Mann war und dessen Flötenspiel sie gerne lauschten. Sie bekamen auch Besuche von Einheimischen, die Geflügel und Früchte für die Tafel brachten und dafür bunte Tücher und Spiegel mitnahmen. Zwei Besatzungsmitglieder fielen über Bord, wurden aber gerettet. Einmal gab es Piraten-Alarm. Alle sprangen auf, Gewehre, Kugelbüchsen, Pistolen und Säbel wurden unter die

Mannschaft verteilt, die beiden sechspfündigen Kanonen geladen, doch die Boote drehten ab, Piraten griffen europäische Schiffe nicht an.

In Singapur entdeckte die Reisende nichts Neues, doch hatte sie hier alte Bekannte, bei denen sie wie bei ihrem Aufenthalt vor vier Jahren freundliche Aufnahme fand. Sie wurde in einem kleinen Häuschen untergebracht, das ihre Gastgeber zusammen mit anderen Familien im Dschungel errichtet hatten, um sich dort gelegentlich zu erholen. Man stellte ihr auch ein Boot zur Verfügung für Fahrten zu den benachbarten Inseln, dazu fünf Männer, die mit ihr den Dschungel durchstreiften auf der Suche nach Insekten und als Schutzwache gegen die zahllosen Tiger. Die Raubtiere bedeuteten eine wirkliche Gefahr, allein in jenem Jahr fielen ihnen 400 Personen zum Opfer. Ida genoss die abenteuerliche Situation, wenn die mit Gewehren, Lanzen und langen Messern versehenen Beschützer ein lautes Geschrei erhoben, an Äste und Bäume schlugen, um die bösen Gäste zu schrecken und zu verscheuchen, die bis in die Nähe des Häuschens kamen und sich selbst dort ihre Opfer suchten. Die Einsiedlerin behauptete, nicht die geringste Furcht zu haben, die Umgebung beschäftigte sie ja auch viel zu sehr: die Affen, die bunten Vögel, die Blumen und Schmarotzerpflanzen und die gewaltigen Bäume. Tatsächlich waren täglich Tigerspuren zu entdecken.

Außerdem lebte in geringer Entfernung eine ganze Gruppe von Sträflingen, die dort Holzfällerarbeiten verrichteten. Zwar trug die resolute Wienerin stets ein großes Messer bei sich, doch ob ihr das im Notfall helfen würde? Sie hatte auch gesehen, dass die Waffen ihrer Beschützer nicht unbedingt funktionierten. Es war auf jeden Fall ein Glück, dass sie sich nie wirklich verteidigen mussten.

Sarawak

Aus der Reise nach Australien wurde schließlich doch nichts. Stattdessen nahm Pfeiffer ein Segelschiff, die »Trident«, nach Sarawak an der Westküste Borneos. Sie erreichten nach zwölf Tagen Kap Datu an der Mündung des Flusses Sarawak. Aber von dort war es schwierig, das Schiff bis zur gleichnamigen Hauptstadt zu bringen, denn das gebirgige Land, dessen Gipfel bis auf 2377 m reichen, ist von sumpfigen Schwemmlandküsten umgeben. Einen halben Tag blieben sie auf der Reede liegen, bis die Flut sie in den Strom hineintreiben würde, auf dem sie dann nach weiteren vierzig Kilometern ihr Ziel erreichen konnten.

Das Gebiet stand seit 1842 unter der Regierung von James Brooke, dem »Weißen Raja«, einem 1803 geborenen Engländer, der im Dienst der britischen Ostindischen Kompanie gestanden hatte, nach einem Gefecht mit den Birmanen verwundet wurde und nach England zurückging. Bei späteren Reisen lernte er den Malaiischen Archipel kennen und fand, dass besonders Borneo ein reiches Feld für Forschungen und Unternehmungen bieten konnte. Zunächst müsste man dort den Sklavenhandel aufheben, die Aktivitäten der Seeräuber beenden und, wie Henry Keppel es in seinem (auch Ida bekannten) Buch »The Expedition to Borneo …« ausdrückte, »die Eingeborenen zu Menschen bilden«. James Brooke genoss den Ruf, über einen ausgezeichneten Verstand, schnelle Auffassungsgabe, Großmut und Entschiedenheit zu verfügen, und war bekannt für sein freies und liebenswürdiges Benehmen.

Als er 1838 mit einem kleinen Kriegsschoner und speziell ausgebildeten Leuten in Sarawak gelandet war, hatte er den Sultan von Brunei, der über den nördlichen Küstenstreifen herrschte, in Schwierigkeiten gefunden und ihm Beistand geleistet. Es gelang ihnen, Ruhe im Lande zu schaffen und die Küste von Piraten zu säubern. Zum Dank belehnte der Sultan den Engländer mit der Provinz, die dieser von 1841 bis 1863, also zurzeit, da Ida Pfeiffer dort auftauchte, als Raja, Statthalter, regierte. Später, 1888, wurde Sarawak britisches Protektorat (wie auch Brunei, das seit 1984 unabhängig ist), wurde 1946 der Britischen Krone direkt unterstellt, erhielt 1963 die Autonomie und ist seitdem Gliedstaat von Malaysia.

Ida Pfeiffer lernte James Brooke, der gerade in London weilte, nicht kennen. Aber sein Neffe und künftiger Erbe, Ch. A. Johnson Brooke, Kapitän Brooke, schickte ihr, da er von ihrer Ankunft erfuhr, seine Prau, ein kleines Boot mit zwei Segeln und nur geringem Tiefgang, das die Fahrt den Strom hinauf in vier Stunden schaffte, während die »Trident« drei Tage brauchte.

Sie betrachtete die niedrigen, vielerorts überschwemmten und morastigen Ufer, die von Mangroven und Nipapalmen gesäumt waren, und beschrieb ausführlich deren Formen und wirtschaftlichen Nutzen. Nirgends konnte sie Ansiedlungen entdecken bis kurz vor der Stadt, wo die Gegend teilweise hügelig wurde.

Kapitän Brooke empfing sie am Landeplatz und brachte sie in das Haus seines Onkels. Eines Empfehlungsbriefes bedurfte es nicht, er behauptete, ihr Name sei hier bereits bekannt.

In unseren Tagen lockt die Touristenwerbung der Hauptstadt Sarawak, die nun Kuching heißt, nicht nur mit der Aussicht auf komfortable Unterkünfte, sondern auch auf nostalgische Gebäude und Feste aus der Zeit des »weißen Rajas«.

Neben der Besichtigung von Sarawak Museum, Kulturzentrum, Moschee und Gewürzstraße werden Ausflüge angeboten zu den Orang Utans im Semenggok-Reservat, zu den Iban, wo die Gäste eine Nacht im Langhaus bei Tänzen und Reiswein mit »den ehemaligen Kopfjägern«, verbringen. Weiter gibt es einen Besuch auf den Farmen der Iban mit Blasrohrvorführung sowie eine Tour in den Bako-Nationalpark mit seiner reichen Pflanzen- und Tierwelt. Und es kann auch eine Badewoche angeschlossen werden. Ida Pfeiffer entdeckte allerdings nichts als die bei Malaien üblichen größeren und kleineren Hütten aus dem Material der Nipapalme, die man nur mühsam über Leitern erreichte. Alles sah zusammengedrängt und regellos aus, ohne Straßen und Plätze.

Die Einwohner waren Malaien und Chinesen, die in getrennten Stadtvierteln wohnten, und Dayaks, von denen man wenig sah, sie verdingten sich als Dienstboten oder kamen in Geschäften von außerhalb, während in den Händen der Chinesen der größte Teil von Handel und Gewerbe sowie die Regie der Diamantenminen lag. Da die chinesische Regierung zwar Männern aber keiner Frau die Ausreise erlaubte, mussten sie sich, wenn sie eine Gefährtin suchten, bei einer der beiden anderen Volksgruppen umsehen. Sie zogen meist die arbeitsameren Dayakerinnen vor und hatten dann auch keine religiösen Probleme wie bei den muslimischen Malaien.

Die Österreicherin fand, dass die liebliche Umgebung von Sarawak durch die wenigen europäischen Holzhäuser verschönert wurde: die Kirche, das Missionshaus und die Schule für 24 einheimische Waisenkinder. Auf den umliegenden Hügeln standen ein Fort und eine Gerichtshalle. Was das Fort anbetraf, so wäre es bei einem Angriff wohl nicht sehr hilfreich gewesen mit seinen wenigen Kanonen, es hatte auch keine Besatzung – Raja Brooke kam nicht in Gefahr, sich verteidigen zu müssen. Frau Pfeiffer konnte einige der vornehmsten Malaien in ihren Langhäusern besuchen, die meisten, wie sie schrieb, »ehemalige Piratenhäuptlinge, die sich seitdem in friedliche Bürger, ja zum Teil in brauchbare Beamte des Rajas« verwandelt hatten.

Wie aber konnte sie etwas über die Lebensweise der Dayaks erfahren? Kapitän Brooke schlug einen Ausflug zu ihnen vor, allerdings müsse man gut klettern können, weil sie sich auf den Spitzen der Berge anzusiedeln pflegten.

Die Gesellschaft, zu der noch zwei Europäer gehörten, fuhr die Nacht hindurch in einer komfortabel eingerichteten Prau bis Siniawan, einem chinesischen Dorf, das aus zwei Reihen Hütten bestand. Nach angenehmem Frühstück – Brooke hatte Küche, Diener und Lebensmittel vorausgeschickt – begann der Aufstieg über fünfhundert Meter. Die Weltreisende war ja einiges gewohnt, doch diesen Pfad bezeichnete sie als lebensgefährlich. Er führte über Pfützen, Sumpfstellen, Bäche und Abgründe oder schroffe Felskegel, die man auf bestenfalls leicht eingekerbten Baumstämmen erklimmen musste. Noch schlimmer wurde es beim Abstieg am nächsten Tag. Der nächtliche Regen hatte alles glatt und schlüpfrig gemacht, sodass ihr wieder einmal nichts übrig blieb, als sich barfuß über Stock und Stein, durch Disteln und Dornen zu kämpfen, die Augen unentwegt auf den Boden gerichtet und nicht auf die faszinierende Landschaft mit den Schlingpflanzen und Orchideen, außer wenn es einen Halt gab. Wer so etwas auch nur annähernd erlebt hat und das Gefühl beim Blick in die Tiefe oder die Angst vor einem Sturz kennt in einer Gegend, in der einem kaum jemand heraushelfen kann, der begreift, was die 54-jährige Ida Pfeiffer hier geleistet hat.

Schon bei der ersten großen Hütte der Dayaks konnten die Besucher einen Blick in die Vergangenheit ihrer Bewohner werfen: Da hingen, zu einer Girlande aneinandergereiht, 36 Schädel, deren Augenhöhlen mit weißen Muscheln ausgefüllt waren. Raja Brooke hatte zwar das Köpfen abgeschafft, doch sichtlich gern gedachte man noch der ruhmvollen Vergangenheit. Die Besucher verbrachten die Nacht bei »diesem Völkchen«, das von Brooke mit Branntwein bewirtet wurde und sich nur zögernd dazu bewegen ließ, einige seiner Tänze vorzuführen. Ida versäumte ja keine Gelegenheit, sich etwas vortanzen zu lassen, ein Begehren, das sie mit vielen unserer Zeitgenossen verbindet. Nach dem Ausflug zu den Dayaks wollte Pfeiffer Sarawak verlassen und im Bogen durch das Landesinnere bis nach Pontianak, einer holländischen Besitzung an der nordwestlichen Küste Borneos, gehen – ein Plan, den Brooke ihr mit aller Macht auszureden versuchte. Selbst er als Mann würde sich nicht unter die wilden, größtenteils unabhängigen Dayakstämme wagen. Doch wer hatte Ida Pfeiffer je etwas ausreden können! Also stellte er ihr sein Kanonenboot »Jolie« zur Verfügung, das sie zur See bis an die Trichtermündung des Batang Lupar bringen sollte. Von dort aus konnte eine Prau sie stromauf nach Fort Sacaran führen. Ein Missionar, der dasselbe Ziel hatte, schloss sich ihr an. Doch das Unternehmen scheiterte an der Witterung. Das Meer war so stürmisch, dass das Bugspriet zertrümmert und die Kombüse samt dem schon angerichteten Essen über Bord gewaschen wurde. Sie mussten nach Sarawak zurückkehren. Unglücklicherweise blieb das Wetter schlecht. Was aber halfen alle Vorstellungen von Brooke, diese Hindernisse als Warnung anzusehen! Ida entgegnete ihm, dass sie »obwohl Frau und alt«, sich »vor Vorurteilen und Aberglauben zu bewahren gewußt habe«. Da an die Benutzung des Kanonenbootes nicht mehr zu denken war, entschloss sie sich, es mit einer Prau zu wagen und in geringer Entfernung der Küste zu folgen, wo sie sich notfalls in die Flussmündungen retten konnte. Das Innere des Landes war ja nur von See aus über die Flüsse zu erreichen. Brooke gab ihr einen malaiischen Führer mit, der Missionar verzichtete auf einen zweiten Versuch, er wollte nicht seekrank werden.

Und er war gut beraten, denn das Meer gebärdete sich noch immer wild. Das Boot wurde überspült, sie saßen halb im Wasser und zogen sich nach einigen Stunden in ein nahes Flüsschen zurück. Auch der zweite Tag brachte kaum Besserung. Erst am dritten gelangten sie in die Mündung des Sacaran, wo sie bei günstigem Wind und Flut gut vorankamen und in neun Stunden bis zu einem hölzernen Fort des Raja Brooke gelangten. Kommandant Lee, der mit einem weiteren Beamten hier allein unter 30 Einheimischen Dienst tat, hatte die Nachricht von dem seltenen Besuch bereits verbreitet, und nun strömten die Leute, die noch nie eine weiße Frau gesehen hatten, herbei. »Vom Morgen bis Abend mußte ich so gefällig sein, mich betrachten zu lassen.« Doch waren die Leute, Malaien und Dayaks, bescheiden und belästigten sie nicht. Sie reichten ihr die Hand, setzten sich nieder und beobachteten sie stillschweigend.

Sie wollte aber auch einen Dayakstamm, der unabhängig war, besuchen und lernte in der Nähe von Sacaran eines der Langhäuser kennen. Da gab es schön geflochtene Matten und Körbe, lange Messer, Trommeln, Gongs, Säcke voller Reis und anderer Lebensmittel und eine überwältigende Menge von Schmuck, vor allem bei den Männern. Auch hier wurde wieder vorgetanzt, doch zu Pfeiffers Freude »äußerst zierlich und anständig«. Aber noch am selben Tag verging ihr die friedliche und angenehme Stimmung bei einem anderen Stamm, wo sie zwei erst kürzlich abgeschnittene Menschenköpfe entdeckte. Solche Trophäen hatte sie ja schon kennen gelernt, doch waren das alte Stücke gewesen aus der Zeit, bevor Raja Brookes Politik sie veranlasst hatte, diese Sitten aufzugeben. Was sie hier sah, war kriegerische Gegenwart. Der Rauch hatte die Totenschädel kohlschwarz gefärbt, Lippen und Ohren waren zusammengeschrumpft, das Fleisch halb eingetrocknet, die Haut unversehrt, und das Gebiss zeigte sich in seiner ganzen Hässlichkeit. Einer hatte die »Augen offen, die, ebenfalls halb eingetrocknet, weit in die Höhlen zurückgetreten« waren. Die Leute holten die Köpfe aus dem Geflecht heraus, um sie ihr genau zu zeigen. Dabei spuckten sie ihnen ins Gesicht, die Knaben verteilten Püffe und spieen auf die Erde. Die sonst ruhigen und friedlichen Gesichter nahmen einen wilden Ausdruck an, der Ida war entsetzt und schauderte. Aber sie musste an die europäische Geschichte mit all ihren Gräueltaten denken, an die Religionskriege, die Besiedelung Amerikas, die Inquisition und Napoleons Eroberungszüge. »Wahrlich, ich wundere mich, wie wir Europäer es wagen können, Zeter und Wehe über arme Wilde zu schreien, die zwar ihre Feinde umbringen gleich uns, die aber die Entschuldigung für sich haben, dass sie weder Religion noch Bildung besitzen, welche ihnen Sanftmut, Milde und Abscheu vor Blutvergießen predigen.«

So wie Kapitän Brooke versuchte auch Kommandant Lee, ihr das weitere Vordringen ins Innere auszureden, denn unter den Stämmen herrsche eine gefährliche Stimmung, ein Häuptling sei getötet worden und alles befände sich im Kriegszustand. Doch Pfeiffer wollte so lange gehen, bis man sie aufhalten würde. Sie schiffte sich also wieder auf dem Lupar ein, dem kleineren der beiden Arme des Sacaran, mit dem malaiischen Diener von Kapitän Brooke, acht malaiischen Bootsleuten sowie Kommandant Lees Koch als Steuermann, der einige Worte Englisch sprach.

Sie traten gleich ins Gebiet der freien Dayaks ein, und zwar von Stämmen, die als besonders wild galten, und gingen für die Nacht bei einem ihrer Wohnplätze an Land. Ida gab sich leutselig. Sie schüttelte Männern und Frauen die Hand, setzte sich zwischen sie, sah ihren Arbeiten zu, nahm die Kinder auf den Schoß. Dann suchte sie im Wald nach Insekten, mit einem ganzen Schwarm von Leuten, vor allem Kindern, hinter sich. Erst wurde sie ausgelacht, doch als sie hörten, dass die Fremde Arzneien daraus mache, suchten alle mit. Rückblickend stellte Pfeiffer fest, dass vieles von ihren Sammlungen diesen Menschen zu verdanken war.

Als sie gegen Abend zum Wohnplatz zurückkehrte, hatten die Leute ihr ein Lager bereitet, setzten sich in die Nähe, berührten nichts von ihren Sachen und waren in jeder Weise rücksichtsvoll. Es gab sogar etwas zu essen, nur war das ranzige Kokosöl nicht so angenehm. Da Ida wie üblich seit dem Morgen nichts gegessen und Hunger hatte, hielt sie sich notfalls die Nase zu, wenn sie das Gebotene anwiderte, und schluckte den Bissen möglichst schnell hinunter.

Die Nacht war finster, doch empfand sie keine Angst so allein unter Kopfjägern. Sie wusste, dass Raja Brookes Ruhm bis hierher gedrungen war und sie »unter dem Schutz der Achtung, die man ihm zollt, sicher ruhen« konnte.

Beim nächsten Stamm sah es weniger angenehm aus, da die Leute erst zwei Tage zuvor von einem Kampf zurückgekehrt waren und noch sehr aufgeregt schienen. Sie hatten einen Kopf mitgebracht, der neben den älteren über der Feuerstelle hing, gerade dort, wo ihr ein Lager bereitet wurde – kein gemütlicher Platz, aber eine Auszeichnung für den Gast. Die dürren Schädel klapperten im Zugwind, der frische Kopf verbreitete einen unangenehmen Geruch, die Leute kreisten um ihr Lager. Vor Angst verfiel sie in Fieber, wagte aber nicht aufzustehen und glaubte, jeden Augenblick ein Messer im Nacken zu fühlen. Erst gegen Morgen sank sie erschöpft in Schlaf.

Es brauchte viel Geduld, um sich dem Reisetempo ihrer einheimischen Helfer anzupassen. Am frühen Morgen, wenn das Klima noch erträglich war, kochten die Bootsleute, statt zeitig aufzubrechen, erst ihren Reis, was Stunden in Anspruch nahm – eine Erfahrung, die man bis in unsere Tage macht. Dann hielten sie unterwegs immer wieder an, um Betel zu bereiten, Zigarren zu wickeln oder zu rauchen. Der Malaie, den ihr Kapitän Brooke zur Seite gestellt hatte, benahm sich bei ihr, einer Frau, ganz anders als bei seinem Herrn, einem Mann. Er kümmerte sich um nichts und dachte nicht daran, sich von ihr etwas sagen zu lassen, sie musste sehen, wie sie anderweitig zurechtkam.

Im Übrigen ging die Reise eine Weile ohne Schwierigkeiten vor sich, bis ein paar fliehende Dayaks sie vor dem nächsten Stamm warnten, der gerade zum Krieg ausziehe. Sollten sie umkehren? Pfeiffer beriet sich mit dem Koch, mit dem sie ja einige Worte gemeinsam hatte. Er war ein beherzter Mann, der die Lage zwar als gefährlich ansah, aber die Hoffnung aussprach, dass die Dayaks vielleicht Raja Brookes Flagge achten würden. Also wurde sie aufgezogen und die Fahrt, gegen den Willen der Bootsleute, fortgesetzt.

Die Krieger sahen Furcht erregend aus. An die hundert Männer mit hohen, schmalen Schilden und mit langen Messern in den Händen standen am Ufer, und ihr von Gongs und Trommeln begleiteter Kriegsgesang, den man schon aus der Ferne gehört hatte, steigerte sich beim Anblick der Fremden in geradezu beängstigendem Maße. An Rückzug war nicht zu denken, es blieb nur die Flucht nach vorn. Der Koch sprang auf eine Sandbank gegenüber dem Standort der Dayaks und versuchte, ihren Raja von der Harmlosigkeit der fremden Frau zu überzeugen – mit überwältigendem Erfolg. Die Männer stürzten in Kanus oder ins Wasser, umringten rudernd und schwimmend die Prau und kletterten hinauf. Ida sah ihr letztes Stündlein gekommen, doch der Koch rief ihr zu, man heiße sie willkommen. Zur gleichen Zeit wurde am Ufer als Friedenszeichen eine weiße Fahne aufgezogen. Raja Brookes Flagge hatte tatsächlich Wunder gewirkt, mehr noch, die Besucherin wurde zu den Frauen und Kindern eingeladen, deren Zelte hinter einer Anhöhe standen.

Die empfingen sie ebenso freundlich wie ihre Männer und boten ihr etwas zu essen an. »Mit wahrer Lust« biss sie, zutiefst erleichtert, in einige der kleinen flachen Kuchen, die so schmackhaft aussahen – und bereute es sogleich. Sie hatte etwas ganz anderes erwartet als diese aus Reis- oder Maismehl bestehenden Produkte dayakischer Backkunst, die mit ranzigem Fett angemacht und mit einem Sirup aus Zuckerrohr oder dem Saft verschiedener Palmen getränkt waren. Da sie ihre Gastgeberinnen aber keinesfalls beleidigen durfte, schluckte sie »mit Ekel« einige Bissen hinunter.

Viele der Männer hatten ein Körbchen an der Seite hängen, das für den abgeschlagenen Kopf eines Feindes bestimmt war, eine schöne Handwerksarbeit, zierlich geflochten, mit Muscheln geschmückt und mit Menschenhaaren behängt. Nur wer einen Kopf erbeutet hatte, durfte diesen Korb tragen.

Die Frauen drängten darauf, dass Ida sie zu ihrer Wohnstätte begleite, und sie riskierte es, ihre Leute am Ufer zurückzulassen, man musste Zutrauen zeigen. Sie sollte auch über Nacht bleiben, doch wollte sie ja gern noch bis zum Fuß des Sekamil-Gebirges gelangen. So geleiteten die Frauen sie zurück zur Prau, drückten ihr die Hände, luden sie ein, wiederzukommen, und beschenkten sie mit Früchten, Kuchen, Eiern und einem mit gekochtem Reis gefüllten Bambusrohr. Wie vorgesehen, erreichte sie am Abend ihr Ziel und lieferte ein Empfehlungsschreiben an den Raja von Beng-Kalang-Sing-Toegang ab, das ihr Kapitän Brooke mitgegeben hatte. Dann wurden die Bootsleute verabschiedet. Es ging zu Fuß weiter. Zum Glück wollte der Raja sie selbst über das gefährliche Gebirge begleiten. Er nahm noch zwölf Mann mit, teils Dayaks, teils Malaien, von denen die Hälfte mit Gewehren bewaffnet war.

Längst hat man sich gefragt, welche Kleidung so eine Frau zu jener Zeit und in solch einer Gegend anzog, um einigermaßen heil durch das schwierige Gelände zu kommen. Sie trug eine Hose, die ihr bis über die Knie reichte, einen knöchellangen Rock, den sie tagsüber hochnahm, und eine Cabaya, ein Kleidungsstück mit langen Ärmeln, das sie wohl aus China oder anderen orientalischen Ländern kannte. Als Kopfbedeckung hatte sie den von vielen Frauen so bewunderten und begehrten wasserdichten Bambushut, den sie gegen die Hitze noch mit einem Bananenblatt auslegte. Man sieht, ähnlich international wie ihre Reisen entwickelte sich auch ihr Anzug. Sehr oft zog sie ihre Strümpfe und die über die Knöchel gehenden Halbschuhe aus, wenn sie Sümpfe oder Wasserläufe zu durchqueren hatte.

Der Weg führte über Gebirgsketten mit dazwischenliegenden Tälern und malerischen Flüssen, nur selten gab es in dem undurchdringlichen Dschungel kleine Lichtungen, auf denen sich Anpflanzungen von Reis, Mais, Zuckerrohr oder einer Art Süßkartoffeln befanden. Vor einer solchen Stelle musste jedes Mal Halt gemacht und die Erlaubnis zum Durchzug eingeholt werden. In zwei Fällen führte der Weg sogar mitten durch die Wohnplätze, deren Häuser sie auf Leitern überkletterten, denn die Dayaks lichteten die Wälder im Umkreis absichtlich nicht, um Feinden den Zugang zu erschweren. Einmal durfte die Gruppe dort auch übernachten. Das Wetter war unfreundlich und machte die Überwindung der Wurzeln und gewaltigen Baumstämme, auch von Morast und Stellen voller Wasser noch mühsamer. »Wer solche Reisen unternimmt«, schrieb Ida Pfeiffer, »muß abgehärtet sein wie der Eingeborene. Ich war es, weil ich es sein wollte.« Bei jedem Geräusch blieben sie stehen, während die Mannschaft vorausschlich, um nach Gefahren Ausschau zu halten. Unter solchen Umständen wurden ihnen die acht Stunden Marsch lang, aber dann waren sie am Ende der Fußreise und bestiegen wieder ein Schiff.

Es war ein ganz kleines Boot mit nur einem Fährmann, in dem sie den Batang Lupar durch dichten Wald befuhren, wo oft kaum ein Durchkommen war. Das Blätterdach schirmte die Sonne völlig ab, es herrschte Stille und Dunkelheit auf dem fast tintenschwarzen Fluss. Ein kleines Boot, wie gesagt, doch da holte sie ein Kanu ein mit zwei Männern, einer Frau und einem Kind, die viele Hühner und anderen Kram bei sich hatten, und nach kurzer Unterredung mit dem Bootsmann stiegen alle mit Sack und Pack über, nachdem sie ihr Fahrzeug im Gebüsch versteckt hatten. Pfeiffers Proteste wurden einfach ignoriert, und obwohl ihr Spielraum nun weiter eingeschränkt wurde, musste sie sich damit abfinden, da es dem Fährmann recht war und er gewiss sein Gutes dabei hatte. Die Lage wurde nicht angenehmer, als die unerwünschten Passagiere auch noch ein Feuer zum Reis kochen anzündeten und sie in Hitze und Rauch hüllten. Zwei Nächte lang hatte sie die Leute auf dem Hals, sie fand kaum Platz zum Schlafen und musste halb gekrümmt liegen. Gern wäre sie bei Dayaks eingekehrt, doch der Fährmann war dagegen, er behauptete, es sei zu gefährlich.

Der dunkle Fluss ging über in einen See und in einen zweiten, die zwischen weiten, bewaldeten Tälern und Gebirgszügen mit steilen Gipfeln lagen. Man traf auch wieder andere Boote, und einmal wurden sie sehr gebieterisch aufgefordert, heranzukommen. Waren es Piraten? Nein, ein sehr höflicher malaiischer Raja erkundigte sich nach der fremden Frau und beschenkte sie dann mit einer großen Schale frischen Kokosöls und einigen süßen Kuchen.

Die Gefährlichkeit ihrer Reise empfand Pfeiffer gar nicht so, ihr gefielen die freien Dayaks. Ehrliche, gutmütige und bescheidene Leute waren das, besser als alle, die sie bisher kennen gelernt hatte. Niemand bestahl sie; manchmal baten sie um etwas aus ihrem Gepäck, wenn sie ihnen aber erklärte, dass sie es selbst brauche, gaben sie sich zufrieden. Keine Zudringlichkeiten, keine Belästigungen. Gewiss, sie waren Kopfjäger, das passte nicht recht zusammen, aber sie betrachtete »diesen traurigen Gebrauch mehr als eine Folge rohen und unwissenden Aberglaubens« und blieb bei ihrer Beurteilung. Schließlich waren sie häuslich und sittlich, behandelten ihre Frauen gut und zeigten große Liebe für die Kinder, die ihrerseits wieder den Eltern Achtung erwiesen. Zudem ging es ihnen wirtschaftlich besser als jenen, die »unter malaiischem Joche« standen.

In Sintang, einem Städtchen von etwa 1500 Einwohnern am Fluss Kapuas, waren sie aus der Gefahrenzone heraus und kamen zu Dayakstämmen, die unter malaiischen Fürsten standen. Dort wurde die Fremde durch den Herrscher, einen muslimischen Malaien, glänzend empfangen. Zunächst schickte sie ihren Diener mit einem Empfehlungsbrief des Rajas von Beng-Kallang-Boenot an Land, der um eine Wohnung bitten sollte, wie es sich gehörte. Der Sultan sei leider abwesend, hieß es, werde aber am Abend oder am nächsten Morgen zurückerwartet. Tatsache war, dass er noch nie einen Europäer gesehen hatte und sich fragte, wie er diese Frau gebührend empfangen sollte. Der Diener beriet ihn und schilderte die Zeremonien, wie er sie in Sarawak beobachtet hatte, wenn Raja Brooke von einer Reise zurückkehrte.

Die hohe Besucherin verbrachte die erste Nacht in einer mit Teppichen, Matten und Kissen wohl ausgestatteten Hütte und hielt am nächsten Morgen in einem großen Boot mit 20 Ruderern ihren Einzug, den Diener mit dem von zwei seidenen Tüchern umhüllten Brief im Gefolge. Unter Musik und Kanonendonner wurde sie vor der hölzernen Residenz des Sultans empfangen, der ihr auf halbem Weg entgegenkam und sichtlich verlegen war. Wie sollte man nur diesen fremdartigen Besuch behandeln! Er reichte ihr die Fingerspitzen (außerordentlich für einen Moslem), sie legte die ihrigen hinein, »und so schwebten oder tanzten wir nach dem Divan«, neben dem es noch einen Tisch, einen in aller Eile zusammengebauten Stuhl und anstelle eines weiteren Stuhls eine Kiste gab. Sultan und Europäerin nahmen am Tisch Platz, die Großen des Reiches auf dem Boden, während sich draußen das Volk drängte. Nun brachte ein auf den Knien heranrutschender Bote mit niedergeschlagenen Augen auf einer silbernen Tasse den Empfehlungsbrief, den der erste Minister öffnete und vorlas. Danach wurden Erfrischungen angeboten: Tee, Süßigkeiten und Früchte in mehr als 20 schön geschliffenen Glasschüsselchen. Der Gastgeber bekam einen Teller und die Europäerin ein vollständiges Gedeck, das Besteck kannte sie, es war ihr eigenes, das der Diener mitgebracht hatte.

Für die Weiterreise wollte ihr der Sultan einen Sampan, ein kürzeres, aber breiteres Boot als die Prau, zur Verfügung stellen. Sie nahm das gern an und bat, es ihr am nächsten Morgen bei aufgehender Sonne zu schicken. Zu der Zeit aber erschien der Sultan selbst. Er musste diese frühe Stunde wählen, weil es nicht schicklich gewesen wäre, einen Besuch am selben Tag zu erwidern, und er brachte seinen Vater mit und einige seiner männlichen Verwandten. Frau und Töchter hatte Pfeiffer schon bei ihrer ersten Audienz kennen gelernt. Eine erlauchte Gesellschaft, nur verhielt sie sich nicht gar so vornehm. Die Herrschaften durchwühlten all ihre Habe, sodass sie um ihre Sammlungsstücke besorgt war. Der »fürstliche Vater« untersuchte die ganze Tasche, fragte, wozu Kamm, Zahnbürste und Seife dienten, und wollte alles behalten. Sie aber nahm es ihm rigoros wieder ab, tröstete ihn mit einigen Bildchen und anderen Kleinigkeiten und war froh, als die hohe Gesellschaft sie wieder verließ.

Nun kamen sie schnell voran. Auf ihre Bitte hatte der Sultan seinen Leuten klargemacht, dass sie Pontianak in der kürzesten Zeit, nämlich in vier Tagen, erreichen müssten. Dem Diener behagte das gar nicht, doch sie übernahm jetzt selbst das Kommando über die Bootsleute, und so schafften sie es in dreieinhalb Tagen. Eine Meile vor der Stadt kamen sie an die Stelle, wo Kapuas und Landak sich zum Pontianak vereinigen, der nach etwa 40 km ins Meer fließt.

Das Gebiet stand seit 1598 unter holländischer Hoheit. Der Resident, an den sie einen Brief hatte, war in Batavia. Aber sein Stellvertreter, Herr von Hardenberg, brachte sie in einem leerstehenden Häuschen ehemaliger Missionare unter und stellte sie am Abend der Frau des Residenten vor, die ihr sogleich in ihrem Haus eine Wohnung anbot.

Ida Pfeiffer wollte hier hauptsächlich die berühmten Diamantenminen in Landak besuchen. Aber leider war ein bequemes Boot der Regierung mit Herrn Sanders, einem katholischen Priester, gerade dorthin abgefahren. Allerdings bestand die Möglichkeit, die Reise auf dem vier Tage kürzeren Landweg zu machen. Ob sie das auf sich nehmen wollte? Sie könnten dann gemeinsam zurückfahren. Aber es seien mehr als 300 km, die Hälfte zu Fuß. Und sie brauche unbedingt einen Diener, da sie weder malaiisch noch dayakisch spreche und täglich Führer und Träger wechseln müsse. Pfeiffer dachte an ihre schlechten Erfahrungen mit dem Diener von Kapitän Brooke und beschloss allein zu gehen, nur um Briefe an die verschiedenen Chefs und Rajas bat sie. Also bekam sie ein kleines Boot bis Kubiang, ein gutes Drittel des Weges.

Sie fuhr flussaufwärts bis Kubu-Trap, wo der Mandor in den Landak mündet, verbrachte die Nacht in einem chinesischen Haus und verteilte den Proviant, den ihr die Frau des Residenten mitgegeben hatte, an die Bootsleute; er wäre ohnehin eine Beute unzähliger Ameisen geworden. Um drei Uhr morgens ging es weiter auf dem Mandor, einem schmalen Gewässer inmitten dichter Wälder, in denen kein Vogel zu hören war, wohl aber die Stimmen der Affen. In Kubiang endete die Fahrt, aber zwei der Bootsleute begleiteten sie weiter zu Fuß bis Mandor, wo Chinesen lebten. Dort kehrte sie mit einem Empfehlungsbrief beim chinesischen Oberhaupt ein. Es war ein bedeutender Ort und ein angesehener und zweifellos wohlhabender Chef, der sie gut aufnahm in seiner Residenz. Aber auch er fragte sie immer wieder, ob sie wirklich zu Fuß weiterreisen wolle. Der Missionar jedenfalls, der vor wenigen Tagen hier angekommen sei, habe verzichtet, als er hörte, dass er große Umwege machen müsse, um einige unruhige Stämme der Dayaks zu umgehen. Idas Pfeiffers Antwort bestand in der Bitte um einen guten Führer. Mit diesem und einem Dayakträger setzte sie ihren Weg fort. Warum die beiden allerdings förmlich im Sturmschritt liefen, konnte sie nicht begreifen, doch sie hielt durch, zumal es über chinesischen Grund und Boden auf weitgehend gebahnten Wegen ging. In Sompa wurde sie dem malaiischen Raja übergeben.

Sie trennte sich gern von dem chinesischen Führer, denn dieser war höchst neugierig gewesen und hatte sich gleich über ihren Reisesack hergemacht, um alles zu untersuchen, und dabei hatten auch einige Kleinigkeiten den Besitzer gewechselt.

Die Strecke am nächsten Tag war kurz, aber voller Tücken. Und sie überlegte, was schlimmer war, »über gefallene Baumstämme und hohe Wurzeln in den Wäldern zu klettern oder Pfützen und

Moräste zu durchwaten oder durch das Alang-Alang zu gehen«. Sie durchschritten dieses harte, mannshohe Gras, das ein fast unausrottbares Wurzelwerk durch den Boden zieht, auf schmalen, tiefen Pfaden in einer nach den häufigen Regengüssen dunstigen und zum Ersticken heißen Luft. Doch die Landschaft war malerisch mit Gebirgsketten, großen Tälern und dichten Wäldern. Pfeiffer war »entzückt« und wünschte diesem schönen Land, »daß Bevölkerung, Kultur und eine milde Regierung Eingang fänden«.

Doch immer wieder gab es unangenehme Überraschungen. Sie fiel beim Durchqueren eines Sumpfes von dem ihn überbrückenden Bambusstamm und versank bis über die Schultern. Die beiden Männer hatten Mühe, ihr herauszuhelfen. In einem nahen Bach ließ sie sich danach mit Wasser übergießen, bis der Schlamm abgespült war, musste aber dann, da sie keine Möglichkeit zum Abtrocknen hatte, triefnass noch einige Stunden bis zum Nachtquartier in einem chinesischen Städtchen weiter gehen, wo man ihr glücklicherweise Essen und ein eigenes Schlafkämmerchen bot. Sie konnte es gebrauchen, denn der nächste Tag brachte wieder einen anstrengenden Marsch von mehr als neun Stunden durch dichte Wälder und das hohe Dschungelgras. Wieder legten Pfeiffers Führer aus Furcht vor den Dayak Bewohnern ein Tempo vor, dem sie kaum folgen konnte. Sie lauschten auf jedes Geräusch, hielten erschrocken inne, wenn sie menschliche Nähe bemerkten, und verkündeten laut, dass die weiße Frau, die sie begleiteten, mit einem Schutzbrief des Rajas von Sompa unterwegs sei. Manchmal tauchten unvermutet ein paar Dayaks auf, betrachteten sie, sprachen kurz mit ihren Begleitern und ließen sie dann weiterziehen.

Die Hindernisse setzten sich fort, aber am schlimmsten fand sie die Überquerung des Suar. Seine Brücke bestand aus aneinander gebundenen Bambusstämmen und führte in zehn Meter Höhe über den etwa 300 m breiten Wasserlauf. Es war nicht ratsam, sich an dem aus dünnen Stäbchen bestehenden Geländer festzuhalten, dazu war es nicht gemacht, es diente lediglich zur Erhaltung des Gleichgewichts. Voller Angst begab sich Ida auf dieses unter ihren Füßen tanzende Rohr, spürte das zitternde Geländer unter ihren Händen und blickte – was sie nicht hätte tun sollen – auf den in der Tiefe dahinrauschenden Fluss. Aber sie erreichte das andere

Ufer. Hundert Jahre später war ich in einer ähnlichen Lage, nur habe ich nicht nach unten geblickt, ich fürchte, es wäre mein Ende gewesen.

Neue Schwierigkeiten entstanden, als sie ein Boot brauchte. Die Leute in der Gegend hatten keine Zeit, weil sie bei der Reisernte waren, und Pfeiffer konnte sich nicht verständlich machen. Da verfiel sie aufs Zeichnen. Sie skizzierte eines mit acht Ruderern, daneben ein kleines Kanu mit einem Mann und sich selbst am Steuer, deutete auf das größere und gab zu verstehen, dass sie so etwas gar nicht brauche, sondern nur das kleine. Sie hatte Erfolg. Die Leute lachten und versprachen, ihr zu helfen. Man sah, die »Wilden« verstanden diese Sprache recht gut, und so wendete sie die Technik auch künftig gern an.

Niederländisch Indien (Indonesien)

Der Missionar, den sie in Landak gerade noch erreichte, war höchst erstaunt, als er sie so allein daherkommen sah, und konnte kaum glauben, was sie alles hinter sich gebracht hatte.

Die beiden wurden vom Panam-Baham, der im Rang zwischen Raja und Sultan stand, zu einem großen Essen eingeladen, bei dem sie, zusammen mit dem Gastgeber und vier Ministern, ganz europäisch auf Stühlen am Tisch saßen und, wenn auch etwas ungelenk, mit Messer und Gabel das köstliche Mahl verzehrten, zu dem Hühner, Enten, Lamm, Fisch und Reis gehörten. Die Gastgeber waren reich, aber sie hielten ihre Diamanten verborgen, besonders vor habgierigen Europäern (»soviel ich glaube, mit gutem Recht«). Man sprach über Ida Pfeiffers Reisen und staunte wieder einmal, dass sie so glücklich durch die gefährlichen Gebiete der unabhängigen Dayaks gekommen war. Gewiss genoss sie göttlichen Schutz und war ein mehr als gewöhnlicher Mensch. Es geschah nicht das erste Mal, dass man sie für eine Art heilige Person hielt, was wohl auch zu ihrem Schutz beitrug. Besonders über ihre Fußreisen staunte der Prinz, denn er könne keine zwei Stunden gehen, obwohl er erst 21 Jahre zähle. Irgendetwas außerhalb seines Ortes kennen zu lernen, daran sei er nicht interessiert, seine Ruhe war ihm lieber als alle Sehenswürdigkeiten dieser Welt.

Sie bekamen die äußerst selten erteilte Genehmigung zum Besuch einer der größten Diamantenminen, wo Europäer nicht gern gesehen waren. Man überreichte ihr und Herrn Sanders sogar zwei winzige Edelsteine und stellte ihnen anheim, selbst ihr Glück zu versuchen. Aber Pfeiffer wies das von sich, sie sei wirklich nur gekommen, um sich einmal ein Bild von solch einer Grube zu machen.

Den Gedanken an eine weitere größere Reise von Pontianak mitten durch das Land an die Südküste nach Benjermassing musste sie aufgeben, da sich niemand fand, der sie zwei bis drei Monate lang durch gefährliches Gebiet begleitet hätte. Also entschloss sie sich, nach Batavia zu gehen, und damit war wieder einmal ein Rückblick fällig, bei dem die Dayaks am besten wegkamen mit ihrem »wirklich edlen, unverdorbenen Charakter« und die Malaien am schlechtesten. Auch von den Chinesen hielt sie nicht viel, doch waren sie wenigstens »betriebsam, fleißig, ausdauernd und sparsam, liebten ihre Kinder und wechselten deshalb auch viel seltener ihre Frauen«.

Was sie über das Leben der Frauen in Borneo gelesen hatte, konnte sie nicht bestätigen. Ihr Los sei keineswegs so hart wie das einer europäischen Bäuerin, einer armen Tagelöhnerin in den Städten oder einer Heimarbeiterin. Was gab es auch schon zu tun hier! Da waren weder Hausgerät noch Stuben zu reinigen und wenig zu waschen oder zu flicken. Es wurde ja kaum etwas gebraucht an Kleidung, da sie nur einen einfachen Sarong trugen. Die Kinder liefen nackt herum und taten, was sie wollten. Um die Küche kümmerten sich bei den Chinesen die Männer, bei den Dayaks und Malaien ernährte man sich fast nur von Reis. Schweine und Hühner hatten freien Auslauf und suchten sich ihr Futter selbst. Auch auf dem Feld arbeiteten Frauen sehr selten. Sie flochten Matten und Laubwände, ja, aber in aller Ruhe, den Rest besorgte der Mann.

Am 29. Mai traf Pfeiffer in Batavia ein und wurde vom Residenten, Herrn van Rees, und seiner Gattin, »einer der gebildetsten und liebenswürdigsten Frauen«, mit großer Freundlichkeit aufgenommen. Auch hier ebnete ein Empfehlungsbrief die Wege. Batavia war damals mit 100 000 Einwohnern, darunter 20 000 Chinesen und 2000 Europäern, schon eine große Stadt, aber klein im Vergleich mit dem Jakarta (wie es seit 1950 heißt) von 1990, als eine Volkszählung über acht Millionen Einwohner ergab. Nicht besonders reizvoll, fand Pfeiffer, die Häuser klein und unansehnlich, eng aneinandergebaut, besonders bei den Chinesen. Die Viertel der Europäer mit den verschiedenen öffentlichen Gebäuden sahen schon besser aus, doch waren die von Gärten umgebenen Häuser bescheiden, wenn auch großräumig, denn das heiße

Klima verlangte luftige Wohnungen. Ida hatte viel vom Luxus in Batavia gehört, fand ihn aber geringer als den der Briten in Indien. Auch der Palast des Generalgouverneurs war nicht besonders eindrucksvoll, denn der höchste Beamte residierte in Buitenzorg außerhalb der Stadt und kam nur jeden Monat einige Tage nach Batavia.

Sie folgte zunächst ihrem üblichen Besichtigungsschema: Krankenhaus, Museum, Regierungsgebäude, Gefängnisse. Ins Theater ging sie nicht, da ihr die passende Kleidung fehlte, denn die Europäer zeigten sich dort »im höchsten Putze und Glanze«. Außerdem reizte es sie nicht, bekannte Schauspiele und Opern aus Europa hier zu sehen. Da fand sie ein chinesisches Schauspiel interessanter, das man ihr zu Ehren gab und bei dem wie üblich alle Rollen nur von Frauen gespielt wurden. Doch fiel ihre Beschreibung alles andere als freundlich aus. Sie glaubte einer Art Kriegsdrama beizuwohnen, weil sich ständig ein paar Soldaten, Offiziere oder Feldherrn auf der Bühne zeigten, deren Kostüme zwar aus kostbaren Stoffen bestanden, aber sonst an Geschmack zu wünschen übrig ließen. Warum die zwei Damen neben diesen Helden häufig weinten und jammerten, konnte sie nicht herausfinden. Nur die Gefechte zweier Krieger »mit Bogen und Stöckchen« gefielen ihr und auch die Vorführung von vier Kriegern mit Lanzen. Den Text begriff sie zwar nicht, fand ihn aber »eintönig und gefühllos mit abscheulich quiekender Stimme heruntergeschrieen«. Außerdem waren die Bewegungen ohne Grazie und die in die Höhe geworfenen Füße der Krieger, hinter denen sich ja junge Mädchen verbargen, geradezu widerlich und unsittlich. Im ganzen gesehen glichen sich die vier Akte so sehr, dass man ständig Wiederholungen zu sehen glaubte. Auf die Veranstaltung folgte ein reichhaltiges Mahl, bei dem es nicht an Seegurken und Schwalbennestern fehlte, »sulzigen, stark gewürzten Speisen«, die nicht so recht ihr Geschmack waren, aber für die Chinesen eine Delikatesse.

Die Ehrungen für die nun schon berühmte Weltreisende setzten sich fort: Der Generalgouverneur von Niederländisch Indien, Herr Deimar van Brist, lud sie nach dem 50 km entfernten Buitenzorg, dem heutigen Bogor, ein, das sie in einem dreistündigen Ritt erreichte. Auch heute noch zieht sich der indonesische Staatspräsident im Sommer aus der bedrückenden, feuchtheißen Ebene um Jakarta hierher in seine Residenz zurück, wo man, in 300 m Höhe am Fuß des Vulkans Gunung Salak noch kühle Abende und Nächte findet. Allerdings hat die Stadt nichts mehr von paradiesischer Ruhe an sich, sondern ist beherrscht von Lärm, Abgasen und dem quirligen Durcheinander eines längst überhand genommenen Verkehrs. Nur der Botanische Garten mit seiner Fülle von tropischen Gewächsen, den seinerzeit Sir Stamford Raffles angelegt hat, der von 1811–1815 britischer Gouverneur der Insel und danach Gründer von Singapur war, ist noch immer berühmt.

Ida Pfeiffer wurde am Abend dem Generalgouverneur und seiner Gattin vorgestellt, erhielt den Platz neben dem Hausherrn und erfreute sich einer äußerst zuvorkommenden Behandlung. Eine Ehre, die nicht jedem widerfuhr, denn der Gastgeber war ein mächtiger Mann, dem während seiner Amtszeit von vier oder fünf Jahren nicht nur mehrere Paläste zur Verfügung standen, sondern der, wie Pfeiffer erkannte, mehr Macht und Ansehen genoss als ein konstitutioneller König in Europa.

Bei Ausflügen lernte sie die Umgebung kennen und informierte sich stets genau über Herkunft, Beschaffenheit, Ernte und Vermarktung der tropischen Erzeugnisse. Sie besuchte die Schwalbengrotte, von wo man die Schwalbennester holte, eine Cochenille-Pflanzung sowie Kaffee- und Teeplantagen. Und zur Abwechslung wieder einmal einen Schwefelkrater, in den sie nicht ohne Gefahr hinabstieg. Sie hatte ja schon Erfahrung damit und konnte ihn mit lebenden und erloschenen Vulkanen auf Java vergleichen; sie kannte den Vesuv, den Ätna und die zahllosen Krater Islands.

Sumatra

Gern wäre sie nach Sumatra (Sumatera) gegangen, doch die Reise überstieg ihre Finanzen. Aber Herr van Rees versprach Hilfe und überraschte sie mit einer Schiffskarte, für die die deutschen Kaufleute gesammelt hatten. Auch in Padang, der größten Stadt auf Sumatra, lud sie der Gouverneur, Herr van Switen, in sein Haus ein. Doch wollte sie sich nicht lange aufhalten, sie gedachte bis an den Tobasee im Norden der Insel vorzudringen, zu den freien, wilden Battakern, die den Ruf von Menschenfressern hatten. Wieder versuchte man, ihr dies auszureden. Kein Europäer wage sich mehr ohne Militärbegleitung in dieses Gebiet, seit 1835 zwei Missionare dort getötet und verspeist worden seien. Ob sie denn wirklich ihr Leben auf so grässliche Art beenden wolle? Aber gerade um diese Leute zu sehen, war sie ja gekommen, und vielleicht würde ihr die Tatsache, dass sie eine Frau war, helfen. Sie ließ sich den Plan also nicht ausreden.

Wieder, wie schon in Borneo, schien der Himmel sie von der Reise abhalten zu wollen: Es gab weite Überschwemmungen durch den Fluss Udjong-Karang, dessen Wasser den Pferden bis über die Brust reichte und wo es die Brücke weggespült hatte – ein böses Omen. Pfeiffer kehrte zurück nach Padang. Als es am nächsten Tag nicht mehr regnete, machte sie einen neuen Versuch. Die Insel war in Etappen von 12 bis 20 km eingeteilt, nach denen sie jeweils bei den Militärstationen übernachten konnte und wo man ihr auch Pferde besorgte und einen Führer. Die europäischen Herren dort waren ihr auch gern beim Sammeln von Insekten und Schmetterlingen behilflich. Sie genoss die reizvolle Landschaft, die bis 3000 m hohen und teilweise noch tätigen Vulkane und in den Bergwäldern Vogelgesang und Affengeschrei.

In Fort de Kock, heute Bugittinggi, nahm sie der Resident, Herr van der Hardt, auf, den sie schon von Batavia und von der Überfahrt nach Sumatra kannte. Sie war nun im Lande der Minangkabau und bewunderte deren reich geschnitzte Häuser mit den mehrfach vorkragenden Dächern, die in unseren Tagen verschwinden, weil ihr Bau mühsam und teuer ist, und die durch vielleicht regendichte, aber hässliche Wellblechdächer ersetzt werden oder bestenfalls noch an öffentlichen Gebäuden oder Touristenhotels zu finden sind. Ida machte dort Besuche, traf auch die Frauen und interessierte sich für Einzelheiten des Kaffeeanbaus und die örtliche Art der Sklaverei.

Dann setzte sie mit Pferden und einem Führer ihren Weg fort, versehen mit Empfehlungsbriefen an Beamte und Offiziere. Es ging zunächst durch ein hügeliges Land mit Terrassen und Reisbau. Später hinderten sie wieder angeschwollene Flüsse am Weiterkommen, überhaupt befand sie sich ja in Äquatornähe, im tropischen Regenwald, und war fast täglich völlig durchnässt. Hier und da traf sie auch auf das widerliche Alang-Alang-Gras und sah Spuren von Tigern und Elefanten. Dann bemerkte sie in Gegenden voller Armut, dass die Frauen im Gegensatz zu denen in Borneo sehr viel mehr arbeiteten als die Männer. Als sie sich schließlich dem Gebiet der Battaker (Batak) näherte, wurde es wieder einmal ernst. Ihr Gastgeber, der Kontrolleur Schoggers in Muara-Sipongie, rief einige der unter holländischer Verwaltung stehenden Battaker-Rajas zusammen, um über die Reise der fremden Besucherin mit ihnen zu sprechen. Auch er hielt das Unternehmen für gefährlich, führte das Beispiel der beiden ermordeten Missionare an, fügte aber hinzu, dass das ein Missverständnis gewesen sei. Eine Menge Volk versammelte sich um die Gruppe mit der weißen Frau, und die Rajas sowie viele unter den Zuschauern rieten ab. Pfeiffer konnte aber nur eines schrecken, dass die Battaker nämlich, wie sie gehört hatte, ihre Opfer nicht gleich töteten, »sondern lebend an Pfähle bänden, ihnen das Fleisch stückweise vom Körper schnitten und es warm mit Tabak und Salz verzehrten«. So etwas hätte sie doch von ihrem Vorhaben abhalten können, aber die Rajas beteuerten, dass das nur mit Schwerverbrechern geschehe. Die Kriegsgefangenen dagegen wurden an einen Baum gebunden und enthauptet, dann fange man ihr Blut auf und trinke oder verzehre es mit Reis, und erst danach werde der Leichnam geteilt. Sie ergingen sich in genüsslichen Einzelheiten und versicherten ihr, dass Menschenfleisch sehr gut schmecke und sie es gerne essen würden, nur durften sie das nicht mehr, seit sie der holländischen Regierung untertan waren.

Wenn der Zuhörerin bei diesen Erzählungen ein Schauer über den Rücken lief, so zeigte sie es nicht, sondern hörte weiter zu, was man über das Leben und die Sitten der Battaker erzählte: dass sie lesen und schreiben könnten und ihre Gesetze im Allgemeinen sehr gut und zweckmäßig seien – aber sie waren eben Menschenfresser! Herr Schoggers fügte noch einiges Beruhigende hinzu: Die der holländischen Regierung unterworfenen Stämme erfüllten jede Verpflichtung genau und willig, den Kulis könne man Gut und Geld anvertrauen, und Diebstahl, Mord und Verbrechen kämen höchst selten vor. Wenn sie zum Tode verurteilt würden, gingen sie dem mit Fröhlichkeit entgegen, eine Gleichgültigkeit, fügte Pfeiffer an, die auch den Malaien und überhaupt den meisten »rohen Völkern« eigen sei. Viele schrieben das »ihrem Stumpfsinn« zu.

Weiter ging es durch ein von Alang-Alang bedecktes Hügelland, wo die Hütten elend und die Menschen ärmlich aussahen. Doch dann kam ein großes, ehemals sehr ungesundes Tal, in dem unter holländischer Verwaltung saubere kleine Siedlungen entstanden und viele Krankheiten zurückgedrängt worden waren. Auffallend auch die solide gebauten Brücken, die gut unterhaltenen und übermäßig breiten Straßen, die den Durchzug militärischer Verbände erlauben sollten. Ida bemerkte wohl, welche Fron der Straßenbau mit primitiven Werkzeugen für die Einheimischen bedeutete, ein unbezahlter Dienst, der sich auch auf das Anlegen von Kaffee-, Zucker- und Gewürzpflanzungen erstreckte sowie auf häusliche Dienste, Gartenarbeiten und Botengänge für die Beamten. Wenn sie Bemerkungen darüber machte, entgegnete man ihr, die Leute seien das so gewohnt. Immerhin war der Generalgouverneur bemüht, Missbräuche und Bedrückungen möglichst abzustellen.

In Padang-Sidimpuang traf sie in einem kleinen Fort die letzten Europäer, einige Offiziere und einen Kontrolleur, Herrn Hammers, der sie aufnahm. Sie fühlte sich durch den Ritt auf miserablen Pferden während der letzten drei Tage so erschöpft, dass sie eine Pause einlegte. Auch hier strömten die Einheimischen zusammen, um die Fremde zu sehen, und auch sie äußerten größte Bedenken, als sie von ihren Plänen hörten, nicht zuletzt wegen des Zwischenfalls im vergangenen Jahr, als die Battaker auf holländischem Gebiet ein Dorf zerstört hatten und mit 27 Menschen in die Wälder verschwunden waren. Da man sie nicht greifen konnte, wurden einige ihrer Dörfer niedergebrannt. Kein Einzelfall. Auch im Jahr davor waren vier Leute umgebracht und, wie man sagte, verspeist worden.

Doch Ida Pfeiffers Kopf war härter als alle Schreckensmeldungen. Sie wollte bis zum Eier-Tau, dem Tobasee, vordringen, den noch kein Europäer gesehen hatte; nur von Einheimischen wusste man, dass es ihn gab. Völlig im Ungewissen, was sie dort erwartete, ja wie sie überhaupt hinkam, vertraute sie wie so manches Mal ihrem guten Stern. Herr Hammers versah sie mit Briefen für einige Rajas, die mit den Holländern in Kontakt standen, und besorgte einen Führer. Das Unternehmen war riskant, da gab es keinen Zweifel, und Pfeiffer wusste es. Also ordnete sie einige Papiere für ihre Familie, falls sie nicht zurückkehren sollte, und verabschiedete sich herzlich von den Europäern. Vielleicht waren es die letzten, die sie sah.

Am 5. August 1852 verließ sie die Station. Zunächst schwärmte sie von den Naturschönheiten Sumatras und meinte, dies wäre doch ein gutes Land auch für Europäer. Wenn diese mit ihrer Aktivität, ihrem Unternehmungsgeist hierher kämen: Was könnte nicht alles daraus werden. Doch die Holländer unterstützten solche Ansiedlungen durchaus nicht, sie meinten, die Einheimischen würden durch das Beispiel der Weißen nur verdorben.

Die erste Begegnung mit einer größeren Gruppe von Battakern wirkte erschreckend. Es war in Sipirok, dem letzten Kaffeemagazin. Dort wurde gerade eine größere Menge Kaffee abgeliefert, und Ida beobachtete, wie der Platz, nachdem die Leute ihr Geld erhalten hatten, sich in einen Bazar verwandelte mit bunten Stoffen, Glasperlen, Messingreifen und Nahrungsmitteln. Es dauerte nur eine Stunde, dann waren die Pflanzer ihr Geld schon wieder los.

Reiten konnte sie nun nicht mehr, es ging zu Fuß weiter. Überall wurde sie mehr denn je begafft, und man drängte sich in der Hütte zusammen, in der sie übernachten sollte. Nicht minder unangenehm waren ihre Gefährten: ein Mörder, der aus Eifersucht einen Nachbarn getötet hatte und in zwei Tagen enthauptet werden sollte, und ein im Sterben liegender junger Mann von achtzehn, der wohl an der hier weit verbreiteten Tuberkulose litt. Der Mörder lag »nackt auf dem Boden, an einen Pfosten gebunden, die Füße durch einen Block gezogen und gebärdete sich wie närrisch«. Der Kranke, ebenfalls auf der Erde, ohne Unterlage oder Decke, hatte schreckliche Hustenanfälle. Pfeiffer beobachtete mit Interesse, wie liebevoll sich die Frauen um den Mörder kümmerten, für ihn kochten, ihn wegen seiner gebundenen Hände fütterten, ja er wurde sogar von den Männern zum Fluss geführt, damit er baden konnte.

Den Kranken übersah man, so als sei er schon tot. Die mitleidige Wienerin gab ihm etwas Reis und Wasser, mehr hatte sie selbst nicht. Aber den Mörder konnte sie doch nicht ertragen und bat den Raja um eine andere Hütte. Darauf wurde der Gefangene wie auch der Kranke entfernt, die anderen Leute aber blieben. Sie richteten sich um sie herum ein, und das Schwatzen am Feuer hörte nicht auf, bis sie endlich einschlummerten.

Der Raja war noch den Holländern untertan, wenigstens dem Namen nach. Auch er äußerte wegen Pfeiffers Vorhaben größte Bedenken, zumindest aber müsse sie für das ganz in der Nähe liegende Battakerland seine Begleitung annehmen, damit er bei ihm bekannten Kollegen ein Wort für sie einlegen konnte. Zunächst machte er ihr mit großem weiblichen Gefolge einen offiziellen Besuch und lud sie in seine Hütte ein. Dort wurde ihr zu Ehren feierlich ein Büffelkalb geschlachtet unter lärmender Musik, rituellen Tänzen und Anrufung der bösen Geister, auf dass sie der Reisenden keine Hindernisse und kein Unglück in den Weg legten.

Mehr als zwanzig Leute begleiteten sie am nächsten Tag bis zur Grenze, reichten ihr die Hand, wünschten eine glückliche Wiederkehr und gaben zu verstehen, dass man ihr wahrscheinlich den Kopf abschneiden und sie verspeisen werde. Ein nicht sehr ermutigender Abschied. Doch Ida Pfeiffer dachte nicht daran, umzukehren.

Nun war sie allein mit dem Raja und fünf seiner Leute, dazu ihrem Führer und je einem Kuli für sich und ihn. Es ging durch fast undurchdringliche Wälder, keine Menschenseele war zu sehen, nur Spuren von wilden Tieren, besonders Tigern. Einmal kletterten sie, um über einen Fluss zu kommen, auf einen Baum, dessen überhängende Äste sich mit denen eines anderen am gegenüberliegenden Ufer trafen, und schwangen sich in sechs Meter Höhe hinüber. Immer wieder wurde der Genuss der Landschaft beeinträchtigt durch Regengüsse und durch den Führer, der sich in der bekannten unverschämten Weise benahm. Durchnässt, voller Schlamm und frierend verbrachte Pfeiffer Nächte im Freien und registrierte doch genau, wie die Leute Feuer machten, Fische fingen und sie zubereiteten, alles mit Materialien aus dem Wald. Zwar war das Essen unsauber, aber ihr schmeckte es köstlich, denn wie üblich hatte sie nichts im Magen und viel Energie durch den Marsch verbraucht.

Und diese Nachtstunden in der Wildnis! Die Leute, denen sie empfohlen hatte, wegen der Tiger ein kräftiges Feuer anzuzünden, schliefen fest. Sie selbst konnte es nicht in Gang halten, weil das Holz nass war. So schlief sie keine Minute, sah in der Finsternis bei jedem Glühwürmchen glühende Tigeraugen und dachte bei jedem Rascheln an Schlangen.

Am nächsten Tag fühlte sie sich kraftlos: die durchwachte Nacht und dann kein Frühstück. Dabei wurde das Marschieren immer mühsamer. Wieder umgaben sie Wälder, dichtes Gebüsch, Alang-Alang und Sümpfe, oder sie stolperten die Flussbetten entlang, die ihnen als Weg dienten (auf modernen Karten heißt das »Path follows river-bed«). Dazu diese ewige Nässe! Sie überstiegen steile Hügel auf schlüpfrigem Boden und kämpften sich durch Gebüsch mit großen Stacheln, an denen man sich die Hände aufriss. Streckenweise legte sie wieder die Schuhe ab, obwohl das Alang-Alang ihr die Füße zerschnitt, auf die sich gierige Insekten stürzten, und abends musste einer der Einheimischen ihr die Dornen herausziehen.

Als sie diese schreckliche Wildnis hinter sich hatten, stießen sie am Ufer des Flusses Puli auf vierzig bis fünfzig Leute, die mit großem Geschrei beim Fischen waren. Der Raja ging allein zu ihrem Häuptling, bat ihn um die Gnade, sein Land betreten zu dürfen, und erhielt erst nach vielen Fragen und Erklärungen die Bewilligung.

Die Schrecken der Natur hatten sie nun glücklich überstanden, aber jetzt waren es die Menschen, die ihnen gefährlich werden konnten. Die Rajas verhielten sich der fremden Frau gegenüber unterschiedlich. Zwei von ihnen wollten ihr den Durchlass überhaupt verweigern, und wäre sie ein Mann gewesen, so hätte man sie wohl als vermeintlichen Spion zurückgeschickt, wenn nicht gar umgebracht. Ein anderer, Hali-Bonar, ein kaum weniger als zwei Meter messender, kräftiger Greis, begleitete sie bis zum nächsten Markt, wobei es wieder über eine lebensgefährliche Hängebrücke ging. Sie bestand aus einem einzigen etwa zwanzig Meter langen Bambusrohr, das zur Mitte hin immer mehr schwankte und dessen Geländer wiederum nicht als Stütze, sondern nur zum Halten des Gleichgewichts diente. Pfeiffer war jedoch voller Bewunderung für dieses völlig frei in der Luft schwebende Gebilde, von dem nur die beiden Enden auf Baumstämmen ruhten und das doch stabil genug war, um ein Dutzend Menschen gleichzeitig zu tragen.

Auf dem Markt machte Hali-Bonar sie mit einer Reihe von Kollegen bekannt und bat um freundliche Behandlung der Reisenden, wenn sie durch ihr Gebiet kämen, denn auch hier hatte jeder Ort seinen Raja, und überall musste man die Erlaubnis zur Durchquerung einholen und Schutz erbitten. Ida Pfeiffer war die Sensation des Tages. Die Rajas setzten sich um sie herum auf den Boden, und ihre Lanzenträger, von denen jeder ein halbes Dutzend solcher Waffen bei sich hatte, bildeten einen Schutzwall, damit das zusammenströmende Volk abgehalten wurde, denn die Leute vergaßen Waren und Geschäfte, kletterten auf die Bäume und veranstalteten ein entsetzliches Geschrei. Die Betroffene verstand nichts von dem, was gesprochen wurde, hatte aber immerhin noch die Nerven, sich im Stillen Aussehen und Kleidung dieser fremden Menschen für ihr Tagebuch einzuprägen.

Nach einer Stunde führte Raja Hali-Bonar sie zu seinem eigenen Dorf, wo sie Gelegenheit hatte, die Häuser und die Lebensweise seiner Untertanen kennen zu lernen. Er war ein freundlicher Mann, der sich erbot, noch ein Stück weiter mit ihr zu gehen, denn ihr bisheriger Begleiter verließ sie nun.

Doch auch hier erfolgte erst noch die zeremonielle Schlachtung eines Büffelkalbs, durch die die bösen Geister auf der Weiterreise besänftigt werden sollten. Alles ging sehr ehrenvoll und feierlich vor sich mit Musik, Tänzen, Reden und kultischen Handlungen: und ausschließlich unter Männern. Immerhin bekamen die Frauen etwas von dem Fleisch, das bei dem anschließenden großen Festmahl verteilt wurde. Doch Ida Pfeiffer hatte noch nicht genug von Tänzen, sie wollte mehr sehen, selbst denjenigen, den man, wie sie zu Recht oder zu Unrecht vermutete, bei der Tötung eines Menschen aufführte und zu dem die Männer sich nur sehr zögernd entschlossen. Es war ein schauerliches Ritual, das ihr einen späten, unruhigen Schlaf und beängstigende Träume bescherte.

Am nächsten Tag war wieder ein Fluss zu überwinden, wobei zwei Leute der Nichtschwimmerin die Hand reichten und sie, während sie den Kopf über das tiefe, reißende Wasser hielt, hinüberzogen. An den Rastorten fiel ihr immer die Entscheidung schwer, wo sie übernachten wollte: in einem Soppo oder im Haus des Rajas. Im Soppo, einer offenen Hütte, wo unter dem Dach Vorräte lagerten und die Leute sich tagsüber aufhielten, fühlte sie sich unangenehm zur Schau gestellt, und jeder wollte von ihrem Führer wissen, woher sie kam und wohin sie ging. Viele ließen sich überhaupt für die Nacht gleich neben ihr nieder. Aber auch im Haus des Rajas war sie den Frauen ausgeliefert, die sich zwar in Gegenwart ihrer Männer sehr zurückhaltend zeigten, dann aber förmlich über sie herfielen, ihr alles abnahmen und sie sogar ausziehen wollten, um sich auch dieser Sachen noch zu bemächtigen. Manchmal wurde die Situation geradezu gefährlich, denn wenn sie sich wehrte, stießen sie Drohungen aus, und sie vermied es möglichst, mit ihnen allein zu bleiben. Unter den Männern fühlte sie sich sicherer, die starrten sie nur an und schwatzten über sie, verhielten sich aber sonst anständig.

Außer dem Rauch mehrerer Feuer im Haus des Rajas, bei dem sie kaum die Augen öffnen konnte, gingen ihr auch die ungewaschenen Töpfe, die schmutzigen Hände in den Speisen und das Verzehren von Regenwürmern und großen Käfern auf die Nerven.

Inzwischen war es bekannt geworden, dass sich eine weiße Frau in der Gegend aufhielt. Vor jedem Ort versperrten ihr Männer mit Lanzen und Messern den Durchzug, doch der begleitende Raja konnte sie immer noch einmal friedlich stimmen. Aber schließlich wurde die Lage bedenklich. Achtzig bewaffnete Battaker standen am Weg und hatten im Nu einen Kreis um sie geschlossen. Groß und kräftig waren sie, mit wilder Miene und Gebissen wie Raubtiere. Sie vollführten einen ungeheuren Lärm, aber es war nicht das erste Mal, dass Pfeiffer so etwas erlebte, und sie verlor nicht ihre Geistesgegenwart. Scheinbar ruhig und vertrauensvoll setzte sie sich auf einen Stein am Wege, woraufhin einige Rajas auf sie zutraten und ihr klarmachten, was sie erwartete: Tod und Verspeisung. Sie sollte umkehren. »Sie wiesen mit einem Messer an den Hals, mit den Zähnen an die Arme und bewegten die Zahnkiefer, als hätten sie den Mund schon voll von meinem Fleische.« Aber sie hatte schon überlegt, was eventuell auf sie zukommen könnte, und sich einen kleinen Satz in der örtlichen Sprache eingeprägt. Wenn es ihr gelänge, sie zum Lachen zu bringen, wäre schon viel gewonnen. Sie erhob sich, klopfte dem Vordersten freundlich auf die Schulter und sagte mit heiterer Miene, halb Malaiisch, halb Battakisch: »Ihr werdet eine Frau nicht töten und auffressen, am wenigsten eine so alte wie ich es bin, deren Fleisch schon hart und zäh ist.« Sie gab ihnen zu verstehen, dass sie bereit wäre, auch allein mit ihnen zu gehen, nur sollten sie sie bis zum Tobasee führen. Die Leute fingen tatsächlich an, über ihr Kauderwelsch, ihre Pantomimen zu lachen. Sie sahen, dass sie furchtlos war und ihnen vertraute und ließen sie weiterziehen bis Tugala, wo sie der Raja Ompu-Soubun in seinem Haus aufnahm.

Doch am nächsten Tag setzten sich die wilden Szenen fort, und am Abend fasste ein Rat von vielen Rajas im Haus ihres Gastgebers den Beschluss, dass sie nicht weiterreisen durfte. Endstation. Und das nicht mehr als zwanzig Kilometer vor dem Ziel! Nach so vielen Mühen und Gefahren! Nur eine niedrige Hügelkette trennte sie noch von dem See, in dessen Wasser Touristen in unseren Tagen Badefreuden genießen. Ida wollte wenigstens einmal auf ihn hinunterschauen, aber es war nichts zu machen. Niemand war bereit, mit ihr zu gehen, und man stellte ihr vor Augen, dass noch kein Ausländer so weit gekommen war wie sie, ohne »feindlich behandelt, das heißt, getötet und aufgegessen worden zu sein«.

Die Lage spitzte sich weiter zu. Es schien, als versammelten sich alle streitfähigen Männer des Tals mit ihren Waffen, und wie leicht konnte den einen oder anderen die Lust überkommen, sie zu beseitigen. Selbst wenn die Drohung des Kannibalismus nicht ernst gemeint sein sollte, dessen Existenz heute hier und da bezweifelt wird, weil angeblich noch nie ein Beweis dafür gefunden worden sein soll und jetzt die Sache zum großen Vergnügen der Akteure als Gruselgeschichte für abenteuerlustige Touristen ausgebeutet wird, so blieb noch immer die Gefahr einer schlichten Ermordung, die ja durchaus nahe lag. Woher hatte sie bloß den Mut genommen, sich unter dieses Volk zu wagen!

Sie kehrten um, gingen aber nicht denselben Weg zurück, sondern im Zickzack von einem Dorf zum anderen. Noch einmal wurde die Gruppe aufgehalten von einem sehr wild aussehenden Mann mit bewaffneten Leuten, der die Fremden kaum zu Wort kommen ließ und verlangte, dass die Frau ihm ins Haus folge. Selbst Raja Hali-Bonar verstummte mit bleichem Gesicht und winkte ihr mit den Augen, nicht von seiner Seite zu weichen. Erst nach langen Erläuterungen und lebhaftem Wortwechsel erwirkte er den Durchzug.

Ihr Beschützer achtete nun darauf, dass sie immer knapp vor ihm ging auf dieser eiligen Flucht über beschwerliche Kreuz- und Querwege. Ida ließ ihr Tagebuch stecken, um nicht für eine Spionin gehalten zu werden. Nie erfuhr sie, warum ihre Führer alle diese Umwege machten. In manchen der kleineren oder auch großen Siedlungen in dem dicht bevölkerten, kultivierten Tal wurden sie freundlich aufgenommen und erhielten sogar etwas zu essen. In anderen wieder gab man ihnen kaum etwas Wasser zu trinken.

Sie überstand alle Gefahren und Anstrengungen und kam nach Fort de Kock zurück – im Gegensatz zu den drei französischen Missionaren, die nach ihr das unabhängige Battakerland besuchten, erschlagen und, wie man sagte, »unter großen Freudenfesten verzehrt« wurden. Jetzt allerdings befiel sie ein heftiges Fieber, wahrscheinlich die Malaria, das sie nun nicht mehr verließ, von Zeit zu Zeit immer wieder auftrat und sie letztendlich zugrunde richten sollte.

Kaum war sie wieder auf den Beinen, da erkundete sie die Umgebung, bestieg sogar den 2000 m hohen und noch tätigen Vulkan Merapi und kehrte dann nach Padang zurück. Unterwegs erfasste das Fieber sie von neuem, doch fand sie unter den Europäern freundliche und sorgfältige Pflege und ärztliche Hilfe, sodass sie acht Tage später an Bord eines Dampfschiffs nach Batavia aufbrechen konnte.

Die Reise nach Sumatra gehörte zu ihren liebsten Erinnerungen. Überall hatten die Holländer sie freundlich empfangen und ihr weitergeholfen. Sie hatte Pferde und Leute bekommen, höchst reizvolle Landschaften gesehen und konnte auf überaus interessante Erlebnisse zurückblicken.

Java

Nun wollte sie das Innere von Java kennen lernen und reiste von Semarang aus mit der Frau ihres Gastgebers, eines deutschen Arztes, durch die Vulkanlandschaft. Sie durchquerten mit Postpferden die fruchtbare Reiskammer, und Pfeiffer verstand es, höchst anschaulich die große Hungersnot zu schildern, die hier 1849 nach einer missglückten Reisernte geherrscht hatte. Noch sah es düster und traurig aus in dem Bezirk Grobogan, wo die Not am größten gewesen war, wo die Straßen voller Leichen gelegen und Seuchen in den nun verlassenen Hütten geherrscht hatten. Die Leichenfelder waren zwar überwachsen, doch die Hütten leer, die Palmen ohne Kronen, man hatte ihre Wedel gekocht und verzehrt. Überall breiteten sich Alang-Alang und Gestrüpp aus – ein Ort, an dem sich nun Herden von Wildschweinen herumtrieben.

Erfreulicher war, in Begleitung des Ehepaares, der Besuch von Borobodur. Die nicht lange zuvor erst entdeckte Tempelanlage war damals in starkem Verfall begriffen, aber in Herrn Wilson, einem Österreicher, fand sich ein sachkundiger Führer, hatte er doch im Auftrag der Holländer gerade vier Jahre lang den Tempel aufgenommen und vermessen.

Eine seltsame Auszeichnung widerfuhr der Besucherin in Yogyakarta am Begräbnisplatz des Sultans und der Vornehmsten des Reiches, wo in einem Teich eine als heilig verehrte weiße Schildkröte lebte. Rief man das Tier und war es hungrig, so erschien es und ließ sich füttern. In Pfeiffers Anwesenheit tauchte es sogar zweimal auf, obwohl es sichtlich nicht hungrig war. Sie musste also eine ganz besondere Persönlichkeit sein. »Ich erzähle dergleichen geringfügige Dinge«, vermerkte sie, »weil ich glaube, daß sie zur Charakteristik des Volkes gehören.« Das Ereignis machte die Runde, ein Wunder war geschehen, und als der Sultan sie später empfing und ihr seine Familie vorstellte, flüsterte ihr seine neunzehnjährige kinderlose Gemahlin leise ins Ohr. »Oh, bete für mich zu Deinem Gott, daß er mich segnet und den Baum nicht ohne Früchte dahinwelken läßt!« Für Ida Pfeiffer war es der »schönste und rührendste Beweis von Zutrauen, der mir als Christin von einer Mohammedanerin werden konnte«. Die Sammlerin Pfeiffer hielt die Schildkröte aber wohl nicht für heilig, denn sie ließ sich eines der Jungen, die auch weiß waren, überreichen und – verwahrte es sogleich in Spiritus.

Die Besichtigungstour ging weiter zum Tempelkomplex von Prambanang, wo vieles noch in Trümmern lag, das heute renoviert und wieder aufgebaut wird; nach Solo (Surakarta), wo es Begegnungen mit hoch gestellten Persönlichkeiten, Einladungen, Zeremonien gab, die in allen Einzelheiten festgehalten wurden. Als sie schließlich in Surabaya eintraf, hatte die Regenzeit begonnen und verhinderte weitere Ausflüge. Sie konnte nur weiterreisen nach Celebes und zu den Molukken.

Celebes und die Molukken

Mitte Dezember schiffte sie sich nach Makassar (heute Ujung Pandang), der Hauptniederlassung der Holländer auf Celebes (seit 1949 Sulawesi), ein. Doch das kleine westlich wirkende Städtchen (das heute 1,6 Millionen Einwohner zählt und eine lebhafte wirtschaftliche Aktivität aufweist) mit seinem Fort, die bescheidenen Steinhäuschen der Europäer und bestenfalls noch der Bazar boten nichts Außergewöhnliches. Und da wegen der Regenzeit Ausflüge ins Innere der Insel nicht möglich waren, nutzte sie wenige Tage später die Gelegenheit, mit einem Dampfer nach Banda, einer der Gewürzinseln, weiterzufahren.

Am Heiligen Abend des Jahres 1852 kam der 400 m hohe Gunungapi in Sicht, und um neun Uhr abends lief das Schiff in die Bucht ein. Beim vollen Schein des Mondes gewahrten sie gegenüber dem Vulkan mit Muskatbäumen bepflanzte Hügel und das kleine Städtchen Banda gefährlich am Abhang des Feuerberges, der beständig rauchte, ohne dass es bisher zu einem Ausbruch gekommen war. Wegen der späten Stunde ging der Kapitän mit dem Postpaket zunächst allein an Land, und die Reisenden blieben zurück in heiterer Stimmung und im Gedenken an ihre Familien daheim.

Doch wurde die Weihnachtsstimmung bald gestört durch einen Besucher, der schlimme Nachrichten brachte. Ende November hatte ein starkes Erdbeben die Insel heimgesucht, durch das zwar zunächst keine Menschenleben zu beklagen waren, aber es hatte zusammengestürzte Häuser und viel materiellen Schaden gegeben. Eine halbe Stunde später aber war das Wasser bei einem zweiten Erdstoß in der Bucht zurückgewichen und dann mit Gewalt an die Küste zurückgeflutet, hatte alle kleinen Boote und Barken an Land geworfen und zertrümmert. Dabei waren achtzig

Menschen ertrunken, außerdem viele Gebäude zerstört und Tausende von Muskatbäumen durch das Salzwasser vernichtet worden.

Als der Morgen kam, konnten die Passagiere sich ein Bild von den Verwüstungen machen. Mehrere Häuser lagen in Schutt, alle waren beschädigt, die Einrichtungen zertrümmert oder vor den Wohnstätten in Haufen aufgeschichtet. Von einer Besteigung des Vulkans riet man Ida ab, stattdessen besuchte sie eine große Muskatpflanzung. Aber mehr bot sich nicht an Sehenswürdigkeiten, und so zog sie weiter nach Ambon, dem Hauptort der Gewürzinseln. Überall, wohin sie kam, beschrieb sie ausführlich die wichtigsten Landesprodukte, die verschiedenen Gewürze und die Palmen.

Sie durchquerte die Insel von Norden nach Süden, und den Tragstuhl, den man üblicherweise für solche Reisen benutzte, weil die Berge sehr schroff aufsteigen und man schwindelfrei sein musste, nahm sie zwar mit, lief aber nebenher. Sie fand es nicht so halsbrecherisch, auf Borneo und Sumatra hatte sie Ärgeres erlebt.

Von Ambon aus besuchte sie Saparua und Seram. Dort reizte es sie, die wilden Alforen zu sehen, die »auf Köpfe noch gieriger sind als die Dayaks«. Sie wollte zu Lande durch das Innere der Insel gehen, was bisher nur zwei Europäer gewagt hatten, und hörte es nicht gern, dass sie eine Menge Leute zu ihrem Schutz brauche. Schließlich aber war sie bereit, zwanzig mitzunehmen, das Mindeste, wie man ihr versicherte, und ohne die Hilfe der Regierung würde sie überhaupt niemanden finden, der mit ihr ginge, da sich ein Stamm vor dem anderen fürchte. Wieder waren die Wege beschwerlich und gefahrvoll, war ein Gewässer zu durchschwimmen, das sie, an den Händen von zweien ihrer Begleiter gehalten, überwand. Sie kämpften sich durch das Geröll trockener Flussbetten voran und schlugen auch einmal ihr Nachtlager darin auf. Zum Glück gab es keine wilden Tiere, und vor den Einheimischen war ihr nicht bange.

Doch die wilden Alforen ließen sich nicht sehen, sie wanderte wie durch menschenleeres Land, und auch in einem der Dörfer klopfte sie vergebens an die Türen. Die Bewohner waren zwar im Haus, verbargen sich aber voller Furcht. Weiter ging es, mehr stolpernd als wandernd. Unterhalb von Steilhängen stiegen sie in der

Meeresbrandung über Felsen, Riffe und Klippen, immer in Gefahr auf den glatt geschliffenen Steinen auszugleiten, aber Pfeiffer zeigte keine Schwäche und machte Eindruck, immer wieder. Als sie in Wahai, der einzigen Niederlassung der Holländer auf Seram, ankam und dem Kommandanten des kleinen Forts ihren Empfehlungsbrief schickte, wollte er nicht glauben, dass eine Frau diese Reise über Land gemacht habe, eher hätte er »den Einsturz des Himmels erwartet als ein solches Ereignis«.

Er war bereit, sie in Dörfer der Alforen zu begleiten, ja er trieb einmal fast mit Gewalt die Leute aus ihren Hütten, damit die Unersättliche hineinsteigen und sich umsehen konnte. Sie fand viele Menschenschädel und wollte auch hier den Festtanz sehen, den die Leute um ihre eroberten Köpfe aufführten. Die jungen Leute waren auch dazu bereit, doch die Alten und auch der Raja des Dorfes verhinderten es mit der Begründung, dass einer von ihnen zum Opfer werden würde, wenn man ohne den eigentlichen Anlass tanze. Pfeiffer sah daraus, »daß die Alforen, wie alle rohen und unwissenden Völker, sehr abergläubisch sind«. Darauf bat sie den Raja, ihr die berühmtesten Kopfjäger seines Stammes vorzustellen. Es waren einige der um sie herumsitzenden Männer mit den gutmütigen, sanften Gesichtern, die »bei der Erwähnung ihrer Taten so wohlgefällig und bescheiden lächelten, als wäre von den edelsten Handlungen die Rede gewesen«. Aber sie dachte dabei doch an die Heldentaten europäischer Krieger und sah im Grunde keinen Unterschied.

Auf Ambon folgte Ternate, wo sie dem Sultan, zusammen mit dem holländischen Residenten, einen Besuch abstattete. Und wieder einmal brachte das Tagebuch eine dieser skurrilen Begebenheiten, die auch den heutigen Leser zu Gedanken über »Entwicklungshilfe« anregen. Der Herrscher ließ sie in einem bequemen europäischen Wagen abholen, einem Geschenk des holländischen Königs. Allerdings hatte man in Europa nicht bedacht, dass es auf Ternate keine Pferde gab, und so wurden Menschen vor das Gefährt gespannt. Mehr als zwanzig Untertanen zogen und schoben den Wagen vor Idas Domizil und beförderten sie dann in unglaublichem Tempo zum Haus ihres Gastgebers.

Die nächste Station war die Regentschaft von Minehassa auf der nördlichen der vier lang gestreckten Halbinseln von Celebes, die sich um das stark zerschnittene Bergland anschließen. Sie erkundete sie zu Pferde in Begleitung verschiedener Missionare und war begeistert vom Klima und der Schönheit der Landschaft. Nur machten ihr wiederholte Anfälle von »Sumatrafieber« zu schaffen, sodass sie hier und da auf Ausflüge verzichten musste.

Im Vergleich zu den amerikanischen und englischen Missionaren in Indien, China und Persien erhielten hier die deutschen und holländischen ein gutes Zeugnis. Sie reisten nicht herum nur um zu predigen, sondern kümmerten sich an einem Ort um ihre Gemeinde, lebten bescheiden und bezogen ein nur mäßiges Gehalt. Deshalb genossen sie das Zutrauen des Volkes. Ihr Kontakt zur Bevölkerung war eng und herzlich, auch gab es Ehen zwischen Einheimischen und Europäern. Pfeiffers Achtung vor den Missionaren stieg.

Die nicht unter Kolonialverwaltung stehenden Gebiete der Insel waren in drei große Reiche geteilt, deren Sultane, obwohl mit den Holländern verbündet, ihre Unabhängigkeit bewahrt hatten, und sie wiederum geboten in ihrem Machtbereich über die Rajas oder Könige vieler kleiner Staaten.

Es war schon ein nicht alltägliches Erlebnis, eine solche Herrscherin zu besuchen, die gerade im Begriff war, sich nach Barru, einem kleinen Nachbarreich auf der Südwest-Halbinsel (Sulawesi Selatan), zu begeben, wo der dortigen Königin bei einem großen Fest die oberen Zähne gefeilt werden sollten. Ihr Gefolge, dem sich Pfeiffer anschloss, war so zahlreich, »daß ein halbes Dutzend europäischer Königinnen kein größeres benötigt hätte«, und die Gesellschaft führte Unmengen von Gepäck mit sich. Man fand kaum Platz in dem Reiseboot, das vollgepackt war mit Körbchen, Kistchen, Taschen, Töpfen, Kochgeschirr, Kissen und Matten. Dabei hätte die Wienerin gern ein wenig mehr Abstand gehalten, um nicht »unangenehme Erbschaften zu machen«, denn sie sah, wie Kammerzofen, Hofdamen und auch die Monarchin sich den Kopf von Ungeziefer säubern ließen.

Bei der Königin von Barru sicherte ihr der in lichtgelben Atlas eingenähte Brief des Gouverneurs einen freundlichen Empfang. Allerdings musste sie, da der Palast bereits überfüllt war, in der Hütte eines Einheimischen untergebracht werden, mit allem Komfort zwar, aber sie blieb dort wie üblich nicht von der allgemeinen Neugierde verschont. Immerhin erlebte die schlicht bürgerliche Europäerin das Fest in unmittelbarer Nähe zahlloser Könige, Fürsten und Fürstinnen, und man stellte ihr viele regierende Häupter vor. Unglaublich, welche Scharen von Fürsten, Prinzen und ähnlich hohen Personen es auf Celebes gab! Und alle diese Leute wollten mit einem gewissen Aufwand leben und natürlich nichts tun; sie waren die wahren Blutsauger des Volkes, befand Ida Pfeiffer.

Eine ganz andere Persönlichkeit war der König von Parepare, der gerade in einem bescheidenen Kanu vom Fischen zurückkam, als sie gegen drei Uhr dort anlangte. Nie hätte Pfeiffer in ihm den Monarchen vermutet, doch sollte er, obwohl in einer höchst baufälligen Bambushütte residierend, für die Verhältnisse der Insel ziemlich wohlhabend sein, und auch in seinem kleinen, hübsch gelegenen Reich schien wirtschaftliche Aktivität zu herrschen. Das Außergewöhnliche an ihm war seine Allgemeinbildung. Ida verstand von der malaiischen Sprache schon so viel, dass sie sich unterhalten konnte, und die beiden führten ein langes Gespräch. Der Regent besaß mehrere Landkarten und konnte die wesentlichen europäischen Staaten angeben. Als sie ihm die wichtigsten Länder der Welt auf der Karte nannte, war er sehr erstaunt, und er bat sie, ihm etwas vorzuschreiben. Dabei ließ sie den Stift möglichst schnell über das Papier gleiten, um Eindruck zu machen, zumal sie wusste, dass Malaien alles sehr gelassen verrichteten. Sie schrieb ihm auf seinen Wunsch ihren Namen, ihr Vaterland und den Geburtsort auf, und zwar in deutscher und lateinischer Schrift. Dann erkundigte er sich nach gewissen Naturerscheinungen, nach Sitten und Gebräuchen fremder Völker. Vor allem wollte er etwas über ihr eigenes Volk hören. »Ich hatte Gelegenheit, mein bißchen Wissen so viel wie möglich auszukramen – Eitelkeit nimmt überall gern Huldigungen an. Dafür ward mir die Ehre zuteil, auch von diesem Manne für ein ganz besonders bevorzugtes Wesen gehalten zu werden, wozu freilich in einem Lande nicht viel gehört, in welchem die Männer wenig, die Weiber so viel wie nichts wissen.« Als er hörte, dass ihre Reisen gedruckt seien, sagte er, dass er gern hundert Rupien gegeben hätte, wenn sie in seiner Sprache zu haben wären. »War das doch ein galanter König!«, bemerkte sie in ihrem Buch, »wie hätte ich meine Reise ausdehnen können, was wäre mir nicht alles möglich geworden, wenn es viele so freigebige Monarchen gäbe!« Auch der Frau dieses bemerkenswerten Regenten, der nicht mehr als dreißig sein mochte, wurde die Besucherin vorgestellt. Die Königin war alt, runzlig und zu einem Skelett zusammengeschrumpft, dazu auf einem Auge blind. Die Haare, in größter Unordnung, als hätten sie wochenlang keinen Kamm gesehen, hingen ihr bis auf die Schultern.

Als Ida um sechs Uhr abends die ihr angewiesene Wohnung bezog, kam sie fast um vor Hunger, denn sie hatte länger als einen Tag nichts gegessen, weil ihre Leute nicht für das nötige Wasser zum Reiskochen gesorgt und sie am Morgen ohne Frühstück gelassen hatten. Selbst jetzt war noch immer nichts fertig, und für das, was sie ihr dann vorsetzten, musste man, wie sie meinte, wahrlich sechsundzwanzig Stunden gefastet haben, um es genießbar zu finden. Ein Ärger, der sich ständig wiederholte, nicht nur mit der Ernährung.

Als sie Tage später zum Beispiel ein Boot brauchte, war keine Prau da. Sie musste eine Stunde in der glühenden Sonne stehen und ihre Leute zur Arbeit antreiben, bis endlich langsam, langsam ein ausgehöhlter Baumstamm ins Wasser geschoben und mit einem viel zu niedrigen Blätterdach versehen wurde, in dem sie kaum sitzen konnte. Ein nicht nur unbequemes, sondern auch gefährliches Fahrzeug. Aber das war nicht alles. Kaum hatte sie Platz genommen, als weitere Fahrgäste folgten, und kein Protest nützte etwas; ihre Führer nahmen immer mehr Passagiere auf, bis es schließlich einundzwanzig waren. Über neun Stunden lang hockte Pfeiffer mit untergeschlagenen Beinen in dieser Enge, ja während der Fahrt hieß es noch mehr zusammenrücken, weil ein Greis, der nicht lange sitzen konnte, sich ausstrecken musste – ein starker Opiumraucher, der abwechselnd Pfeife, Opium und Lampe betätigte oder schlief.

Zu Ende des Aufenthalts in Indonesien fiel ihr der Abschied von den holländischen Besitzungen schwer, war sie doch überall zuvorkommend und gastfreundlich aufgenommen worden und hatte viel Ungewöhnliches erlebt. Und so widmete sie ihr Buch über die zweite Weltreise »den Holländern in Indien, namentlich den holländischen Beamten und Offizieren daselbst aus tiefster Erkenntlichkeit«.

In Batavia erhob sich nun die Frage, wohin sie reisen sollte. Der Kapitän eines für San Francisco bestimmten Schiffes war bereit, sie kostenlos mitzunehmen – eine Reise fast um die halbe Erde, durch die Java-See, das Chinesische Meer und über den Pazifik. Am 7. Juli 1853 verließ der Dreimaster »Seneca Baltimore« den Hafen, und als sie aus den indonesischen Gewässern herauskamen, wurden alle Waffen instandgesetzt, weil mit Piraten zu rechnen war. Dann umfing sie im Stillen Ozean zwei Monate lang nur noch Himmel und Wasser. Ein Glück, dass sie in einer geräumigen Kabine reiste, ungewohnt gutes Essen bekam und von dem liebenswürdigen Kapitän umsichtig versorgt wurde, denn das Fieber trat erneut auf.

Nordamerika

Am 26. September 1853, nach fast drei Monaten, tauchte die Küste Kaliforniens auf – kein reizvoller Anblick, öde und tot, schroffe Sandhügel, keinerlei Bewuchs. »Hierher, dachte ich, verbannen sich die Menschen freiwillig – warum? – um ein Klümpchen Gold zu finden! Wie müßte wohl eine Gegend aussehen, die den golddürstigen Weißen fernhielt, wenn er den geliebten Mammon daselbst zu finden wüßte?« 1848 hatte man in Kalifornien, das nach dem Mexikanischen Krieg von 1846–48 an die USA abgetreten worden war, die ersten Goldlager gefunden. Die Bucht von San Francisco bot schon ein erfreulicheres Bild mit Bergen, Hügeln und Felspartien, kleinen Eilanden und Buchten. Doch hier war Ida Pfeiffer ganz auf sich selbst angewiesen. Kein Empfehlungsbrief, ein teurer Ort zudem, etwas für Geschäftsleute, aber nicht für Reisende mit magerer Geldbörse. Einen ganzen Tag wanderte sie umher auf der Suche nach einer annähernd preiswerten Unterkunft und landete am Abend wieder auf dem Schiff, wo ihr der Kapitän zu bleiben anbot, so lange sie im Hafen lagen. Doch Ida Pfeiffer reiste mit Glück: Schon am selben Abend erhielt sie eine Einladung von dem ihr völlig unbekannten englischen Haus Colquhonn Smith and Morton. Ihr Name war schon selbst bis Amerika gedrungen, und wenn er auf der Liste der angekommenen Passagiere stand, nahmen sich die Leute ihrer an. Sogar der österreichische Konsul, mit seinen Kollegen hatte sie ja bisher wenig Erfreuliches erlebt, erwies ihr viele und große Gefälligkeiten.

Besonders fielen ihr in San Francisco die engen und niedrigen Wohnungen auf, die sie geradezu drückend und beängstigend fand und die man auch noch voll stopfte mit Möbeln, kostbaren Teppichen, Tapeten und Spiegeln. Die Läden dagegen waren groß und reich an gut dargebotenen Waren. Es herrschte auch kein Mangel an Unterhaltungsstätten, Spiel-, Kaffee-, Wein- und Tanzhäusern. Sechs Theater hatten Vorführungen in Englisch, Französisch, Deutsch und Spanisch. Das Presse- und Verlagswesen florierte mit dreizehn Zeitungen sowie achtzehn großen und kleinen Buchdruckereien. Schließlich befriedigten 26 Kirchen die Bedürfnisse einer Vielzahl von Sekten. Wenn man sich hier langweilte, konnte es nur am Geld liegen, denn die Preise waren außerordentlich hoch. Jedoch wurde nicht gespart beim gesellschaftlichen Leben, bei Hauseinrichtungen und Garderobe, wohl aber an Dienstboten oder Wäsche wie Servietten, weil das Waschen so teuer kam. Frau Pfeiffer lieferte ihren Leserinnen eine detaillierte Preisliste für Grundstücke, Mieten, Dienstboten, Handwerker, Lebensmittel, Hotels, Pferdekutschen, Reitpferde und Dampfboote.

Da San Francisco nach sechs Feuersbrünsten immer wieder in kürzester Zeit neu aufgebaut worden war, nannte man es die Stadt der Wunder. Den Impuls dazu gab das Gold. Es zog Menschen aus aller Welt an, unter deren Händen wie durch Zauber hölzerne oder gemauerte, aber architektonisch völlig anspruchslose Wohnstätten entstanden. Als nicht viel besser erwiesen sich die schmutzigen Wege voller Löcher, Hügel und Unebenheiten, die, da nachts ohne Beleuchtung, für den Fußgänger wirklich gefährlich waren. Selbst in den schönsten und befahrensten Straßen lagen »alte Kleider, Wäsche, Stiefel, Flaschen, Geschirr, Kisten, tote Hunde, Katzen und ungeheure Ratten« herum. Sie arbeitete sich durch das Gewirr von Menschen, Reitern, Karren und Wagen, watete tief im Sand, im Morast oder Kot und meinte, nur einer, der sein Glück im Gold fände, vermöge sich über all das hinwegzusetzen und vergäße am Ende, »daß es Bäume und Wiesenteppiche gibt, die doch wohl schöner sind als die Teppiche der goldbelasteten Spieltische«.

Doch zeigte sich die Reiterin begeistert von den Pferden und Maultieren, die hoch, kräftig und stark belastbar waren. Auch würdigte sie die Leichtigkeit und Schnelligkeit, mit der der Verkehr per Dampfschiff oder Postkutsche vor sich ging, und bewunderte die neue Telegrafenlinie.

Öffentliche Spielhallen aber waren ihr bisher noch nicht vorgekommen. Sie fand da eine äußerst gemischte Gesellschaft, die einzig das Gold zusammengeführt hatte. Wieder einmal war sie angewidert von den »abscheulich verführerischen Ölgemälden« an den Wänden, und den Mädchen, die bei lärmender Musik als Lockvögel an den Tischen saßen. Sie hatte in dieser Beziehung ja schon manches in der Welt gesehen, »aber solche öffentlichen, schamlosen Verführungsanstalten« hatte sie nie erlebt.

Der Überfluss an Gold zog natürlich auch kriminelle Elemente an. Man schützte sich mit Waffen in den Schlafzimmern und ging abends nie ohne Stockdegen oder Pistolen aus. Die Polizei wurde als unfähig betrachtet, selbst Mörder erhielten nur geringe Strafen. Mit Gold ließ sich ja vieles regeln. Dabei sollten noch zwei Jahre zuvor die Verhältnisse weit schlimmer gewesen sein, bis Privatleute zur Lynchjustiz gegriffen hatten. Im übrigen hielt ein »wackerer, würdiger Missionar« jeden Sonntagnachmittag »kräftige, gute Predigten«, die Ida außerordentlich befriedigten.

Pfeiffers Berichte über ihre Reisen in der »neuen Welt« sind für uns deshalb so interessant, weil sie viele der heutigen Riesenstädte und Auswanderer-Kolonien in ihrem Anfangsstadium erlebt hat, und die uns lebendig vor Augen führen, welch ungeheure Entwicklung da vor sich gegangen ist.

Von San Francisco aus machte sie Ausflüge nach Sacramento, Marysville und den Goldminen am Yuba-Fluss sowie nach Crescent City und zu den Rogue-River-Indianern. Hier gab es einmal keine Entbehrungen auf unbequemen und gefährlichen Dampfern. Die »Wasserpaläste« genannten Schiffe hätte man für Häuser halten können mit ihren großen Türen, Fenstern, Galerien und ihrer prächtigen Einrichtung. Nachts boten sie im Glanz der vielen Lichter »einen wahren Feenanblick«.

Aber die Mitreisenden! Die erstaunte Europäerin sah geputzte Damen, die mit ihrer Garderobe auch in den glänzendsten Gesellschaften hätten erscheinen können, und dazu Männer, von denen nur einzelne anständig gekleidet waren. Im Allgemeinen traten sie in zerrissenen Jacken und derben, schmutzigen Stiefeln auf, und ihre plumpen, verbrannten Hände erschienen ihr wie die der einfachsten Bauersleute.

Zwar spuckten sie nicht so herum, wie das von manchen Reisenden behauptet wurde, aber das Schnäuzen mit den Fingern wirkte nicht weniger hässlich, und dann dieses Karten spielen und

Tabakkauen! Selbst zehn- bis zwölfjährige Knaben wurden da nicht ausgeschlossen! Man musste ihnen zugestehen, dass sie sich ausgesprochen artig und gefällig gegen jedermann benahmen, ob Frauen, Alte oder Hässliche. Aber dann noch etwas: diese Eile beim Essen! Keine Unterhaltung, »die Leute verschlingen die Speisen brühheiß und halb ungekaut«. Dabei trieb sie ja niemand, doch Hast und Eile bestimmten nun einmal ihr Leben.

In Sacramento, der Hauptstadt von Kalifornien, gab es damals 20 000 Einwohner, die sich bis zur Zählung von 1980 auf etwa 300 000 für die Stadt und auf über 900 000 für den Großraum erhöht hatte. Es bot nach Pfeiffers Meinung »dasselbe unvollendete, unsaubere Bild wie San Francisco« und war »ebenso schnell entstanden und ebenso oft abgebrannt, weshalb es nach Meinung der Amerikaner ebenfalls zu den Wunderwerken der Welt« gehörte.

In der Nähe von Marysville stattete Ida dem im badischen Kandern geborenen Johann August Sutter auf seiner Farm einen Besuch ab. Er lebte seit 1834 in Amerika und hatte vom mexikanischen Gouverneur in Kalifornien große Landgebiete erhalten: die Kolonie Neu-Helvetia. Als dort 1848 das erste Gold gefunden wurde, entstand aus dem von ihm 1841 gegründeten Fort Sutter die Goldsuchersiedlung Sacramento. Zwar verlor er einen Teil seines Besitzes, dessen sich die Goldsucher bemächtigt hatten, und erhielt ihn auch nicht zurück, als Kalifornien an die USA fiel, doch war ihm noch immer genug geblieben – die Besucherin sprach von bedeutenden Ländereien. Das Schicksal dieses 1880 in Washington, D. C. verstorbenen Pioniers ist in den zwanziger Jahren unseres Jahrhunderts von Schriftstellern wie Blaise Cendrars, Stefan Zweig oder Caesar von Arx in ihren Werken festgehalten worden.

Ida blieb drei Tage auf der Farm und ging von dort aus nach Marysville, das, obwohl jünger als Sacramento, 6000 Einwohner, zwei Zeitungen und ein Theater sowie überfüllte Warenlager hatte, von wo aus auch die Minen beliefert wurden. Durch Zufall traf sie den Baronet Heinrich Huntley, einen Engländer, den sie aus San Francisco kannte und der Quarz-Goldminen in der Nähe besaß. Dort baute er gerade eine Dampfmühle zur Zerkleinerung der Steine und nahm sie mit, um ihr alles zu zeigen. Er begleitete sie auch noch zu den Goldwäschereien am Yuba-Fluss, sodass sie einen ausführlichen Bericht über die Techniken der Goldwäscherei und die allgemeinen Bedingungen geben konnte, wobei sie auch nicht vergaß, auf die sozialen Folgen für die Goldwäscher hinzuweisen.

Als sie wieder in Marysville war, trat ein neuer Fieberanfall auf, doch setzte sie ihre Besichtigungen fort, zum Teil in Begleitung eines Herrn Rogler aus Wien. Sie interessierte sich besonders für die »Eingeborenen«, deren Zahl mit dem Vordringen der Weißen immer geringer wurde, für ihre Kleidung, ihr Aussehen, ihre Wohnungen und Nahrung und die Gründe ihres Hinsterbens. Besonders beeindruckte sie das Verhalten von drei Stammesältesten, deren Blicke angesichts der Weißen nicht, wie sie wohl angenommen hatte, Erstaunen und Bewunderung ausdrückten, sondern Verachtung und Geringschätzung, die Fragen der Besucher beantworteten sie mit eisigem Schweigen.

Auch in Crescent City galt ihr Interesse den Indianern. Der Ort war erst im selben Jahr inmitten eines Gebietes mit vielen Indianerstämmen angelegt worden. In der kurzen Zeit von Februar bis August war der Wald gerodet worden, waren neunzig Häuser, zwanzig Magazine sowie mehrere Hotels entstanden, und der Handel auf Maultieren nach den Minen am Smith-Fluss war in vollem Gang. Aber es wollte Pfeiffer nicht gelingen, zu den Rogue-Indianern vorzudringen, die als wild und hinterlistig bezeichnet wurden. Der Versuch, acht oder zehn bewaffnete Männer zu ihrem Schutz zusammenzubringen, schlug fehl, es fanden sich nicht genug, die den Gang wagen wollten. Doch wie so manches Mal trat jemand auf, der sich zu ihrer Begleitung anbot: ein deutscher Matrose, Karl Braun, der seit einigen Monaten am Ort lebte und viel mit Indianern in Verbindung war, da er Glasperlen gegen Fische tauschte und ihre Sprache verstand. Er führte sie zu einer großen Wohnstatt, wo auch er noch nicht gewesen war, aber einen jungen Mann kannte. Es herrschte ungünstiges Wetter, Regen und Kälte. Die beiden waren froh, in der Behausung der Gastgeber ein Plätzchen zu bekommen, einer Art Loch in der Erde mit einem zeltförmigen Dach aus Ästen, in das man durch eine kleine Öffnung auf Händen und Füßen hineinkroch. Sie hockten um ein Feuer, während sich der Raum immer mehr füllte, sodass Ida von der Hitze und den Ausdünstungen der Menschen zu ersticken glaubte. Sie floh ins Freie, setzte sich dort aber nicht nur der ungemütlichen Witterung aus, sondern auch der Neugier aller anderen Bewohner, die sich um sie drängten, sie einschlossen, hin und her zogen, jedes ihrer Kleidungsstücke befühlten und sie sogar ein Stück in den Wald schleppten zu entfernteren Hütten. Nur mit Mühe konnte sie sich losmachen.

Die beiden Besucher hatten etwas Proviant bei sich: Zucker, Kaffee und Brot. Alles fand reißenden Absatz und wurde bis auf den letzten Rest verzehrt. Nichts konnten sie für den nächsten Tag retten. Doch dann begannen die Gastgeber ihrerseits zu kochen. Sie brieten schöne Lachse auf dem Feuer und bereiteten aus den Köpfen und Schwänzen eine Suppe. Zum Nachtisch gab es in heißer Asche geröstete Eicheln nebst dünnen, ungewaschenen Graswurzeln, an denen noch die Erde klebte, was Pfeiffer nicht zu stören schien, denn ihr schienen sie »ungemein zart und fein«.

Am nächsten Morgen ging sie nach reichlichem Frühstück mit einem der Männer noch fischen, dann zogen sie weiter zu anderen Stämmen. Die Wienerin ließ ihrer Neugier, sie nannte es Wissbegier, freien Lauf, kroch in die Wohnstätten hinein und beobachtete alles, was um sie herum geschah. Einmal wurde der Deutsche, der allein in einer Hütte schlief, fast ermordet, nur seine Pistole konnte ihn vor dem Messer eines Eindringlings schützen. Doch hatte seine Reisebegleiterin Verständnis dafür, dass die im Grunde friedlichen Menschen sich angesichts der bewaffneten Übermacht der Weißen nur so zu rächen vermochten für ihre abgebrannten Wohnstätten, für die Vertreibung von ihren angestammten Böden, für die Vergewaltigung ihrer Frauen und Töchter oder deren Entführung und für die Prügel, wenn sie sich zu wehren versuchten. Schlimme Geschichten gingen da um zwischen den Weißen und zwischen den Indianern, es herrschte ein ständiger Kleinkrieg. All das bedrückte Ida. Sie beklagte das geringe Interesse der Regierung an den Indianern, die ihnen zwar neue Wohnplätze anweise und sie für das verlorene Land entschädige, ja gelegentlich versähe sie sie auch mit Geschenken und achte darauf, dass sie nicht verhungerten. Aber gegenüber den robusten Siedlern, die die Vertriebenen drangsalierten, ging man sichtlich nicht energisch genug vor.

Auch unter den Siedlern sah sie sich um, besuchte kleine Orte und Farmen, deren Besitzer durch Goldfunde plötzlich zu reichen Leuten geworden waren. Sie hörte viel über die Streitigkeiten der Einwanderer untereinander um Siedlungsböden, über piratenartige Inbesitznahme durch Neuankömmlinge und den permanenten Überlebenskampf. »An manchen Orten schlug und schoß man sich wie im Kriege. Überhaupt kann man sich von den Eigenmächtigkeiten und Gewalttätigkeiten der Ansiedler gar keine Vorstellung machen.«

Am 16. Dezember 1853 reiste sie von San Francisco weiter nach Panama, wieder unentgeltlich. Der Raddampfer »Golden Gate«, ein Zweieinhalbtausend-Tonner, auf dem 800 Reisende Platz fanden, war wie ein großer Palast mit vier Stockwerken und breiten Galerien, die Einrichtung prächtig und bequem, die Besatzung zuvorkommend und aufmerksam.

Bald wich die raue Witterung Kaliforniens tropischer Wärme, und abends belebte sich das Deck unter dem vollen Mond und Tausenden von Sternen mit einer bunten Menschenmenge – es war eine Reise, an die Pfeiffer immer mit großer Freude zurückdachte. Auch die Passagiere, lauter Amerikaner, gefielen ihr. Eine gemischte Gesellschaft von reich gewordenen Minenarbeitern, Handwerkern oder Krämern, großen Kaufleuten und Spekulanten. Sie benahmen sich anständig, sowohl bei Tisch wie auch ihr gegenüber, keiner kam mit einer brennenden Zigarre in den Salon, niemand kaute Tabak oder spuckte auf den Boden, und ihre Frauen kleideten sich einfach und dezent.

Nach elf Tagen erreichten sie Panama, das 1821 seine Unabhängigkeit von Spanien erklärt und sich Neugranada (heute Republik Kolumbien) angeschlossen hatte. Der Isthmus, schmalster Teil der zentralamerikanischen Landbrücke, ein schwülheißes, durch Urwald und Mangrovensümpfe unzugängliches, fieberverseuchtes Gebiet, konnte auch damals schon von Besuchern durchquert werden: die erste Strecke auf Maultieren, das nächste Stück auf Booten und der Rest mit einer erst kürzlich begonnenen Eisenbahn – Pfeiffer erwähnte Massen von Touristen, die ihn durchzogen. Noch existierte ja der Panama-Kanal nicht, bei dessen Bau so viele Menschen durch Gelbfieber ihr Leben lassen mussten. Aber schon 1846 hatten die USA mit Neugranada, das die Hoheit über das Gebiet ausübte, einen Vertrag geschlossen, der ihnen den Zugang zu einem etwaigen Kanal sichern sollte (eine solche Wasserstraße hatte übrigens schon den spanischen Kolonisatoren im 16. Jahrhundert vorgeschwebt) und der dann am 15. August 1914 eröffnet wurde.

Bei der Landung gab es großes Gedränge, denn jeder wollte ein gutes Maultier haben. Auch Ida Pfeiffer bemühte sich darum, obwohl ihr Ziel ein anderes als das der Touristen war, nämlich die Stadt und ihre Umgebung, wohin sie auch eine Einladung hatte. Und wieder einmal äußerte sie sich ungehalten über die Summen, mit denen man die Passagiere schröpfte: für das Übersetzen vom Dampfer an Land, das Tragen durchs Wasser bei Ebbe vom Boot an Land, den Transport des Koffers und schließlich die Miete für das Maultier.

Doch die Stadt gefiel ihr, die schöne Lage inmitten von blühendem Land, die kleinen, überall aus dem Meer steigenden Inseln und Felsen, die Hügelkette, die sich bis nahe an die See zog. Wenn nur das heiße Klima nicht so ungesund gewesen wäre, das den Menschen das hartnäckige und bösartige Panamafieber brachte. Sie betrachtete die Festungswerke, den Hauptplatz mit der Kathedrale, alles sauber, auch die Straßen – wie angenehm! – und die Wohnungen, die zwar nicht mit kostbaren Einrichtungen und Teppichen versehen, aber hoch und groß waren, sodass man in ihnen frei atmen und sich bewegen konnte.

Den reichen Schmuck in den zahllosen Kirchen und Kapellen (»Wenn Kirchen allein die Menschen gut machen, so müßte dies hier der Fall sein«) empfand sie ähnlich wie ein europäischer Besucher heute noch: »... sehr viel Silber ..., aber geschmacklos und ohne Wirkung. Die hölzernen Statuen der Heiligen sind gräßlich geschnitzt und bemalt, mit Menschenhaaren verziert und in Seide, Samt, Spitzen und dergleichen so barock gekleidet, daß man mit Erstaunen nach ihnen sieht.«

Nicht weniger befremdlich erschien ihr die Musik bei der großen Messe am Sonntag. Es wurde ohrenzerreißend gesungen, »daß mir nach dieser musikalischen Aufführung die malaiische Musik sicher gefallen hätte und ich mein über letztere gefälltes strenges Urteil zurücknehmen muß. Die Melodien während der Wandlung klangen so munter, daß ich mich im Theater, und nicht in einer Kirche zu befinden wähnte.«

Auch hatte sie einen schlechten Eindruck von vielen Priestern, deren Bildung und Charakter so waren, dass man »ihnen eher alles andere als den Gottesdienst und den Volksunterricht anvertrauen sollte«. Nicht einmal bei den Eingeborenen stünden sie in Achtung oder Ansehen. Und sie stellte Vergleiche an mit ihren Standesgenossen in Batavia oder Padang, würdigen und geachteten Männern. Kein Wunder, dass es in spanisch- oder portugiesisch-amerikanischen Ländern so schlecht mit der Volkserziehung und Moralität stand.

Das Volk von Panama, »ein Gemisch von Altspaniern, Indianern und Negern«, wurde eingehend gemustert und dabei den Mischlingen zugestanden, dass unter ihnen »viele hübsche Leute mit schönen Augen, Haaren und Zähnen« seien. Im übrigen fand sie sie zu träge zum Arbeiten, die Touristenmassen am Isthmus brachten ihnen genügend Verdienst, »um in Armut und Unreinlichkeit ihr Leben zu fristen«.

Peru

Von Panama nach Peru, leider mit einer englischen Linie, die hier noch keine amerikanische Konkurrenz zu fürchten hatte und sich deshalb hohe Preise und schlechte Versorgung der Passagiere leisten konnte. Schon die erste Klasse war eine Zumutung, doch gab es wenigstens gute Kost und aufmerksame Behandlung durch den Kapitän. Die zweite Klasse aber bestand aus einem Loch, in das eine Leiter hinabführte zu einem Raum, in dem man sich auf den nackten, schmutzigen Boden ausstrecken musste. Was das Essen anbetraf, so konnten das nur die Reste vom Tisch der ersten sein. Dazu gab es weder Geschirr noch Besteck noch eine Bedienung. Die Passagiere der dritten Klasse schließlich waren auf dem offenen Deck Regen und Sonne ausgesetzt. Welch ein Unterschied zur »Golden Gate« der Amerikaner, und das für keinen geringeren Preis!

Peru, über das Ida Pfeiffer in Johann Jakob Tschudis »Reiseskizzen aus dem Jahre 1838–1842« gelesen hatte, zeigte sich mit armseligen Siedlungen in öden und wüstenhaften Landschaften. Je mehr sie sich Lima näherten, desto voller wurde das Schiff, die Zusteigenden brachten Kisten, Koffer und Körbe mit, das Deck, die Kabinen, alles füllte sich in unerträglichem Maße, und dazu litten die Leute trotz ruhiger See entsetzlich unter der Seekrankheit. Aber großartig geputzt waren die Frauen und Mädchen, ihre seidenen Kleider rauschten, sie waren in schöne chinesische Umschlagtücher gehüllt und mit Edelsteinen und Perlen geschmückt. Sogar Dienerinnen trugen gestickte Schuhe und seidene Strümpfe. Frau Pfeiffer gewährt uns hier amüsante Einblicke, die wir von einem männlichen Reisenden kaum erwarten können.

In Callao, dem bedeutendsten Hafen von Peru, blieb sie nur einen Tag. Das »Städtchen«, dessen Einwohnerzahl von damals

7000 auf 500 000 im Jahre 1985 angewachsen ist, erinnerte sie mit seinen eingeschossigen Häusern samt den Flachdächern und den vergitterten Balkons ein wenig an den Orient. Die Fülle der Waren auf dem Wochenmarkt setzte sie in Erstaunen, sah man doch, »daß selbst in einer sandigen und wüsten Gegend wie dieser schnell Leben und Vegetation sich entfalten, wenn man bewässern kann«.

Sie machte die Bekanntschaft von einigen deutschen Siedlern, die Wein anbauten, und hörte vom Schicksal anderer, die zwei Jahre zuvor hier auf Einladung der Regierung angekommen waren. Auf Grund von Versprechungen hatten sich mehr als zweitausend Auswanderer auf den Weg gemacht, von denen fast die Hälfte schon auf den elenden Schiffen umkam, und die Überlebenden mussten feststellen, dass man sie von allen Seiten betrog. Sie wurden in ein Klima versetzt, dem viele bald erlagen, und die Unterstützungen, die sie erhielten, standen in keinem Verhältnis zu den Preisen im Lande. Der Hamburger Konsul in Lima, Herr Rodewald, tat alles, um sie zu retten, mithilfe von Briefen nach Deutschland, Sammlungen und auch aus eigenen Mitteln. Trotzdem starben die meisten aufgrund der ungewohnten Landarbeit und des Klimas und hinterließen hilflose Witwen und Kinder. Eine Geschichte, die Pfeiffer zu einem beschwörenden Appell an deutsche Auswanderer bewog. Sie sollten sich »Kenntnis von dem Land, dem Klima, den Kosten und Hilfsmitteln, die ihnen daselbst zu Gebote stehen, verschaffen und nicht unbedingt den Vorspiegelungen glauben, die ihnen von gewissenlosen, gewinnsüchtigen Agenten gemacht werden. Ist der arme Mann einmal von seiner Heimat weg, so hat er nicht leicht mehr die Mittel zur Heimkehr und muß bleiben, wo ihn sein Schicksal hingeworfen hat.« Doch sah sie die Schuld auch häufig bei den Ansiedlern, die glaubten, dass ihnen im fremden Land die gebratenen Tauben in den Mund fliegen, die sich nicht bewusst sind, dass sie zumindest in den ersten Jahren mehr Mühen und Arbeit haben werden als in der Heimat.

In Peru hatte es seit seiner Unabhängigkeit von Spanien 1824 so viele Revolutionen, Umsturzversuche durch das Militär oder Machtkämpfe um die Präsidentenwürde gegeben, dass selten einmal ein paar Jahre lang Ruhe eintrat. Auch Ida Pfeiffer fand ein

Land im Aufstand vor, der diesmal von Zivilisten ausging wegen schlechter Verwaltung der Staatseinkünfte, Korruption und Manipulationen im Zusammenhang mit den Erlösen aus dem Guano-Export. Aber noch herrschte in Lima Ruhe, und sie fand Aufnahme im Haus des Konsuls Rodewald. Noch stand das Militär auf Seiten des Präsidenten, der später dann gestürzt wurde, und ein Spitzelsystem sorgte dafür, dass sich die Gefängnisse füllten oder Verdächtige des Landes verwiesen wurden.

Besonders erwähnenswert schien ihr die Eisenbahn, die seit 1851 Lima mit Callao verband, weil sie unabgeschirmt durch einen großen Teil der Vorstädte fuhr und lärmend mitten durch spielende Kinder, Reiter und Fußgänger »hindurchbrauste« – ein Bild, das auch der Reisende unserer Zeiten noch in Südamerika findet, wenn wir auch nicht von »brausen« reden würden. Immerhin hatte sich trotz der Gefahr bisher nur ein Unfall ereignet. Abweisend erschienen ihr die nach außen verschlossenen Häuser, doch der Blick in die Innenhöfe ließ sie immer wieder stehen bleiben und sich an den Blumentöpfen, den drapierten Fenstern und Glastüren erfreuen.

Das Leben in Lima war teuer. Ida erkundigte sich eingehend nach Einzelheiten der Haushaltsführung, den Kosten für die Dienerschaft sowie Herkunft und Verbrauch von Eis, das von allen Volksschichten gern genossen wurde. Man führte es aus Nordamerika ein, und es war billiger als das von den nahen Kordilleren, das mit Maultieren herbeigeschafft wurde.

Allerdings gelang es ihr nicht, Zutritt zu den Häusern der Wohlhabenden zu erhalten, deren Frauen elegant und graziös sein sollten. Nur im Theater konnte sie die Schönen betrachten und auf den Straßen, so weit sie dort erschienen. Die Frauen des Volkes dagegen erlebte sie auf den Märkten, und sie war erstaunt über ihre reiche und verschwenderische Garderobe: Seidenkleider, chinesische Tücher, seidene Strümpfe, gestickte Schuhe, wie sie es schon auf dem Schiff gesehen hatte. Wenn alles nur nicht so nachlässig auf ihnen gehangen hätte und die Farben nicht so grell oder verschossen gewesen wären! Leid taten ihr die Esel, die misshandelt und überladen wurden, auf denen zuweilen eine ganze Familie nebst den Lasten Platz nahm. Ein besseres Schicksal hatte das Lama, das »mit Liebe und Zärtlichkeit, man möchte beinahe sagen, ›mit Hochachtung‹ behandelt« wurde. Doch sah sie in Lima nicht viele von diesen Tieren, nur einmal eine kleine mit Salz beladene Herde von vierzig bis fünfzig Stück.

Die Temperatur war gemäßigt, aber sie erlebte in den fünf Wochen ihres Aufenthaltes drei Erdbeben. Das erste bezeichnete sie als bedeutend, ohne dass es Schaden angerichtet hätte. Das zweite erschien als ein starkes, unterirdisches, donnerähnliches Geräusch, das vierzig Stunden anhielt, und beim dritten gab es nur ein paar ganz leichte Stöße. Doch jedes Mal »stürzt das Volk auf die Straßen, wirft sich auf die Knie und schreit ›Misericordia!‹, während es sich beständig an die Brust schlägt. Die Glocken läutet man in allen Kirchen«.

Schlimm war die Unsicherheit in dieser Stadt. »Gegen sechs Uhr nachmittags, wo es kaum dunkelt, darf man sich weder vor ein Stadttor noch auf die Alameda oder sonst einen einsamen Ort allein wagen; sogar zu Pferde wird man angefallen und beraubt.« Doch zum Glück erschienen nicht mehr, wie noch vor wenigen Jahren, diese berittenen oder unberittenen Banden von dreißig bis vierzig Mann, die ein Haus umstellten und es ausräumten, ehe man ihrer noch gewahr wurde.

Eigentlich wollte Pfeiffer von Lima über die Kordilleren nach Loreto am Amazonas und von dort mit brasilianischen Dampfern an die Ostküste Südamerikas. Aber gerade in dieser Gegend war die Revolution im Gang, und es bestand keine Aussicht, Führer oder Maultiere zu bekommen. Sie entschloss sich zu einem Versuch über Quito, zumal ihr ein ecuadorianischer Diplomat Hilfe von öffentlicher Seite in seinem Land versprach und ihr sogar versicherte, dass selbst der Präsident, »sein besonderer Freund«, an ihrer Reise interessiert sei und sie unterstützen würde. Mit einem Dutzend ihrer Meinung nach »sehr wichtiger« Briefe versehen, reiste sie weiter.

Ecuador

In Guayaquil hatte sie Glück, dass ihr der Hamburger Konsul Garbe, den sie um Aufnahme bat, seine Gastfreundschaft nicht versagte, denn eine andere Unterkunft gab es nicht. Unglücklicherweise aber kam sie gerade in die Regenzeit, das heißt, jeder Verkehr mit der Hauptstadt Quito war unterbrochen mit Ausnahme der Post. Aber selbst der Postbote hatte größte Mühe durchzukommen, kletterte oft notgedrungen auf Bäume und schwang sich an deren Ästen fort. Ida hielt das für übertrieben, aber meinte genügend Kraft zu haben, um genauso voranzukommen. Doch zunächst musste sie ihre Reise drei Wochen aufschieben, denn wieder quälten sie die Fieberanfälle.

Aber dann schloss sie sich dem Postboten in seinem kleinen Boot an. Man überredete sie, einen Diener mitzunehmen, weil sie nicht spanisch sprach und während der Regenzeit die Schänken nicht besetzt seien, man also weder Trinkwasser noch Feuer oder anderes bekommen konnte. Und obwohl sie weiß Gott genügend schlechte Erfahrungen mit solchen Dienern gemacht hatte, nahm sie wieder einen mit, aber musste es auch diesmal bereuen. Und dann saß sie im Boot, das in stockfinsterer Nacht den Guajas stromaufwärts fuhr, während der Regen unaufhörlich auf sie herabströmte.

Am Nachmittag landeten sie bei dem Städtchen Bodegas, wo alles unter Wasser stand und die Menschen sich mit Kähnen zwischen den auf Pfählen gebauten Häusern bewegten. Und wieder wurde sie ausgenommen und abkassiert selbst von Leuten, an die sie Empfehlungsbriefe hatte. Ihr Diener und der Gastgeber, der der erste Beamte am Ort war, standen dabei und ließen es geschehen, es betraf ja nicht sie. Wieder klagte sie, dass man sie unter Wilden im Urwald besser behandelt hätte als unter Christen. »Überall, wo ich hinkam, hieß es zwar in diesem Lande: ›Pobrecita Señorita‹; dabei war man aber schon bedacht, wie man dieser ›armen Frau‹ ihr bißchen Geld abnehmen könnte.«

Später mussten Maulesel gemietet werden, und auch hier betrog sie wieder der Diener, der auf ihre Rechnung ein zweites Tier für sein Gepäck setzte, das sich erstaunlich vermehrt hatte, denn der Mann wollte in Quito Handel damit treiben. Das Reiten war keinesfalls angenehm, es ging durch Morast und Wasser, doch die Unentwegte wurde entschädigt durch die Landschaft, und da sie nie ohne Schmetterlingsnetz reiste, erbeutete sie, während sie sich langsam durch die Gegend bewegten, manch schönes Exemplar.

Allmählich begriff sie, warum niemand in der Regenzeit reiste. Es ging bergan auf weichem, lehmigem Boden, wo die Tiere rutschten, von einem Loch ins andere sanken, und man war schon froh, wenn sie von sich aus wieder herauskamen, aber oft war es nötig, abzusteigen und ihnen die Lasten abzunehmen. Gerade an den schlechtesten Stellen musste man zu Fuß gehen. Der Pfad führte über tiefe und reißende Gießbäche, Pfeiffer kam kaum vorwärts, rutschte und stürzte fast bei jedem Schritt. Aber der Diener kümmerte sich nicht um sie, nur einer der Indianer zog sie aus den Pfützen heraus und half ihr weiter. Es war ein Jammer, dass sie die üppigen, von Hügeln durchzogenen Gebirgstäler, die in die ersten Ketten der Kordilleren eingebettet waren, nicht recht genießen konnte.

Zwischen den anstrengenden Tagesmärschen lagen Nächte voller Moskitos, in denen sie auf hartem Boden oder in einer Hängematte keine Erholung fand, oft vor Kälte nicht schlafen konnte und manches Mal nicht wusste, wie sie ihren Hunger stillen sollte. Ein Glück, dass sie meist wenigstens ihren traditionellen Vorrat an Brot und Käse bei sich hatte.

Die Wege wurden noch ungangbarer. Den Berg Angos hinauf war an einigen Stellen kaum durchzukommen, und nachdem sie in sieben Stunden nur die Hälfte des Aufstiegs geschafft hatten, beschlossen sie, in die erste beste Schänke einzukehren, denn weder Menschen noch Tiere hatten die Kraft, sich weiter vorwärts zu schleppen.

Als sie dort anlangten, sah Ida aus, als hätte sie ein Schlammbad genommen; doch der Diener, dem sie Schuhe und Regenmantel zum Reinigen gab, dachte nicht daran, ihr zu Diensten zu sein. »Es war gerade, als hätte ich ihn nur mitgenommen, um das Vergnügen zu haben, seine Maultiere und seine Kost zu bezahlen.« Sie nahm also die Reinigung selbst vor, hatte jedoch Mühe, sich das dazu nötige Wasser zu verschaffen. Zwar herrschte daran kein Mangel in der Umgebung, es wurde aber nur mit kleinen Behältnissen ins Haus geholt, und deshalb geizten die Leute damit. Zum Waschen von Händen und Gesicht gab man ihr nicht mehr als eine kleine Tasse voll. Und sie sah, wie die Leute die Kartoffeln in dem Wasser wuschen, in dem sie erst sich selbst und dann das Kochgeschirr gereinigt hatten. Da man mit den Holzvorräten ebenso sparsam war, konnte sie auch ihre Kleidung nicht trocknen, das Feuer reichte kaum zum Kochen der Suppe. Im übrigen war die Hütte derart eng, dass die ungebetene Besucherin ihr Quartier auf einer hölzernen Bank davor aufschlug.

Während der ganzen Reise verließ sie der Regen nicht, die Naturschönheiten verschwanden in den Wolken, und nur selten war ihnen ein Blick auf die unendlichen Bergketten, die fruchtbaren Teller, die tosenden Wildbäche vergönnt. Es ist ein Wunder, dass Ida unter solch widrigen Umständen noch die Reize der Umgebung zu würdigen imstande war. In der Nacht spürte sie vier Erdstöße rasch nacheinander und wusste, es war ein Erdbeben. Man entwickelt nach einer solchen Erfahrung ja ein Gefühl dafür, verfügt fortan gewissermaßen über einen sechsten Sinn. Sie sprang auf, und schon stürzten die Bewohner der Hütte heraus mit dem Ruf »Misericordia« und warfen sich auf die Knie – genau wie sie es in der Stadt erlebt hatte.

Und weiter auf diesem halsbrecherischen Pfad, den man »Camino real« nannte – was für ein königlicher Weg, auf dem man in Regen und Kälte immer wieder absteigen und barfuß gehen musste! Wenn die Wolken einmal kurz aufrissen, nahm Ida den Übergang der Vegetation von der tropischen Zone in die gemäßigte wahr, von Palmen, Kaffee, Kakao, Bananen und Zuckerrohr zu Getreide, Kartoffeln, Feldbohnen und Klee. Die Lebensweise der Bewohner aber stand im Gegensatz zum Reichtum der Vegetation: nichts als armselige Hütten und die Nahrung ebenso dürftig wie die Kleidung. Dann wurde der Weg besser, die Gruppe war nun in der Gebirgskette mit dem 6310 m messenden Chimborazo als höchster Erhebung, der sich jedoch hinter Wolken verbarg. Am Fuß des Bergriesen wurde die erschöpfte Reisende inmitten eines schönen, wohlhabend aussehenden Tals bei einem Haziendabesitzer freundlich aufgenommen und konnte sich endlich etwas erholen.

Und das war nötig, denn noch immer gab es kein Ende der Strapazen. Die matten Tiere mussten ausgewechselt werden, da sie den Übergang über die Kordilleren nicht mehr geschafft hätten. Pfeiffer schätzte seine Höhe auf etwa 3000 m, aber ein anderer Reisender, Joseph Kolberg, gab sie mit 4280 an. Es lag jetzt eine lange Strecke vor ihnen, auf der sie kein Obdach finden würden. Ida musste wieder laufen, die Kälte, die Höhe verursachten ihr Beängstigungen, Atemlosigkeit und Zittern, dass sie umzusinken meinte, aber sie schleppte sich weiter. Dazu schüttete es, und einmal kamen sie auch in den Schnee. Aber der Gipfel des Chimborazo war nicht zu sehen, was sie mehr als alles andere deprimierte.

Sie konnte sicher nicht wissen, dass auch ihr Freund und Gönner Alexander von Humboldt ein halbes Jahrhundert zuvor ähnliche Erfahrungen gemacht hatte, als er 1802 zusammen mit dem Arzt und Botaniker Aime Bonpland, Carlos Montufar und einem Mestizen den Berg besteigen wollte. In 4800 m (der Höhe des Montblanc) ließen sie die Maultiere zurück und bewegten sich zu Fuß weiter. Als dann die einheimischen Hilfskräfte in 5000 m über Atemnot klagten und zurückblieben, arbeiteten sich die vier Männer, in Nebel gehüllt, allein weiter. Sie quälten sich über unsicheren Boden auf einem schmalen, oft nur 30 cm breiten Felskamm empor, während der Gipfel nicht mehr zu sehen war, und litten unter Schwindel, Brechreiz, Bluten aus Zahnfleisch und Lippen – der Höhenkrankheit. Plötzlich zerriss der Nebel und der Chimborazo kam zum Vorschein, ganz nah. Doch bald schon machte eine tiefe, unüberwindliche Schlucht ihrem Vorhaben ein Ende. Frierend und mit durchnässten Stiefeln standen Humboldt und seine Gefährten davor: 5881 m – es fehlten nur noch 398 m bis zum Gipfel! Bald deckte der Nebel wieder alles zu, und der Abstieg war noch schlimmer: Auf 5655 m begann es zu hageln, und dann fiel dichter Schnee. Bei alledem versuchte der Forscher sogar Messungen zu machen und das Gestein zu ergründen, denn die genaue Höhe des Chimborazo war damals noch unbekannt; eine Besteigung gelang nicht vor dem Jahre 1880, und zwar durch Edward Whymper, der Jahre zuvor auch als erster den Gipfel des Matterhorns erreicht hatte. Bei Ida Pfeiffer war der Weg ins Tal zwar leichter, doch machten ihr der ständige Regen und ein rauer Wind sehr zu schaffen. Sie kam völlig erschöpft am Tagesziel an, hatte »Brustbeschwerden«, ihre Zähne klapperten vor Kälte, und sie war so steif, dass sie sich nur noch mit Mühe vom Maultier zur Schlafstelle schleppen konnte und, bedeckt mit Kot und Schmutz, niedersank. Der Diener dachte nicht daran, ihr auch nur ein wenig Wasser zu holen. Erst nach Stunden nahm sie einige Bissen Brot und Käse aus ihrem Vorrat zu sich, an etwas Warmes war nicht zu denken.

Nicht nur ihr ging es schlecht. Auch der Eselstreiber war zu bedauern. Für ihn gab es selbst in den elenden Rasthäusern keinen Platz, bestenfalls konnte er nebenan ein Dach auf vier Pfählen finden. Den ganzen Tag lief er auf den schrecklichen Wegen neben seinen Tieren her, musste sie am Abend entladen und Futter für sie schneiden. Er selbst ernährte sich von Gerstenmehl und streckte sich dann mit seinem zerrissenen Poncho auf der nassen Erde aus. Und für die Tiere war diese Gegend die Hölle, nicht nur hier, sondern in ganz Peru und Ecuador, und zwar für Esel wie für Maultiere und Pferde. Sie wurden schwer beladen, auch wenn Rücken und Seiten wund gescheuert waren, und mussten mehr als einen Reiter tragen.

Auf der Ostseite des Gebirges fand sich trockenes Gelände mit Kakteen und Aloe, und auf den von Vulkanen eingefassten Hochebenen von Ambato und Latacunga wurde das Reiten nun leichter. Das Klima war wieder mild, man sah Bananen und Südfrüchte, und es regnete nicht mehr. Der Cotopaxi, bis an den Krater mit einer leichten Schneedecke bekleidet, zeigte sich mit mächtigen Rauchsäulen, der Iliniza »prangte in einer dichten weißen Hülle«, und als Pfeiffer am nächsten Morgen noch einmal zurückblickte, wurde sie mit einem Ausbruch des Cotopaxi belohnt. »Dichte Rauchwolken wirbelten auf, das Feuer schlängelte sich gleich blitzenden Flammen hindurch, überstieg die Rauchwolken und senkte sich in einem dichten Regen zur Erde.« Sie dankte Gott, dass er ihr gestattete, von vielen Wundern der Natur auch dieses zu erblicken. Die Wienerin kam viel mit Hazienda-Besitzern zusammen und traf dort auf eine »Dürftigkeit und Unsauberkeit, die jede Beschreibung übertrifft«. Am meisten störte sie sich an den erwachsenen Töchtern, die, das große Tuch um Kopf, Schultern und Arme gewickelt, herumsaßen und nichts taten, um den Haushalt ein wenig aus seinem desolaten Zustand herauszubringen. Sie erlebte zerrissene, befleckte Tischtücher, drei Bestecke für elf Personen, einer bekam einen Löffel, der andere eine Gabel, der dritte ein Messer, und die wurden weitergegeben, dazu Wasser, das in einer zerbrochenen Waschkanne serviert und aus einem gemeinsamen Glas getrunken wurde. Die Kinder, barfuß und zerlumpt, aßen mit den Händen, sahen aber hübsch und blühend aus: »pausbackige Engelsköpfe«. Das Zimmer zum Schlafen war schmutzig, hatte zerbrochene Stühle, das Fragment eines Tischchens, kein Wasser zum Waschen, auch kein Becken und schließlich noch Mengen von Ungeziefer, sodass sie die Nacht auf dem Stuhl verbrachte und am nächsten Morgen voller roter Flecken war. Daneben fand sie in solchen Häusern manchmal einen erstaunlichen Luxus: Teppiche, Spiegel, ein Klavier, kostbare Kleider, chinesische Schals.

Nun Quito, die Hauptstadt. Nach Humboldt »eine der wundervollsten und malerischsten Gegenden der Erde«, für Ida auf den ersten Blick enttäuschend nach den übertriebenen Beschreibungen, die sie gelesen hatte. Zwar auch groß und schön auf der von Wiesen und Feldern bedeckten Hochebene inmitten der hintereinander gestaffelten Berge, aber im Vergleich mit anderen Städten nichts Besonderes. Und das Volk setzte ihr zu. Sie wurde begafft und ausgelacht, man zeigte mit Fingern auf sie und lief ihr nach. Obwohl die Stadt 50 000 Einwohner zählte, gab es keinen Gasthof, und Pfeiffers Empfehlungsbriefe lagen im Koffer, der in Wachstuch eingenäht war. Sie hatte nur einen einzigen zur Hand, dessen Adressat aber außerhalb der Stadt auf seiner Hazienda weilte. Wohin also? Der Diener kümmerte sich um nichts, die Leute bestürmten sie mit neugierigen Fragen, schrien und lachten – eine Frau, allein, ohne männlichen Schutz, da konnte man sich austoben! Endlich trat ein Herr zu ihr und befahl seinem Diener, sie in sein Haus zu führen. Dort konnte sie den Koffer öffnen, sich umkleiden, und dann ließ sie sich mit einem Empfehlungsbrief zum amerikanischen Chargé d'affaires, Herrn White, führen. Ihr eigener Diener war schon wieder verschwunden. Angetan mit Mantilla und seidenem Hut wurde sie noch einmal zum Gespött des Volkes, doch es war nicht weit, und im Hause White nahm man sie gastfreundlich auf.

Ida Pfeiffer fand in Quito Eingang in die Häuser der Alt-Spanier, das heißt, der weitgehend weißen Bewohner. Sie sah bei den Reichen viel Luxus, große Räume und die schönen Innenhöfe mit Blumen und Springbrunnen. Die Frauen waren liebenswürdig, aber wenig gebildet. Vermutlich nahmen sie kein anderes als das Gebetbuch zur Hand. Das mochte an der Abgelegenheit der Stadt liegen, zu der sich wenig gute Lehrer oder gar Künstler oder Gelehrte verloren. Doch hielten sich die Frauen andererseits durchaus nicht aus den Geschäften, auch den politischen, der Männer heraus. Die Besucherin besichtigte die Kirchen (»die einzigen Sehenswürdigkeiten Quitos«), auch die Spitäler für Kranke, Geisteskranke und Aussätzige, die sie unter aller Kritik fand, wo die Luft so verpestet war, dass sie sich ein Fläschchen Kölnisch Wasser gewünscht hätte. Sie fühlte sich ohnehin nicht gut, die Höhe von fast 3000 m machte ihr zu schaffen. Aber trotz ihrer schlechten Verfassung blieb sie keinen Tag zu Hause, schleppte sich überall hin, wo es etwas zu sehen gab. Als sie Terpentin für ihre Insekten brauchte, kam sie auch in eine Apotheke, wohl die einzige am Ort. Man öffnete ein paar Dutzend Flaschen und roch daran, bis man die richtige entdeckte, sie waren nicht einmal mit Etiketten versehen. Arzneimittel kosteten etwa das Zehnfache wie in Deutschland, die Armen konnten sich so etwas also nicht leisten und mussten sich »vielleicht zu ihrem Glück« mit Hausmitteln begnügen. Im allgemeinen aber war das Leben in Quito nicht teuer, die Wohnungen billig, und Hausangestellte konnten, wie sie meinte, auch von ihren niedrigen Löhnen samt Familie gut leben. Eine Sitte wollte sie nicht unerwähnt lassen: Da es keine Münzen gab, pflegte man zum Wechseln Brot oder Eier herauszugeben, mit denen auch bezahlt werden konnte.

Pfeiffer war kritisch und mitfühlend, sie trug aber auch zum Vergnügen ihrer Leser bei durch kleine Anekdoten oder Szenen. Da entstanden Prosa-Miniaturen, die in ihrer sarkastisch-ironischen Art durchaus amüsant zu lesen sind, wie etwa das buntgemischte Publikum bei einer der seltenen Theatervorstellungen in Quito, die aus den Vorführungen eines Taschenspielers mit überaus bescheidenen Kunststücken bestand: »Das Publikum war echt republikanisch. Da sah man lumpig gekleidete Indianer, deren Weiber sogar ihre Säuglinge mitbrachten, Neger, deren Ausdünstung gerade keine Wohlgerüche verbreitete, Gassenjungen, die sich um Plätze balgten, als wären sie auf offener Straße; dazwischen saßen Herren und Offiziere mit ihren Frauen und Töchtern, erstere in Ponchos, letztere in den großen Umschlagetüchern, die sie zugleich über den Kopf gezogen hatten. Nur eine Gesellschaft von drei Frauen und einigen Herren machte eine Ausnahme. Diese Leute waren geschmückt, als hätte es einem Besuch des Opernhauses in Paris oder London gegolten – die Damen sehr entblößt und beladen mit Schmuck, Federn und Blumen, die Herren in schwarzem Anzug mit Glacéhandschuhen. Das sah wirklich komisch aus inmitten dieser schmutzigen, etwas gar zu gemischten Gesellschaft.«

Ida hatte Glück. Ihr wurde geboten, was Touristen nach wie vor wichtiger ist als alles andere und zu dem heute in steigendem Maße besondere Reisen veranstaltet werden: Feste. Ihr Aufenthalt fiel in die Karwoche, und sie konnte an den kirchlichen Feierlichkeiten teilnehmen, die mit der Prozession der Altspanier am Palmsonntag begannen. Vieles gefiel ihr dabei nicht, zum Beispiel, dass der feierliche Umgang der Indios getrennt von den anderen vor sich ging, schließlich waren doch alle Christen. Aber den hatte der Bischof ohnehin verboten in diesem Jahr, weil es beim letzten Mal »gar zu toll dabei zugegangen war. Die Anzüge der Leute sollen so barock und komisch gewesen sein, daß der Zug der lächerlichsten Maskerade, nicht aber einer heiligen Prozession glich«. Doch auch sonst fand sie manches seltsam. Sie war zwar beeindruckt von den zahllosen Lichtern, in deren Glanz die Sakralbauten vom Karfreitag an erstrahlten, doch die bei den Besuchen der Kirchen und Gräber dargestellten Szenen aus dem Leben Jesu schienen ihr entwürdigend: fratzenhafte Figuren, barocke Stellungen, eine überaus komische Kombination von Kostümen aus ältester und neuester Zeit. Sie wünschte sich, dass der Papst einige ernste, würdige Priester senden möge, umso manchem unsinnigen Treiben Schranken zu setzen, und schob die Zustände der Geistlichkeit und der Regierung zu. »Noch sind diese Länder viel zu weit zurück und vor allem zu demoralisiert, um einer republikanischen Verfassung fähig zu sein ... ich hoffe, daß sie mit der Zeit alle von den Amerikanern der Vereinigten Staaten verschlungen werden, die mit einem Teil Mexikos bereits den Anfang gemacht haben.«

Die Neger-Sklaverei hatte man aufgehoben in Ecuador, doch auch das Los der Indios war erbarmungswürdig. Pfeiffer schilderte es in beredten Worten, wie sie zwar vom Gesetz her alle Rechte hatten, aber ausgebeutet wurden als Steuerzahler, als Landarbeiter und Hauspersonal, die man immer mehr in Schulden trieb, oder als nur mit Schimpfworten und Rippenstößen bezahlte Träger für die Soldaten bei Truppenmärschen. Dabei wurden sie zutiefst verachtet nicht nur von den Altspaniern, sondern auch von Mischlingen und Schwarzen.

Die Briefe des ecuadorianischen Chargé d'affaires in Lima nützten der Besucherin gar nichts mit einer Ausnahme: bei General Algierre, mit dem sie erst später zusammenkam, weil er bei ihrer Ankunft nicht in der Stadt gewesen war. Die Lebensweise seiner Familie, die sie auf seiner Hazienda kennen lernte, gefiel ihr außerordentlich: »Da herrscht doch geregelte Ordnung, Reinlichkeit und Wohlhabenheit«. Das schöne Haus, der in Paris erzogene, gebildete Sohn, und überhaupt war das eine wohlangesehene Familie. Im Gegensatz dazu enttäuschte sie der Präsident der Republik, er »fand sich im Gefühl seiner hohen Stellung zu stolz und zu gewichtig, mir den Anblick seiner Person zu gönnen« und würdigte sie nicht einmal einer Antwort. Ein anderer Großer des Reiches trieb die Höflichkeit noch weiter. Er lud Herrn und Frau White zu einer Abendunterhaltung ein, ohne Pfeiffer zu erwähnen, obwohl sie doch bei den Whites wohnte.

Das bedeutete, dass sie ihre Pläne nicht durchführen konnte. Sie hatte zum Amazonas reisen wollen, was ohne Hilfe der Regierung nicht möglich war, denn sie brauchte sichere Begleiter. Bei den Indianerstämmen würde sie weder Boote noch Leute bekommen, man musste alles mit Gewalt erzwingen oder sich selbst helfen, Boote zimmern und Nahrungsmittel mitnehmen oder Wild erlegen. Was also stattdessen?

Vielleicht war es möglich, auf dem Landweg zwischen den Kordilleren nach Bogota, der Hauptstadt Neugranadas (Kolumbiens), zu gelangen. Er sollte herrlich sein – im Sommer, während der Regenzeit jedoch fürchterlich. Aber wieder einmal wollte sie sich nicht abhalten lassen. Sie verhandelte mit dem Koch des Herrn White über einen guten Sattel und wurde dabei gleich wieder so betrogen, dass ihr die Lust auf Reisen in diesem Südamerika völlig verging. Nicht Mühen und Beschwerden konnten sie am Vorankommen hindern, wohl aber »Völker mit so schlechtem, nichtswürdigem Charakter«. Die Kannibalen Sumatras waren ihr jedenfalls lieber. Schon hatte sie Tiere gemietet und ging zum spanischen Minister, Herrn de Paz, der ihr viele Aufmerksamkeiten erwiesen hatte, um sich zu verabschieden. Dieser aber führte ihr vor Augen, worauf sie sich da einlassen wollte. Die Reise würde nicht unter fünfzig Tagen zu machen sein, sie musste über bedeutende Flüsse setzen und würde als Frau den Betrügereien und Unverschämtheiten der Einheimischen ausgesetzt sein, denn Briefe oder selbst Befehle der Regierung nützten dort gar nichts. Ida Pfeiffer konnte nicht wissen, was wir heute nachlesen können: Alexander von Humboldts Erlebnisse in jener Gegend. Auch er berichtete von dichtem Wald, in dem man kaum vorwärts kam, menschenleeren Gegenden, die nur mit eigenen Vorräten zu durchqueren waren, anschwellenden Gießbächen, engen Pfaden und wochenlangen Regengüssen, die ihn völlig durchnässt hatten. Pfeiffer ließ sich von Herrn de Paz überzeugen und beschloss nach Guayaquil zurückzukehren. Sie gestand sich nun selbst ein, dass sie bei ihrem Gesundheitszustand mit ständig sich wiederholenden Fieberanfällen diese fünfzig Tage nicht durchstehen würde.

Diesmal nahm sie nun wirklich keinen Diener mit, sondern lediglich einen indianischen Treiber, und es wurde eine erfreuliche Reise. Das Wetter war gut, viermal war es ihr sogar vergönnt, den Chimborazo zu sehen. »Die Sonne selbst schien entzückt zu sein, das herrliche Werk Gottes beleuchten zu können; sie goß ihr ganzes Feuer, ihr volles Licht auf ihn und machte sein jungfräulich-schneeiges Haupt in unbeschreiblichem Schimmer erglänzen.«

Am fünften Tag, in Guaranda, musste sie aber neue Tiere mieten mit einem anderen Treiber, der sie nicht nur betrog, sondern sich auch sonst bei Schwierigkeiten höchst unfreundlich verhielt. Sie kannte ja von der Herreise die üble Strecke mit den gefährlichen Löchern, wo sich nun ihre bösen Erfahrungen wiederholten. An einem sehr steilen Hang stürzte ihr Maultier in ein Loch, und sie flog über seinen Kopf hinweg. Aber der Treiber, statt ihr zu helfen, lachte nur aus vollem Hals. Zum Glück kam sie unbeschädigt davon.

Schlimmeres widerfuhr ihr, als sie auf dem Guayas drei Tage in einem kleinen Boot fuhren. Sie stürzte in den von Kaimans wimmelnden Fluss, rechnete aber auf die Hilfe der Bootsleute und machte sich zunächst keine Sorgen, obwohl sie ja nicht schwimmen konnte. Doch als sie wieder an die Oberfläche kam, war kein Retter in Sicht, sie entdeckte nur eben noch das Boot. Dann versank sie ein zweites Mal, bekam nun Angst, verlor aber nicht die Nerven und versuchte, sich selbst durch Schwimmbewegungen zu retten. Glücklicherweise befand sie sich beim Auftauchen unmittelbar am Boot und fand dort Halt. All das betrachteten die Leute ruhig und gelassen; keiner reichte ihr die Hand oder ein Ruder. Nur ein einheimischer Mitreisender half ihr. Kaum war sie gerettet, da sprangen die Kerle ins Wasser um zu baden und schwammen fröhlich herum, gerade als wollten sie ihr zeigen, dass sie ihr wohl hätten beistehen können. Immerhin hatte sie Glück gehabt. In Guayaquil war man später verwundert, dass die Leute sie wieder ins Boot gelassen hatten. In anderen Fällen habe man die Reisenden absichtlich ins Wasser gestoßen, um in den Besitz ihrer Habe zu kommen.

Von Guayaquil fuhr sie mit dem Dampfer wieder nach Panama und dann über den Isthmus nach dem in Händen der USA befindlichen Aspinwall (Colon). Die Eisenbahn war nun schon fast vollendet, man konnte auf das lästige Boot verzichten und hatte lediglich etwa 18 km zu reiten. In einigen Monaten würde die ganze Strecke fertig sein und die Reise nur noch wenige Stunden dauern. Da das neue Verkehrsmittel nicht im Besitz einer englischen, sondern einer amerikanischen Gesellschaft war, gewährte man ihr auch noch freie Fahrt.

In den Vereinigten Staaten von Amerika

Aspinwall, die kleine Hafenstadt am atlantischen Eingang zum späteren Panama-Kanal, bestand erst seit anderthalb Jahren und war ein nordamerikanisch wirkendes Örtchen mit Holzhäusern, die man aus den USA herübergebracht hatte. Von dort ging es mit dem Dampfer »Eldorado« nach New Orleans. Als sie nach fünf Tagen die Mündung des Mississippi erreichten, beschrieb Pfeiffer ausführlich, wie das Schiff in den Strom hineinfuhr, der zunächst »endlos wie die See« war, wie Land, einzelne Hütten, Flussdeiche und Kulturen auftauchten. Gegen Mitternacht fiel der Anker vor New Orleans, der größten Stadt im Staate Louisiana und ein wichtiger Ausfuhrhafen bis heute. Ein zwar auf Sumpf gebauter, aber gut aussehender Ort mit festen Häusern, breiten Straßen und einigen hübschen Plätzen sowie freundlichen Gartenanlagen. Nur war alles entsetzlich schmutzig: der weggeworfene Unrat, die offenen Abwasserkanäle bei der Tropenhitze, die Überschwemmungen bei Regenwetter. Kein Wunder, dass hier das Gelbfieber so oft wütete.

Die 150 000 Einwohner (deren Zahl inzwischen auf das Vierfache in der Stadt und weit über eine Million im Großraum angewachsen ist), verteilten sich zu je einem Drittel auf Franzosen, Amerikaner (solche, die von Engländern abstammten), Deutsche und andere Nationalitäten.

Pfeiffer war beeindruckt von dem Strom mit seinen unzähligen und verschiedenartigen Schiffen, besonders den zweistöckigen Mississippi-Dampfern: Sie glaubte eine Stadt von hölzernen Palästen vor sich zu sehen. Hier wurden hauptsächlich Zucker und Baumwolle ausgeführt, und neuerdings machte man Versuche mit der Guanodüngung, die beste Aussichten für eine Steigerung der Zuckerproduktion versprach. Außer dem Strom, der Hauptattraktion, bot die Stadt aber kaum viel Anziehendes. Nicht die kleinste Erhöhung machte das flache Land ein wenig reizvoller. Gebäude ja, die gab es, vor allem Hotels, und allen voran das St. Charles. Welch eine Pracht! Hohe, luxuriöse Räume, Lesesäle mit allen Zeitungen der Welt, viel Personal und eine Kost selbst für den verwöhntesten Geschmack. Dabei ging es sehr locker und ungezwungen zu, auch bei Tisch, wenngleich man keine Bekanntschaften machen konnte. Die Wienerin beobachtete auch hier wieder, dass, abgesehen davon, dass Fremde nicht miteinander sprachen, die Amerikaner selbst das Essen als ein Geschäft betrachteten und die Speisen so hastig hinunterschlangen, dass für ein Gespräch keine Muße blieb.

Sie interessierte sich auch für die Münze, für das Wasserwerk in La Fayette und die lebendigen Märkte mit ihrem großen Angebot. Dabei traf sie auf Sklaven, ordentlich und gut gekleidete Leute, denen es anscheinend nicht schlecht ging. Doch wollte sie der Frage nachgehen und besuchte die öffentlichen Versteigerungen. Sie schilderte, wie die Opfer, gut gekleidet und herausgeputzt, vorgestellt und ihre Fähigkeiten angepriesen wurden, und nannte Preise. Doch konnte sie diese »Menschenversteigerung« nicht lange mit ansehen. Es war »wahrhaftig empörend, daß Menschen so tief sinken, so ganz aller Moral, aller Humanität vergessen, ihresgleichen wie Tiere zu er- und verhandeln«. Aber dieser erste Eindruck genügte ihr nicht, sie drang bis zu einem Sklavenhändler vor und gab an, eine Köchin und einen Diener zu suchen, und der Mann rief sofort alle zusammen, lobte und pries sie. Warum aber wurden Sklavenhändler verachtet und Sklavenhalter nicht?

Auch auf den Plantagen beobachtete sie die Lage der Sklaven, wohnte sogar einige Tage bei einem reichen Sklavenhalter. Überall hatte das System ihren Abscheu erregt, besonders aber hier, da Republikaner es praktizierten. Das waren doch Leute, die auf ihre Freiheit, ihre Gleichheitsrechte so stolz waren und trotzdem alle Grundsätze der Religion und Moral mit Füßen traten. Sie fand ihre Eindrücke bestätigt durch die Lektüre eines 1839 in New York erschienenen Buches »Amerikanische Sklaverei, wie sie ist, bestätigt von tausend Augenzeugen«. Doch musste sie zugeben, dass das Schicksal dieser Arbeitskräfte, zumindest auf den Farmen und besonders bei ihrem Gastgeber, durchaus annehmbar war, die dienstbaren Geister sich sogar sichtlich wohl fühlten, was man aber gewiss nicht verallgemeinern durfte.

Höchst sonderbar fand sie, dass die Weißen die Sklaven einerseits den Tieren gleichstellten und ihnen andererseits das Teuerste, ihre Kinder, anvertrauten. Sie wurden von Negerinnen gestillt, gepflegt und sahen nicht selten in ihnen ihre Vertrauten. »Muß dieser nahe Umgang mit so rohen, sinnlichen Menschen nicht sehr schädlich auf Sitten, Charakter und Bildung der Kinder einwirken?« Und die wurden ja daran gewöhnt, sich jeden Dienst leisten zu lassen, und dadurch »launenhaft, befehlshaberisch, träge, boshaft; jede Energie, die Kraft zu handeln, ja selbst zu denken, geht verloren und leider das Gefühl auch«.

Sie beschrieb auch das nicht minder harte Los der Schwarzen und Farbigen, denen das Gesetz so viele Rechte vorenthielt, und aus ihren seitenweisen Schilderungen der sozialen Unterschiede spürt man die Erregung über solche Zustände. Überhaupt, so angenehm und nachahmenswert sie die technischen Errungenschaften der USA und die Gastfreundschaft vieler Amerikaner empfand und pries, es blieben ihr auch die Schattenseiten nicht verborgen.

Hinzu kam noch, dass man diese Dienst tuende Bevölkerungsgruppe streng, die Verbrecher aber vergleichsweise mild behandelte. In den drei Wochen ihres Aufenthalts verging kaum ein Tag ohne Mord oder Brandstiftung, aber wenn sie sich darüber aufhielt, dass Täter kaum oder gar nicht bestraft und Richter bestochen würden, so hörte sie, dass man sich an dergleichen gewöhne und gar nicht mehr darüber rede. Amerika sei ein junges Land, mit der Zeit werde sich das schon geben.

Sie verließ New Orleans an Bord der »Belfast«, einem der Prachtdampfer, und fuhr den Mississippi aufwärts, wieder ohne Bezahlung, denn dem Kapitän war sie durch Zeitungsberichte bekannt. Nach den Strapazen in Südamerika genoss sie die schweren Teppiche, die großen Spiegel, die mit Samt überzogenen Möbel, vor allem die Nächte in einem bequemen Bett und auch die überaus reiche Kost. Aber die Landschaft zu Seiten des majestätischen Stroms war eintönig. Pflanzungen mit Zucker, Mais und Baumwolle, Waldungen, kaum ein paar Hügel. Die Indianer, die ihrer Ansicht nach noch etwas Originelles ins Bild gebracht hätten, waren weitgehend verschwunden. Kein Wigwam, keine Rothaut mit Bogen, Pfeil und Skalpiermesser!

Im Städtchen Napoleon, »erst kürzlich dem Walde entstiegen«, unterbrach sie die Reise auf dem großen Strom, um mit einem anderen Schiff auf dem Arkansas nach Little Rock zu fahren. Es war ein kleiner Schaufelraddampfer, der wenig Komfort bot, denn der niedrige Wasserstand erlaubte nur solche Fahrzeuge, die zudem durch treibende Baumstämme gefährdet waren. Aber die Landschaft bot weit mehr Abwechslung als am Mississippi, alles war noch wilde Natur, kaum bewohnt, Hügel und Bergketten, Wald, wohin man blickte, und nur ab und zu ein kleines Maisfeld, eine Hütte.

Little Rock hatte 3000 Einwohner und glich »mehr einem niedlichen Walddorf als einem Städtchen, die Häuser liegen weit voneinander, meistens mitten in Gärten und Gebüschen«. Aber Pfeiffer schaute in die Zukunft: »Einst, wenn Amerika das traurige Schicksal Europas haben und übervölkert sein wird, dürften sich die Züge der Einwanderer auch nach Arkansas wenden. Jetzt hat man es noch nicht nötig, mit dem Land zu sparen, da es für den üppigsten Boden noch zu wenig Hände gibt.« Wie recht sie hatte! Im Jahr 1980 zählte die Hauptstadt des Staates Arkansas mehrere Hunderttausend Einwohner.

Ihre Mitreisenden hielt Ida für ziemlich unbedarft. Wenn Holz geladen wurde und sie im Wald Insekten fing, lachte man sie aus. Noch nie schienen sie etwas von Museen gehört zu haben, schwatzten nur den ganzen Tag, erkundigten sich nach ihren Familienverhältnissen, wollten wissen, welcher Religion sie angehöre, woher sie das Geld zum Reisen nehme, warum sie überhaupt reise. Las sie ein Buch, so wollten sie den Titel sehen und die Bilder betrachten. Sie gingen sogar in ihre Kabine, nahmen die Insekten in die Hand und zerstörten manches. Am lästigsten waren die Kinder, denen jede Erziehung fehlte, die alles tun und lassen durften, was sie wollten. Überhaupt das Bildungswesen! Es gab so viele Lehranstalten, aber sie schienen wenig Erfolg zu haben. Überall traf man auf diese Halbbildung, mit der sich vor allem die Frauen wichtig machten, und von Geographie hatte kaum jemand eine Ahnung, ihre Welt waren die Vereinigten Staaten, sonst nichts.

In Little Rock wechselte sie noch einmal das Schiff und fuhr nach Fort Smith, von wo aus sie nach Fort Gibson reiten wollte, denn dort in der Nähe lebten Cherokee-Indianer. Aber ein neuer Fieberanfall hinderte sie daran. Immerhin traf sie auch am Ort viele Indianer, die einen guten Eindruck auf sie machten. Sie sprachen Englisch, benahmen sich anständig, gingen einem Beruf nach und waren gebildet. Es gab sogar Ehen zwischen Indianern und weißen Frauen, die nicht als entehrend angesehen wurden.

Zurück zum Mississippi also, wo sie auf dem luxuriösen Dampfer »Crescent City« wieder umsonst reisen durfte. Auch auf dieser Strecke war die Landschaft eintönig, die Städtchen glichen einander, »man sieht ihnen die Eile, die Hast an, mit der sie gegründet wurden«, verstreute Häuschen aus einfachen Bretterwänden, die weder Kälte noch Hitze abhielten; die Leute wechselten oft ihren Wohnort, manchmal nur, weil sie schon einige Jahre da gelebt hatten. Die großen Städte, wie St. Louis, ihr nächstes Ziel, hatten wohl schöne Gebäude und viele Kirchen, aber die Wohngebiete bildeten eine gleichförmige Häusermasse. Noch fünfzehn Jahre zuvor hatte die Stadt kaum einige tausend Einwohner gehabt, und nun waren es schon 120 000 – immer noch wenig im Vergleich zu 1984, als man um die 400 000 in der Stadt und 2,5 Millionen im Großraum zählte.

Pfeiffer wurde von der Familie eines ihr aus New Orleans bekannten Richters aufgenommen. Sie betrachtete wieder Banken, Gasthöfe, das Zollhaus und die katholische Kirche, die Kathedrale, das Gefängnis. Dazu soziale Institutionen, für die in den Vereinigten Staaten sehr viel, vor allem von Frauen, getan wurde: Anstalten für Straßenkinder, für alte und arme Leute sowie Mädchen und Frauen, die der Besserung bedurften. Sie besichtigte eine Zuckerraffinerie, die Markthalle, den Friedhof Belle Fontaine und lieferte auch ausführliche Beschreibungen davon.

Von St. Louis aus machte sie einen Ausflug mit der Postkutsche nach dem fünfzehn Jahre zuvor von Deutschen und Schweizern gegründeten Städtchen Highland im Staat Illinois, das nun 5000 Einwohner zählte. Sie wurde ehrenvoll empfangen, der Musikverein brachte ihr ein Ständchen, es gab Freundlichkeit und Herzlichkeit von allen Seiten, deutsche Sprache, heimatliche Lieder und Kompositionen – Ida Pfeiffer vergaß fast, dass sie in einem fremden Erdteil war. Dann zeigte man ihr die Prärie, die nicht, wie sie es sich vorgestellt hatte, aus unübersehbaren Grasflächen bestand, sondern sehr reizvoll war mit ihren Bodenwellen und kleinen Hügeln, den ansprechenden Farmhäuschen inmitten üppiger Weizen-, Hafer- und Maisfelder, dazwischen Obstbäume und dunkle Waldungen. Sie besuchte mehrere Farmen, fand überall rege Aktivität, alles war im Aufbruch, die Entwicklung schritt voran. Besonders gut ging es den Frauen, die nicht hart arbeiten mussten – man lebte angenehm.

Ein bequemer Dampfer brachte sie weiter nach St. Paul. Unterwegs wurde verschiedentlich bei Orten angelegt, die manchmal aus nicht mehr als einem Dutzend kleiner Häuser bestanden, die man aber schon Städte nannte in der Hoffnung auf kommende Größe. »Der Amerikaner lebt überhaupt so sehr in der Zukunft, daß er von der Gegenwart wenig genießt.«

Die Uferlandschaft bot auch hier wenig Eindrucksvolles. Aber Ida sah den Reiz der Fahrt in dem Gedanken, dass es doch großartig sei, zwischen diesen Urwäldern und Prärien auf dem Rücken eines der mächtigsten Ströme der Erde zahllose Dampfer zu sehen in Gegenden, »die noch vor zwanzig Jahren größtenteils von wilden Indianern, von Bären und anderen Bestien bewohnt waren«, und überall die Städte und Ortschaften zu erblicken, die gleich Pilzen aus der Erde gewachsen waren. Und für uns ist gerade dieser Teil ihrer Reiseberichte interessant, weil er so manche der heutigen Riesenstädte in ihren Anfängen als junge Siedlerkolonien zeigt.

Sicher würde sie mit Befriedigung die langen Schleppzüge betrachten, die heute den Fluss beleben, und am Ufer die riesigen Erntemaschinen, die Lastwagen, die Silos, in denen die Überschüsse an Weizen, Mais und Sojabohnen in dieser Kornkammer Amerikas gelagert werden und von denen das meiste nach Übersee geht. Dass es allerdings nur noch sechs Dampfboote gibt, die doch zu ihrer Zeit gerade den neuen technischen Komfort darstellten, würde sie gewiss in Erstaunen setzen, und die Spielkasinos, die sich überall entlang des Mississippi angesiedelt haben, wären ihr ganz bestimmt ein Ärgernis.

St. Paul, das »Hauptstädtchen des Minnesota-Distriktes«, erst fünf Jahre zuvor entstanden, befand sich in überraschend schneller Entwicklung und zählte bereits 5000 Einwohner. Der Distrikt Minnesota wurde 1858, also nach Pfeiffers Besuch, als 32. Staat in die Union eingereiht, was erst geschehen konnte, wenn sich eine genügend große Zahl von Weißen angesiedelt hatte. Bis dahin durfte sich jeder Land nehmen, soviel er wollte, später musste man dafür bezahlen. Bevor ein Distrikt zum Staat erklärt wurde, gab es eine Abstimmung für oder gegen die Einführung der Sklaverei. Bei Minnesota nahm man an, dass es sich dagegen aussprechen würde, denn das Klima war so gut, dass alle Arbeiten auch von Weißen geleistet werden konnten, deren Zahl ständig stieg. 1852 hatte es noch kaum 20 000 gegeben, im Jahr darauf schon die doppelte Zahl, vor allem deutscher und skandinavischer Abstammung. Ida war so begeistert von dem, was sie sah und hörte, dass sie den Distrikt jedem Auswanderer empfahl, vor allem, wenn er »kräftige Hände, Arbeitsliebe und Ordnungssinn« mitbrachte.

Ihr nächstes Ziel waren die fünf großen Seen zwischen den USA und Kanada, die sie mit Dampfern befuhr. Sie hielt sich aber nirgends lange auf, zumal die Witterung neblig und regnerisch war und sie noch immer an den Folgen ihres Fiebers litt. Sie sah, dass überall Land aufgebrochen und Farmen errichtet wurden und dass Ortschaften und Städte entstanden. Besonders genoss sie die Begegnung mit deutschen Siedlern, die ihr freundlich entgegenkamen, und erlebte wieder heutige Millionenstädte in ihren Anfängen: Chicago, Milwaukee, Cleveland, Buffalo. Aber im Ganzen beeindruckten sie diese Fahrten wenig, sie sah weder besonders malerische Landschaften noch interessante Städte.

Einer ihrer großen Wünsche war, die Niagara-Fälle zu besuchen. Sie fand dort ein angenehmes kleines Hotel, was ein Glück war, denn ihre Fieberanfälle zwangen sie erneut, das Bett zu hüten. Bisher hatte sie immer Chinin genommen, aber das wirkte nur kurze Zeit. Jetzt erfuhr sie von einem anderen Mittel: »Man nehme auf ein halbes Wasserglas voll starken, guten Brandys einen Teelöffel roten, pulverisierten Pfeffer (Cayenne) und fünf bis sechs Teelöffel voll weißen Zucker, mische es gut durcheinander, bis der Zucker gänzlich aufgelöst ist, und lasse es dann vier bis fünf Stunden stehen. Man beginne diese Arznei ein bis zwei Stunden, ehe das Fieber kommen soll, einzunehmen, und zwar jede Stunde zwei Teelöffel voll, bis das Ganze eingenommen ist. Man schüttle es bei jedesmaligem Nehmen gut durcheinander.«

Tatsächlich war sie nach dieser Prozedur für zwei Monate von Anfällen frei, und als sie dann wieder zu dem Mittel griff, blieb das Fieber ganz weg. Am nächsten Tag raffte sie sich auf und erlebte an den Niagara-Fällen einen Höhepunkt ihrer Reisen, den sie in den blumigsten Worten schilderte. Sie nutzte auf der kanadischen Seite die Gelegenheit, sich mit Führer und Schutzkleidung unterhalb des Falles zu begeben, und fand es »nicht nur ergreifend und großartig, sondern grauenhaft. Die über dem Haupte rollende Wassermasse, das fürchterliche Toben und Brausen des milch-weiß schäumenden Elementes, die schmale, durch die beständige Nässe schlüpfrige Felskante, auf welcher man vor dem Abgrund steht, in den sich das Wasser stürzt, die überhängenden Felstrümmer, die sich von Zeit zu Zeit lösen, machen diese Partie wirklich gefährlich und so ergreifend, daß ich nicht jedermann raten möchte, sie zu unternehmen.«

Danach sah sie sich in der Umgebung um, dem üppigen Urwald mit den majestätischen Bäumen, ein Heiligtum der Natur, das noch weitgehend unberührt war und, wie sie hoffte, auch bleiben würde – ein Wunsch, der sich bis heute weitgehend erfüllt hat. Immerhin waren dem Besitzer schon hohe Summen dafür geboten worden. »Man wollte da Gasthöfe, Belustigungsorte, Badeanstalten und dergleichen mehr errichten, aber gerade deshalb gab er es nicht her. Die heilige Stille des Haines sollte durch das rastlose Treiben der Menschen nicht entweiht werden.« Doch sie fragte sich, ob auch künftige Besitzer so handeln würden.

Fünf Tage blieb sie und verbrachte ihre Zeit meist bei den Fällen, stand stundenlang vor den sich verfolgenden, überstürzenden Wogen. »Je länger ich sie sah, desto schwerer ward es mir, mich von ihnen zu trennen. So geht es mit allem Großen und Erhabenen; man braucht Zeit, bis man es zu verstehen und in sich aufzunehmen vermag.«

Abstecher nach Kanada

Wir treffen Ida wieder im kanadischen Montreal, wo es »Unannehmlichkeiten«, gab. Im ersten Gasthof behauptete man, kein Zimmer zu haben. Der Grund lag darin, dass sie allein kam und nur einen kleinen Reisesack hatte. Im nächsten Hotel (einem Temperance-House) dasselbe. Da legte sie ein Goldstück von zehn Dollar auf den Tisch und versicherte, dass sie stets im voraus bezahlen würde. Der »Talisman«, half. Der Empfangschef schob das Geld zurück und gab ihr ein Zimmer. Wehmütig dachte sie an die USA zurück, »wo man die ärmste Frau mit Achtung, Güte und Zuvorkommenheit behandelt!«

Überhaupt ein Ort mit unfreundlichen Menschen. Fragte Ida nach dem Weg, so bekam sie keine Antwort. Leider kannte sie niemanden und hatte auch keinen Empfehlungsbrief. Doch da in den USA die Presse immer hilfreich gewesen war, konnte eine Ida Pfeiffer wohl auch hier mit ihr rechnen. Im Vertrauen auf ihre Bekanntheit ging sie zu einem der größten Zeitungsbüros. Schließlich hatte in den USA jeder Herausgeber ihren Namen gekannt, und sie war deshalb überall freundlich aufgenommen und betreut worden. Doch niemand kannte sie. Endlich fand sie das nötige Entgegenkommen bei ein paar »gefälligen« Menschen in Presse- und Konsulatskreisen, versicherte aber gleich, als sie ihren Namen nannte, dass sie nicht arm sei und wohl um freundschaftliche Dienste, aber nicht um materielle Gaben bitte.

In der heutigen Millionenstadt Montreal ging alles noch etwas gemächlicher zu als in den hektischen Vereinigten Staaten. Man spürte den französischen Einfluss. Um sich einen Überblick zu verschaffen, bestieg Ida den 233 m hohen Mont Royal wie auch den Turm der Kathedrale und war fasziniert: »Die ehrwürdig altertümliche Stadt, die sich traulich an den Fuß des Berges schmiegt, der

Hafen mit seinen Schiffen und Dampfern, das rege Treiben auf dem Lorenzstrom, der unfern der Stadt einen See mit vielen Inseln bildet, das reichkultivierte Land umher und in der Ferne einzeln auftauchende Berge von wenigstens tausend Fuß Höhe machen diese Ansicht gewiß zu einer der reizendsten Nordamerikas.«

Auch Kanada gehörte zu den Ländern, die sie europäischen Auswanderern empfehlen konnte: fruchtbarer Boden, ein Klima, das zwar kalt und rau, aber gesund war, niedrige Bodenpreise und eine ziemlich unbeschränkte Freiheit – allerdings nur für englische Untertanen. Von hier aus machte sie einen Ausflug nach Quebec am Nordufer des Sankt-Lorenz-Stroms. Ihre Schiffskarte verdankte sie einem Dr. Visher, den sie erst zwei Tage vor ihrer Abreise kennen gelernt und der sie sogleich in sein Haus eingeladen hatte. Die Stadt, Mittelpunkt des kulturellen Lebens der Frankokanadier bis heute, gefiel ihr noch besser als Montreal. Zwei Drittel der 45 000 Einwohner waren Franzosen, in deren Besitz das Land bis 1759 gewesen war. Auch hier suchte sie sich den höchsten Punkt, das Kap Diamant, sah die Unterstadt zu ihren Füßen, das Tal bis zu den Ausläufern der Gebirge, den »Lorenz-Strom, der an der Stadt eine mächtige Bucht bildet« und sich »durch mit Wald und Triften bedeckte Hügelketten fortschlängelt«. Wieder fand sie kein Hotelzimmer, obwohl sie einen Empfehlungsbrief hatte. Aber diesmal war wirklich alles überfüllt, weil das Parlament tagte. Es blieb ihr nichts übrig, als abends mit dem Dampfer zurückzukehren. Obwohl sie den ganzen Tag herumgelaufen und entsprechend müde war, hielten sie die Ufer des Lorenzstroms bis tief in die Nacht an Deck. »An Naturschönheiten so reich und wechselnd ... wie jene des Rheins«, fand sie, nur fehle hier »der Zauber der Romantik, das Ohr des Reisenden kann keiner Sage lauschen, kein Schloß, keine Ruine zeigt sich seinem Auge«. Gewiss dachte sie an die in jener Zeit publizierten »Handbücher für Rheinreisende«, die mit ihren Schilderungen zahllose Touristen an den Rhein und auf seine neuen Dampfschiffe lockten.

New York – Boston

Von Montreal fuhr Pfeiffer nach New York, teilweise mit der Eisenbahn, die nur leider so rasch fuhr (Postzüge etwa 40, gewöhnliche 20 km/h), »daß man kaum flüchtige Blicke auf die schnell wechselnden Landschaften werfen« konnte.

In New York ging man von der dampfgetriebenen Lokomotive wieder auf Pferde über, die die Waggons durch die Stadt zogen und nicht nur die Reisenden zu anderen Bahnhöfen, sondern anstelle von Omnibussen auch sonstige Passagiere in verschiedene Richtungen brachten, und zwar auf Schienen, die durch einen großen Teil der Stadt liefen und über die sich der übrige Verkehr hinwegbewegte. Der Transport in diesen Waggons, meinte Pfeiffer beruhigend, sei »völlig gefahrlos«, da sie langsam fuhren und überall angehalten werden konnten.

Sie hatte das Glück, von mehreren Familien eingeladen zu werden. Dennoch war es schwierig, sich in dieser gewaltigen Stadt inmitten von Menschen, Omnibussen und Lastwagen zurechtzufinden. Aber sie war ja nur eine unter vielen Frauen, die in ihren neuesten Modekreationen gerade während der Geschäftsstunden den Broadway entlang schlenderten und die durch ihre langsame Gangart und ihr Stehen bleiben vor den Schaufenstern das Gedränge nur noch vermehrten. Doch auch hier herrschte viel Schmutz. Wenn man bedachte, wie es erst im heißen Sommer sein würde, wenn der Kehricht jeden Morgen in Kisten oder Kübeln vor das Haus gesetzt und erst gegen Mittag oder später abgeholt würde. Und dazu die vielen Pfützen – schon jetzt verbreiteten sich ja nicht gerade aromatische Gerüche.

Es gab viele und bedeutende Gebäude in dieser mächtigen Stadt mit 600 000 Einwohnern, doch waren sie bestenfalls groß, aber nicht schön. Und die Wohnungen? In den schmalen, hohen

Häusern mussten die Bewohner sich ständig in verschiedenen Etagen bewegen: Man aß im Souterrain neben der Küche, hatte die Empfangszimmer im Erdgeschoss und die Schlafzimmer oben. Aber zur Inneneinrichtung der neuen Häuser gehörten eben auch heißes und kaltes Wasser, ein Aufzug zum ersten Stock und auf jeder Ebene kleine Öffnungen, durch die man sich bis unten hin mit dem Personal verständigen konnte.

New York hatte sich noch nicht zu der Museumsstadt unserer Tage entwickelt, aber es besaß prächtige Kaufhäuser: »Ein großer Teil der Waren ist in großen schönen Sälen auf das zierlichste aufgestellt – es kam mir hier beinahe wie in einer kleinen Industrieausstellung vor.«

Besonderes Interesse zeigte die Buchautorin für die Druckerei der »Tribune«, der am meisten gelesenen Zeitung in den USA, die ein Haus mit vier Stockwerken besaß und 293 Angestellte hatte. Sie lernte dort Bayard Taylor kennen, einen weit gereisten Teilhaber der »Tribune«, Auslandskorrespondent, später Gesandter in Berlin, Verfasser der englischen Standard-Übersetzung von Goethes »Faust« sowie von Lyrik, Romanen und Reiseberichten, in denen er nichts übertrieb »und doch den Zauber der Poesie über seine Werke hauchte«. Auch seine 1855 erschienenen Bücher über Palästina und Kleinasien, Ägypten, Indien, China und Japan soll Ida später noch gelesen haben.

Vom Schreibhandwerk zur Technik. Die Novelty-Iron-Works des Herrn Stillman, Allen und Komp. waren die größten Amerikas, und Herr Stillman selbst hatte die Güte, die Besucherin in dieser Riesenanstalt herumzuführen, die nicht nur alle denkbaren Dampfmaschinen, sondern auch die größten Dampfschiffe baute. Gerade lag eines halbfertig auf der Werft. Es würde 3400 t haben, tausend Passagiere unterbringen können und »Metropolis« heißen.

Mit den großen Gasthöfen war es wie mit den Passagierschiffen: prachtvoll, aber wenig komfortabel. Die schweren Damastvorhänge nahmen das Licht weg, auf den Marmorplatten der Tische wurde der darauf ruhende Arm beinahe selbst zu Marmor, und in den Zimmern suchte man vergebens einen Schreibtisch; Ida sah so manchen Gast sein Schreibbuch auf den Knien halten. Eindruck machte ihr allerdings, dass die größten Häuser, die, wie man hörte, über dreihundert bis tausend Zimmer verfügten, mit Dampf geheizt wurden, sodass überall angenehme, gleichmäßige Wärme herrschte.

Gern besuchte sie ja auch die Theater. Aber womit sich hier selbst ein gewähltes Publikum unterhielt, das man an seinem geschmackvollen Anzug und den Wagen vor der Tür erkannte, und worüber es sich amüsierte, das konnte sie nicht verstehen und das war auch nicht ihr Geschmack.

Ein Gebiet, das bei Touristen und auch Spendenwilligen unserer Tage besonderes Interesse findet, hat auch Ida Pfeiffer überall beschäftigt: das Bildungswesen, und anlässlich ihrer Besuche von Mädcheninstituten entwickelte sie ihr Idealbild einer Frau. Sie erfuhr, dass Mädchen in allen Zweigen der Wissenschaft und Künste unterrichtet wurden und sogar Latein und Griechisch lernten, damit sie, wie man sagte, in der Folge Italienisch, Französisch und Ähnliches leichter lernten – ein Argument, das auch noch im späten 20. Jahrhundert gern gebraucht wird. Allerdings, sagte sie sich, schien es nicht viel zu nützen, nirgends hörte man so wenig fremde Sprachen wie unter Amerikanern. Jedenfalls war sie mit dieser Erziehung, die sie für sehr einseitig hielt, nicht einverstanden; ging davon nicht überhaupt der Hang amerikanischer Mädchen und Frauen zur Emanzipation aus? Zunächst einmal sollten sie sich doch in ihrem Hause emanzipieren, und zu den häuslichen Tätigkeiten eigneten sich ja Frauen noch immer besser als Männer. Nicht dass sie die Arbeit von Dienstboten machen sollten, aber verstehen müssten sie schon etwas davon, sonst entglitte ihnen bald die Herrschaft im Haus. Auch in Österreich studierten Mädchen Sprachen, Musik und Geschichte, doch daneben hatten sie auch weibliche Beschäftigungen. Man sieht, Mutter Rosina und Jugendfreund Trimmel hatten mit nachhaltigem Erfolg an der kleinen Ida gearbeitet. Der Gipfel war, fuhr Pfeiffer fort, dass Eheleute, um die Hausarbeit zu vermeiden, nicht selten in Boarding-houses gingen, »eine abscheuliche Gewohnheit, die oft die fürchterlichsten Folgen nach sich zieht«. Schließlich sei Müßiggang aller Laster Anfang, die Gesellschaft, in der man da lebte, war nicht immer die beste, und wenn Kinder kamen, so schickte man sie mit vier Jahren in die Schule. Allerdings, hier musste Ida Pfeiffer die amerikanischen Frauen loben, beschäftigte man keine Amme, sondern nährte selbst, »Gott erhalte diese schöne Sitte!«

Wenn Mädchen sich wirklich Kunst und Wissenschaft widmen wollten, und das geschah ja häufig in Amerika, so müssten sie eben auf eine Ehe verzichten, denn es sei unmöglich, die Pflichten von Mann und Frau gleichzeitig zu erfüllen. Hier allerdings war es wohl nötig, eine Fußnote anzubringen, denn sie ahnte, was man ihr antworten würde. Sie selbst unternahm ja große Reisen und war jahrelang fern von der Familie. Sie bat also nicht zu vergessen, dass sie damit erst begonnen hatte, als ihre Kinder herangewachsen und selbstständig geworden waren und häusliche Pflichten von ihr nicht mehr erwartet wurden. Und nun folgte noch ein Loblied auf den »schönsten und edelsten« Beruf der Mutter: »Liegt nicht in ihren Händen der kostbarste Schatz jedes Staates – die Erziehung der Jugend? Ist es nicht die Mutter, die dem Kinde schon im zartesten Alter Liebe für Pflicht und Tugend einflößt, es auf den Weg leitet, ein würdiges Mitglied des großen Menschenvereines zu werden? Eine besonnene Hausfrau, eine vernünftige, liebende Mutter war und wird ewig das Ideal des Weibes bleiben.« Sie gab hier die Antwort auf die heute manchmal aufgeworfene Frage, ob man Ida Pfeiffer als eine Emanze bezeichnen kann.

Von William Cullen Bryant, dem wichtigsten amerikanischen Lyriker seiner Zeit, Journalist, Begründer der »New York Review« und Herausgeber der »Evening Post«, Übersetzer deutscher Dichter, einem Mann, der auch Europa kannte, wurde sie auf seinen Landsitz auf Long Island eingeladen. Es war still und angenehm dort, »hier kann sich das Gemüt erholen und neue Kräfte für das stürmische Leben sammeln«. Sie fühlte sich stark angezogen von der Familie und besonders der Frau des Hauses, »das vollkommenste Muster einer Hausfrau«, die »beweist, wie gut man Häuslichkeit mit Bildung, Bescheidenheit und Anmut mit Willensmeinung und Kraft verbinden kann. Wollte Gott, es gäbe nicht nur in Amerika, sondern überall viele so gediegene Hausfrauen!«

Eine zweite Einladung ging ihr von Washington Irving zu, dem berühmten Schriftsteller, der 1804–1806 und 1815–1832 in Europa gelebt hatte, zu Beginn der vierziger Jahre Gesandter in Madrid gewesen war und in dessen Werken, wie etwa den »Tales of the Alhambra«, Europa in romantischer Verklärung erscheint.

Berühmt geworden war er durch seine Geschichte New Yorks, wo er die geruhsame holländische Vergangenheit gegen das betriebsame Yankeetum ausgespielt hatte. Der siebzigjährige Junggeselle lebte zurückgezogen und von sehr liebenswürdigen Nichten betreut in der Nähe von New York. Er wirkte ruhig und freundlich, Ida hätte mehr einen gemütlichen Landmann in ihm vermutet als den »genialen Schriftsteller«. Doch beim Sprechen »glänzten seine Augen in Jugendfeuer, seine Gesichtszüge nahmen den geistreichsten Ausdruck an. Glücklich hat hier die Natur Geist und Gemüt zugleich begabt«.

Was ihr nun noch zu besuchen blieb, waren Volksschulen, wobei sie besonders vermerkte, dass hier vielfach auch Lehrerinnen angestellt seien, »selbst bei den unteren Schulen der Knaben. Man sucht in diesen Staaten auf alle mögliche Weise dem weiblichen Geschlecht Mittel und Wege zu verschaffen, sich anständig fortzubringen.« Für Armen- und Waisenhäuser wie auch Irrenanstalten und Gefängnisse fand sie viele lobende Worte. Sie verbrachte vor allem in den Tombs, dem Stadtgefängnis, Stunden und ganze Abende in Gesellschaft von Flora Forster, die Oberaufseherin der Frauenabteilung war und »mit wahrer Herzlichkeit und Menschenliebe« versuchte, die Untersuchungsgefangenen und alle Betrunkenen, die man auf der Straße aufgegriffen hatte und die fünf Tage blieben, »auf den Weg des Guten zu leiten«. Unterstützt wurde sie dabei von Frauen aus dem Bürgertum, die die Gefangenen besuchten und sie »durch gemütliches Zusprechen, durch gute Lehren zu bessern« trachteten und die sich auch später um sie kümmerten. Entsetzt war Pfeiffer, dass sich in der Abteilung, in die man an manchen Tagen 30 bis 40 Betrunkene brachte, so viele junge Mädchen und Frauen befanden.

Nichts ließ sie aus: Blackwells Island, eine Insel, auf der Verurteilte für sechs Monate untergebracht wurden; Anstalten für alte, gebrechliche Leute und für Geisteskranke; Heime für Kinder, die schon mit dem Gesetz in Konflikt geraten waren; Häuser für Verwahrloste und für Kinder, die an Skrofulose, einer Hauttuberkulose, litten.

Als sie dann genug von New York gesehen hatte, empfahl man ihr, andere große Städte zu besuchen. Doch die reizten sie nicht mehr, sondern waren eher ermüdend; sie boten zu wenig

Abwechslung, weil sie sich kaum voneinander unterschieden. Aber schließlich reiste sie nach Boston, dem »Athen Amerikas«, das als kultureller Mittelpunkt galt. Sie hatte einen Empfehlungsbrief an einen »Geldaristokraten« erhalten mit der Versicherung, dass man sie nicht nur sehr zuvorkommend empfangen, sondern ihr auch vieles von Boston zeigen würde. Aber was geschah? Der reiche Herr betrachtete die einfach gekleidete Frau, die zu Fuß gekommen war, äußerst kühl, las lange an dem Brief und fragte endlich, was sie wolle. Sie sagte, sie wolle nichts, man habe ihr diesen Brief an ihn unaufgefordert gegeben, und sie glaube daher, ihn abgeben zu müssen. Dem Empfänger war das nur recht, er verabschiedete sie mit der Bemerkung, wenn sie einer Auskunft bedürfe, werde er ihr solche erteilen. Danach sah oder hörte sie nichts mehr von ihm. Sie stieg also in einem dieser Boarding-houses ab, wurde aber von dem »lästigen Gasthofsleben« befreit durch einen Deutschen, der von ihrer Ankunft gehört hatte und sie in sein Haus einlud, obwohl sie nicht an ihn empfohlen war.

Die alte, 1630 von einer Siedlergruppe gegründete Stadt Boston hat im amerikanischen Unabhängigkeitskampf eine bedeutende Rolle gespielt. Hier wurde 1773 der Konflikt mit dem Mutterland England verschärft, indem man, als Protest gegen die Teesteuer, eine Ladung Tee der Ostindischen Handelskompanie vernichtete, und hier fand 1775 das erste große Gefecht des Unabhängigkeitskrieges statt. Ida Pfeiffer widmete dieser geschichtlichen Vergangenheit nur einen Satz im Zusammenhang mit dem Bunker Hill Monument, das zur Erinnerung an die in diesem Kampf gefallenen Helden errichtet worden war und zu dessen Spitze sie hinaufstieg. Eigentlich wollte sie mehr den schönen Blick auf Stadt und Umgebung genießen, denn Boston gefiel ihr: schöne Alleen, alles sauber, die Straßen nicht so gedrängt voll, ein Park inmitten der Stadt und ansehnliche Gebäude, allerdings nicht viel an Museen oder Bildergalerien. Bemerkenswert aber war die Sammlung des Dr. Warren, eines Chirurgen und Naturforschers, die später den Kern des Warren Museums in Harvard bilden sollte. Der Hausherr selbst führte sie herum und zeigte ihr seine Schätze, besonders das vollkommene Skelett eines Mastodons, das sich nun im New Yorker American Museum of Natural History befindet.

Zurück nach Europa

Am 10. November 1854 verließ sie Amerika in Richtung Liverpool und fasste ihre Eindrücke noch einmal zusammen. Sie hatte die Vereinigten Staaten weniger reich an Naturschönheiten gefunden, dafür aber interessant durch das industrielle und geschäftige Treiben ihrer Bewohner und vor allem durch ihre Verfassung. So manches hatte ihr auch nicht gefallen: die Sklaverei, der Rassismus und die Nachsicht gegenüber weißen Verbrechern; die strenge Sonntagsruhe, die die Armen nach einer Woche voller Arbeit »jeder Erheiterung beraubte«. Doch überwog das Gute und sie meinte, dass der Amerikaner mit Recht stolz auf sein Vaterland sei, »in welchem der Mensch auf jener Stufe der Gleichberechtigung steht, auf die ihn Gott gestellt und die in der Geschichte ihresgleichen nicht findet«.

In London wurde sie bei Direktor Waterhouse vom Britischen Museum herzlich aufgenommen und verbrachte einige Wochen mit seiner Familie, um sich von ihrem Fieber zu erholen: wieder mit dem Wundermittel Brandy und rotem Pfeffer, welches das Leiden, wie es schien, endlich ganz vertrieb. Kein Wunder, dass sie nun »merklich gealtert« wirkte, wenngleich nicht hässlich, was manche behaupteten, verschönte doch, wie ein Journalist es empfand, ein faszinierendes Lächeln ihr Gesicht, aus dem ihre Seele sprach.

Anschließend verbrachte sie noch fünf Monate bei ihrem Sohn Oscar, der inzwischen in St. Miguel auf den Azoren lebte. Sie arbeitete an ihrem Werk über die Reise und kehrte über Lissabon und Southampton nach London zurück. Dort traf sie auch Heinrich Barth, den berühmten Afrikaforscher, der gerade von der britischen Sudan-Expedition zurückgekehrt war, die er als einziger Europäer überlebt hatte.

Damals brachte ein Journalist in der Ost-Deutschen Post, Wien, folgende Notiz über Ida Pfeiffer, die Gabriele Habinger in ihrem Vorwort zur »Reise in die neue Welt« zitiert hat:

»Kein Reisender, selbst Fritz Gerstäcker nicht, übertraf diese Frau an Unternehmungslust und Kühnheit. Schon ihre ›Frauenfahrt um die Welt‹ hatte allgemeine Bewunderung erregt, namentlich in England, wo sie in drei verschiedenen Übersetzungen erschien. Aber die letzte Reise unserer Landsmännin stellt alle ihre früheren Abenteuer in den Schatten. Einstweilen wird Frau Pfeiffer in London fetiert, wie sie bereits in New York fetiert wurde.«

Am 22. Februar 1856 bedankte sich Alexander von Humboldt für das neue, noch druckfrische Werk. Er hatte ein halbes Jahrhundert zuvor Südamerika erforscht und konnte ihre Leistungen am besten beurteilen, da er selbst die Schwierigkeiten und Mühen in der gleichen Region durchgemacht hatte. Sein Brief wurde im Anhang zu ihrem letzten Reisebericht »Reise nach Madagaskar«, Wien 1861, abgedruckt:

»Wie soll ich Ihnen, hochverehrte Frau, lebendig genug den Ausdruck meines innigen Dankes, ich könnte sagen, meiner Bewunderung darbringen! Bewunderung verdient nicht bloß die Ausdauer, Kühnheit, der Reichthum des Gesammelten (es stellt gleichzeitig Zustände zu einer bestimmten Epoche auf dem ganzen Erdkreise dar), nein, vor allem die edle Einfachheit der Darstellung, die freien, rein menschlichen Gefühle, das schöne Unbewußtsein eigenen Verdienstes. Sie waren in meinem majestätischen Hochlande von Quito; Sie haben, was so selten ist, den Cotopaxi speien sehen! Dieser neue Ausbruch soll mir Gelegenheit geben, meinen vierten Band des ›Kosmos‹ mit dem Namen Ida Pfeiffer zu schmücken.«

Hiltgund Jehles intensiven Recherchen in wenig zugänglichen Quellen verdanken wir Informationen über die Zeit zwischen Ida Pfeiffers zweiter Weltreise und ihrer letzten Unternehmung nach Madagaskar. Zunächst vermittelte Humboldt der Wienerin eine Einladung des Königs und der Königin von Preußen, die sie mit der goldenen Medaille für Wissenschaft und Kunst auszeichneten. Außerdem wurde ihr auf seinen und Carl Ritters Antrag als erster Frau die Ehrenmitgliedschaft der Gesellschaft für Erdkunde zu Berlin verliehen. Schließlich interessierte sich in Wien Erzherzog Ferdinand Max für ihre Sammlungen und ehrte sie mit zwei Einladungen.

Madagaskar (21.5.1856–15.9.1858)

Am 21. Mai 1856 begab sich Ida Pfeiffer, nachdem sie noch einmal Triest und Venedig besucht hatte, auf ihre letzte Reise. Sie hielt sich zunächst einige Zeit in Europa auf, ging über Salzburg nach München und erregte dort bei einem Künstlerfest allgemeine Aufmerksamkeit, als sie durch General von der Tann König Max vorgestellt wurde, der sich längere Zeit mit ihr unterhielt. In Berlin kam sie wieder mit dem Geographen Carl Ritter zusammen und wurde von ihm zur Sitzung der Gesellschaft für Erdkunde eingeladen, deren Ehrenmitglied sie seit einigen Monaten war. Und sie traf auch noch einmal Alexander von Humboldt, der sie mit einem Schreiben an alle seine Freunde in der weiten Welt versah:

»Alle diejenigen, welche in den verschiedenen Regionen der Erde eine Erinnerung meines Namens und Teilnahme für meine Werke bewahrt haben, bitte ich hiermit dringend, die Überbringerin dieser Zeilen, Frau Ida Pfeiffer, mit freundlichem Interesse aufzunehmen und mit Rat zu unterstützen. Diese Frau ist nicht bloß berühmt durch die edle Ausdauer, welche sie inmitten so vieler Gefahren und Entbehrungen zweimal um die Welt geführt hat, sondern vor Allem durch die liebenswürdige Einfachheit und Bescheidenheit, die in ihren Werken vorherrschen, durch die Wahrheit und Reinheit ihres Urteiles und durch die Unabhängigkeit und zu gleicher Zeit Zartheit ihrer Gefühle. Des Vertrauens und der Freundschaft dieser achtbaren Frau genießend, tadle ich, bewundere jedoch dabei nicht weniger diese unbezähmbare Energie des Charakters, welche sie überall gezeigt hat, wohin sie gerufen – oder besser gesagt, getrieben wurde durch die unbesiegbare Leidenschaft, die Natur und die Gebräuche der verschiedenen Menschenrassen zu erforschen. Als der älteste lebende Naturforscher fühle ich das Verlangen, Frau Ida Pfeiffer diesen kleinen Beweis meiner hohen und respektvollen Achtung zu geben.«

Von Berlin ging sie über Hamburg für etwa vierzehn Tage zu Freunden nach Holland, das sie gern noch kennen lernen wollte. Aber sie vermochte dort keine Naturschönheiten zu entdecken. Gewiss, alles war freundlich, ein fruchtbares, aber einförmiges Land, ihr fehlten die Berge. In den Städten wunderte sie sich über die hohen, schmalen Giebelhäuser und die steilen Treppen darin, besuchte eine Diamantenschleiferei und Bildersammlungen, doch echte Begeisterung empfand sie nur für den Rotterdamer Hafen mit seinen gewaltigen Schiffen. Noch einmal besuchte sie vier Wochen lang ihre Freunde Waterhouse in London und fuhr dann am 1. August nach Paris.

Sie hatte diesmal Madagaskar im Sinn, das 400 km von Ostafrika entfernt jenseits der Straße von Mocambique liegt, und dafür hoffte sie in Paris, wo sie zum ersten Mal weilte, Auskünfte zu bekommen und Leute zu treffen, die ihr weiterhelfen konnten. Einige Kenntnisse über die Insel hatte sie sich angeeignet durch die Lektüre von William Ellis' »History of Madagaskar. Comprising also the progress of the Christian Mission«, die 1838 in London erschienen war. Sie sprach zunächst beim Präsidenten der Geographischen Gesellschaft, Monsieur Jaumard, vor, für den ihr Carl Ritter in Berlin einen warmen Empfehlungsbrief mitgegeben hatte. Er lud sie zur letzten Sommersitzung der Gesellschaft ein, die auf seinen Vorschlag hin den weit gereisten Gast als Ehrenmitglied aufnahm. Außer Pfeiffers eigenen Angaben sind hierüber allerdings, so Jehle, keine Belege zu finden.

Nach der Sitzung trug sie den Mitgliedern ihr Anliegen vor. Aber alle hielten ein solches Unternehmen im Augenblick für nicht ratsam, ja unmöglich, denn es gab starke Differenzen zwischen Frankreich und der Inselregierung.

Die Geschichte Madagaskars ist aufgrund der Herkunft seiner Bewohner vielfältig und kompliziert, und besonders hinsichtlich einer Urbevölkerung gibt es noch Unerforschtes und Ungeklärtes. Man weiß, dass die Insel von Einwanderern vor allem aus Indien, Arabien, Ostafrika und Südostasien besiedelt wurde, die sich im Laufe der Jahrhunderte bekämpften, zusammenschlossen und neben kleinen auch einige größere Reiche bildeten – ein Prozess, aus dem schließlich die auf dem Hochland lebenden hellhäutigen Merina (Hoya) als Sieger hervorgingen. Sie waren aus Südostasien gekommen und begannen zu Beginn des 19. Jahrhunderts unter König Andrianampoinimerina einen Gesamtstaat auf der Insel zu schaffen, ein Werk, das sein Sohn und Nachfolger Radama I. fortsetzte. Durch die zahlreichen Eroberungszüge sind sie bis heute bei den anderen Stämmen nicht eben gern gesehen.

Europäische Mächte hatten sich seit dem 16. Jahrhundert für Madagaskar interessiert, als sie befestigte Stützpunkte an den Küsten zu errichten versuchten. Dort entlang führte der wichtigste Handelsweg nach Indien und Südostasien, vorüber an den Schlupfwinkeln europäischer Seeräuber, denen man das Handwerk legen wollte. Doch die Portugiesen, Holländer, Franzosen und Engländer wurden immer wieder von den sich heftig wehrenden Küstenstämmen zurückgeschlagen.

Nachdem nun die Merina weitgehend Herren über die Insel geworden waren und Radama I. die Regierungsgeschäfte übernommen hatte, änderte sich vieles. Er begann Reformen, holte Europäer – Handwerker, christliche Missionare – ins Land, führte die lateinische Schrift ein, sandte Botschafter nach Europa und akzeptierte 1817 einen englischen Residenten. Aber die Rivalitäten zwischen England und Frankreich um die Vormacht auf Madagaskar gingen weiter. Nach dem Tod Radamas I. am 27. 7. 1828 begann der Kampf um die Nachfolge, bei dem schließlich eine seiner Frauen als Ranavalona I. von den Gegnern der Öffnungspolitik auf den Thron gehoben wurde. Angeblich hatte sie ihrem Gatten Gift verabreicht. Sie machte Radamas Politik rückgängig, weiße Berater und Missionare wurden verfolgt, die diplomatischen und Handelsbeziehungen mit Europa eingeschränkt. Doch nutzten militärische Angriffe von Seiten Frankreichs und Englands wenig, während sich unter dieser Regentin, die vor keiner Grausamkeit zurückschreckte, Unzufriedenheit und Angst im Land verbreiteten. Allerdings wusste sie, dass man ihr die militärische Unsicherheit zuschrieb, weil sie eine Frau war, die von Rechts wegen nicht auf den Thron gehörte, und setzte deshalb einen Premierminister, Rainizoharo, mit großer Machtbefugnis ein.

Frankreich hatte, bevor sie auf den Thron kam, einen Distrikt mit reichen Steinkohlenlagern erworben, die ausgebeutet wurden.

Als Ida Pfeiffer auf die Idee kam, dieses weitgehend unbekannte Madagaskar zu besuchen, bestanden die Differenzen darin, dass Ranavalona I. befohlen hatte, jenes Gebiet zu räumen. Und als die Leute sich weigerten, griffen 2000 ihrer Soldaten ein, es gab Tote und Verschleppte, die als Sklaven verkauft wurden. Zwar hatte die französische Regierung Genugtuung verlangt, sah aber, dass sie ohne Waffengewalt nichts würde ausrichten können, und so war man auf einen Krieg gefasst. Ida Pfeiffer sah ein, dass sie unter diesen Umständen ihren Plan besser aufgeben oder zumindest verschieben sollte.

Sie blieb noch einige Zeit in Paris, hielt es aber angesichts der »in diesem Jahrhundert herrschenden Reisewut, bei der Leichtigkeit, wenigstens in Europa, Hunderte von Meilen in wenig Tagen zurückzulegen«, nicht für sehr erfolgreich, darüber zu berichten, da viele die Stadt kannten oder zumindest darüber gelesen hatten.

Stundenlang sah sie den Arbeitern der Manufacture de Gobelins beim Teppichknüpfen zu, ohne »dem Geheimnis dieser Kunst auf die Spur« zu kommen. Dann besuchte sie die Morgue, das Leichenschauhaus, was nicht verwundert, hatte sie sich doch oft genug in Gefängnissen, Irrenhäusern und auch Friedhöfen umgesehen. Sie begründete das damit, dass sie selbst mehr als einmal dem Tode sehr nahe gewesen sei und der Anblick sie daher nicht so schrecke wie viele andere, ja sie begab sich gelegentlich nicht ungern an solche Orte, »um der Bestimmung nicht zu vergessen, welcher keiner von uns entgehen kann«.

In Versailles fühlte sie sich unfähig, die »Pracht an Gärten, Gebäuden, Sälen, Gemälden, Einrichtungen« zu beschreiben, versagte sich aber nicht einen Seitenhieb auf Ludwig XIV, »der die edle bescheidene Meinung von sich hatte, er sei der Staat und das Volk sei nur seinetwegen vorhanden«. Bei Betrachtung der Gemälde jedoch, auf denen »nichts als Schlachten, Bestürmungen, brennende Dörfer und Städte mit fliehendem halbnacktem Volke« zu sehen waren, fragte sie sich, worin wir den Wilden denn voraus seien. Die Formen seien verfeinert, aber die Taten dieselben geblieben. »Der Wilde erschlägt seine Feinde mit der Keule – wir töten sie mit Kanonen; der Wilde hängt Skalpe, Schädel und ähnliche Trophäen in seiner Hütte auf – wir malen sie auf Leinwand und zieren damit Paläste.«

Sie fuhr nach London zurück. Vielleicht fand sich eine Möglichkeit, von Holländisch-Indien aus, das sie auf ihrer zweiten Weltreise gut kennen gelernt hatte, Madagaskar zu besuchen. Der Sekretär der Geographischen Gesellschaft, Mister Shaw, war einigermaßen verlegen über ihr Auftauchen. Er hatte in den Zeitungen von ihrer Ernennung zum Ehrenmitglied der Gesellschaft in Paris gelesen und bedauerte, dass so etwas in London nicht möglich war, da die Statuten ausdrücklich verboten, eine Frau aufzunehmen. Ida Pfeiffer, die Bescheidene, fand das in ihrem Fall ganz natürlich, konnte sie doch keine gründliche Bildung vorweisen, aber es gab ja längst Wissenschaftlerinnen, die auszuschließen sie höchstens im Orient hätte begreiflich finden können.

In der Hoffnung auf eine billigere Passage von Rotterdam aus fuhr sie dorthin zurück und hatte Glück: Gerade ging ein englisches Schiff nach Batavia ab, doch wurde ihr von einer Mitfahrt abgeraten, da alle Plätze bis zum Kap besetzt seien durch eine ganze Ladung Knaben und Mädchen zwischen zehn und vierzehn Jahren. Sie sollten in der Kapkolonie von holländischen Siedlern zu Dienern und Mägden erzogen werden, weil es kein ordentliches und arbeitsames Dienstpersonal gäbe. Ida Pfeiffer schiffte sich trotzdem ein.

Der 31. August war ein schöner Sonntag, Tausende von Menschen bevölkerten die Kais und besichtigten das Schiff. Die Eltern verabschiedeten sich von ihren Kindern, es herrschte eine Stimmung wie bei einem Volksfest, bei der Trauer und Tränen verborgen blieben. Die Kinder wurden an Bord versorgt, mussten in den ersten zweieinhalb Jahren ihre Reisekosten abarbeiten und sollten danach neben Kost und Kleidung die Hälfte ihres Monatslohnes ausgezahlt bekommen, die andere würde bei Gericht hinterlegt und ihnen mit 21 Jahren übergeben werden; dann durften sie auch ihren Dienstherrn verlassen. Aber die »Kinder« waren nicht zwischen zehn und vierzehn Jahre alt und wohl auch nicht den Bestimmungen entsprechend befragt worden, ob sie gehen wollten, sondern durchweg sechzehn bis zwanzig und konnten nur von der Straße aufgelesen worden sein, denn Pfeiffer hatte noch nie »solch ein Ausbund an Gesindel« gesehen. Den Mädchen waren sichtlich die Matrosenkneipen seit Jahren gut bekannt gewesen, die jüngeren ahmten die älteren nach, alle fluchten wie

Seeleute, sangen ausgelassene Lieder und bestahlen sich gegenseitig, nicht zu reden von ihrer Unsauberkeit. Doch waren an dieser Entwicklung nicht die Eltern schuld? Aber die hatte sicher ihre Armut daran gehindert, sich um ihre Kinder zu kümmern, und so blieben diese im eigenen Land von einer guten Entwicklung ausgeschlossen. Die wirklich Verantwortlichen waren Priester und Lehrer, in deren Händen »die eigentliche Volkserziehung« lag.

Es ging hoch her bei diesen weiblichen Passagieren, unter denen Ida sich einlogiert hatte, sodass sie auszog. Da sich aber nirgends ein Platz für sie fand, ließ ihr der gefällige Kapitän auf einer schmalen Bank in der ersten Kajüte ein Lager herrichten, das nur einen Nachteil hatte: Sie konnte sich bei Seegang kaum darauf halten.

Am 16. November erreichten sie Kapstadt, das Pfeiffer schon von ihrer zweiten Weltreise her kannte. Sie war gerade im Begriff von Bord zu gehen, als sie ein Monsieur Lambert aufsuchte, ein Franzose, der als Zuckerrohrpflanzer seit Jahren auf der Insel Mauritius lebte. Er habe bereits in Paris von ihrem Wunsch, Madagaskar zu besuchen, gehört und auch, dass man ihr davon abgeraten hatte, aber er lade sie ein, die Reise in seiner Gesellschaft zu machen. Vor zwei Jahren sei er schon einmal dort gewesen, und er kenne die Königin persönlich, ohne deren Erlaubnis man das Land nicht besuchen dürfe. Er hoffe aber, eine solche in Mauritius vorzufinden, und wolle sich auch gleich um die nötige Genehmigung für sie bemühen. Allerdings müsse sie sich sofort entscheiden, denn der Dampfer nach Mauritius laufe schon am nächsten Tag aus. Nach Madagaskar könne man zwar erst Anfang April gehen wegen der Regenzeit, bis dahin aber sei sie Gast in seinem Haus.

Ida Pfeiffer war begeistert. Sie pries ihr Glück, ließ ihr Gepäck vom Schiff bringen und ging an Land, um Freunde zu treffen. Der Gouverneur lud sie in sein Landhaus ein, wo sie den ganzen Abend verbrachte, und schlug vor, mit ihr das Kapland zu bereisen. Doch sie lehnte ab, sie hatte jetzt nur noch Sinn für Madagaskar.

In Mauritius, das seit 1810 in englischen Händen war und dessen Gesellschaft je zur Hälfte aus Engländern und Franzosen bestand, fühlte sich Pfeiffer wirklich als zuvorkommend behandelter und doch unabhängiger Gast. Lamberts außerhalb der

Hauptstadt Port-Louis gelegenes Landhaus hatte »schöne Gemächer, feine Kost, zahlreiche Dienerschaft«. Trotzdem machte ihr der Aufenthalt, abgesehen von der Gastfreundschaft des Hausherrn und einiger weniger Menschen, die sie kennen lernte, nicht viel Freude, und sie war froh, ihre Reisen nicht auf Mauritius begonnen zu haben, die Lust wäre ihr rasch vergangen. Seltsamerweise hielten am Ende die Franzosen sie für eine Spionin der englischen, der englische Gouverneur für eine der französischen Regierung und auch die Einheimischen begegneten ihr mit Zurückhaltung. Der hohe Beamte hatte sie anfangs sehr freundlich empfangen und sogar in sein Landhaus eingeladen. Als sie ihn aber vor ihrer Abreise aufsuchte, um sich einen versprochenen Brief für die Königin von Madagaskar abzuholen, fertigte er sie mit der Entschuldigung ab, sie reise zu ihrer madagaskarischen Majestät in Gesellschaft des Monsieur Lambert, und der sei ein politisch gefährlicher Mann.

Zur Überfahrt, die sie zunächst ohne Lambert unternahm, gelang es ihr wieder, ein Freibillet zu erhalten. Das Schiff allerdings war »eine alte ausgediente Kanonen-Schaluppe«, die schon in der Schlacht von Trafalgar 1805 mitgehalten hatte, wurde normalerweise für den Ochsentransport von Madagaskar nach Mauritius benutzt und konnte auch, wie der Kapitän versicherte, nicht dem kleinsten Sturm widerstehen. Pfeiffer schreckte vor all dem nicht zurück, sie wollte Mauritius hinter sich lassen. Und sie hatte wenigstens einen guten Kapitän, der sich höflich und aufmerksam gegen sie verhielt und ihr sogar seine Kabine abtrat. Aber sie brauchten statt drei Tagen sechs, widrige Winde sorgten für alle möglichen Schwierigkeiten, und heftige Regengüsse verleideten der Reisenden die Fahrt. Bei der Landung im Hafen von Tamatavé wollte sie so schnell wie möglich von Bord gehen, aber noch allerlei Formalitäten warteten auf sie. Angesichts der königlichen Erlaubnis machten zwar die Inspektions-Offiziere auf dem Schiff keine Schwierigkeiten, dann aber nahmen die Zollbeamten an Land sie in Empfang, rissen ihr Gepäck auf und durchwühlten alles.

Pfeiffer hatte sich hier mit Monsieur Lambert verabredet, der für die französische Regierung noch eine Reise an die afrikanische Küste vorhatte und von da direkt nach Madagaskar kommen wollte. Dass er sich inzwischen als Sklavenhändler betätigte (Jehle), wusste sie ganz sicher nicht und auch nicht, dass er im Auftrag der französischen Regierung nach Madagaskar kam. Sie stieg inzwischen auf seinen Rat bei Mademoiselle (jedes weibliche Wesen wurde so tituliert) Julie ab, einer Madegassin, Witwe und Mutter mehrerer Kinder, Besitzerin von Zuckerpflanzungen und einer Rumbrennerei, die die Geschäfte ihres vor acht Monaten verstorbenen Mannes erfolgreicher führte, als dieser es selbst getan hatte: eine für die Verhältnisse auf der Insel ungewöhnliche Frau. Sie sprach und schrieb Französisch, behielt nur wenige Sitten ihres Landes bei, darunter die, stundenlang auf dem Boden zu liegen, den Kopf auf den Schoß einer Freundin oder Sklavin gestützt, und sich von kleinen Tierchen befreien zu lassen – eine Lieblingsbeschäftigung der Frauen, die sich nur zu diesem Zweck zu besuchen pflegten.

Der Empfang war nicht sehr freundlich. Pfeiffer wurde zu einem Häuschen geführt, in dessen einzigem Zimmer sich nichts als eine leere Bettstelle befand, und wäre da nicht eine andere Frau gewesen, die sie mit dem Nötigen versah, sie hätte wahrscheinlich mit ihrem Mantel und einem kleinen Kissen aus dem Gepäck auf der nackten Bettstelle schlafen müssen. Mademoiselle Julie jedenfalls war nicht bereit, etwas herauszugeben, obwohl sie über gute Vorräte verfügte. Und dabei hatte Monsieur Lambert seiner Reisebegleiterin versichert, sie würde dort alles finden. Unglücklicherweise verzögerte sich seine Ankunft auch noch, sodass sie einige Wochen in Tamatavé aushalten und sehen musste, wie sie allein zurechtkam.

Der auch heute noch wichtigste Hafen an der Ostküste wurde von vielen Schiffen angelaufen, welche Ochsen einluden – Roastbeef für die Engländer auf Mauritius. In der Saison lagen dort mitunter sechs bis acht Boote, und Mademoiselle Julie bewirtete die Kapitäne großzügig. Im Augenblick allerdings war es ruhig, Tamatavé (das nun Tamasina heißt) glich einem ärmlichen, aber sehr großen Dorf. Einschließlich der Umgebung lebten dort an die 5000 Menschen, dazu 8000 Soldaten sowie etwa ein Dutzend Europäer und Kreolen. Mit wenigen Ausnahmen sah man nur kleine, auf Pfählen stehende Hütten, die mit Gras oder Palmwedeln gedeckt waren. Die Reichen lebten nicht besser als die Armen, nur waren ihre Behausungen größer. Aber schließlich war Tamatavé ja auch mehrfach von den Franzosen beschossen worden.

Vergleicht man Pfeiffers Eindrücke mit der Schilderung von Därr und Wodtcke in ihrem Reisehandbuch über Madagaskar von 1994, so hat sich der Ort stark gewandelt. Er sei »zwar nicht so geschäftig wie Antanarivo, das Nachtleben aber für madegassische Verhältnisse sehr lebhaft«. Von den »breiten, palmengesäumten Alleen« ist bei Pfeiffer nichts zu finden, und der Bazar in der Dorfmitte, den sie mit der Bemerkung abtat, er zeichne sich außer durch seine Armut auch noch durch seine Unsauberkeit aus, hat sich in »zwei schöne Märkte« verwandelt, »die von tropischen Früchten nur so überquellen«. Dazu gibt es »zahlreiche große Villen inmitten von tropischen Gärten«, obwohl Thomasina 1927 »vom bisher schlimmsten Wirbelsturm seiner Geschichte total zerstört« und 1986 »ein Zyklon nochmals 80 % (!) der Häuser zerstört, Palmen geknickt und die Strandpromenade vernichtet« hat.

Man hielt viele Sklaven, die billig waren und nicht zu hart arbeiten mussten, so wie auch die Madegassen sich nicht übernahmen, deren äußere Erscheinung wieder einmal den Schönheitssinn der Europäerin in höchstem Maße beleidigten. »Was für ein wichtiger Platz kann Tamatavé einst werden«, bemerkte sie, »wenn diese schöne, fruchtbare Insel den Europäern offen stehen und der Handel allen Nationen erlaubt sein wird!«

In Tamatavé hatte sich eine »Liebe zu fremden Gegenständen« entwickelt, obwohl Diebstahl streng bestraft wurde. Auch aus Pfeiffers Zimmer verschwand eine Uhr, was Mademoiselle Julie nicht im geringsten beeindruckte. »Wahrscheinlich war es einer der Haussklaven«, meinte sie, da könne man nichts machen, im Übrigen stehle hier jeder, und Pfeiffer solle den Fensterbalken und, die Tür ihres Häuschens verschließen, wenn sie weggehe. Aber da war gar kein Schloss, doch schon nach drei Tagen erhielt sie eines, wenn auch mit viel Mühe.

Was tat man an einem Ort, dessen Umgebung nur aus Sand bestand? Vegetation gab es erst in drei Kilometer Entfernung, zudem regnete es täglich, und wenn ein Europäer dann ins Freie ging, überkam ihn das Fieber. Gerade das konnte Ida ja nicht gebrauchen. Aber Mademoiselle Julie ließ den Gast zu ihren beiden

Söhnen bringen, die elf Kilometer vor der Stadt ihre Besitzungen hatten. Man reiste in Takons, leichten Tragstühlen, die zwischen zwei Stangen hingen und von vier Männern getragen wurden. Zu Fuß gingen nur Sklaven und sehr arme Leute. Die Träger liefen schnell, nach einer guten Stunde schon waren sie beim jüngeren Sohn in Antandroroho.

Er war zweiundzwanzig und hatte seine Erziehung teilweise auf der in französischer Hand befindlichen Insel Bourbon (Isle de la Réunion) genossen, die zwischen Mauritius und Madagaskar liegt. Zwar trug er europäische Kleidung und sprach Französisch, aber sonst war er wieder ganz Madegasse geworden. Pfeiffer bekam einen kleinen, sauberen Raum, dessen Möblierung aus Matten bestand, und setzte sich auf ihren Reisesack in Erwartung des Frühstücks, denn sie war zeitig am Morgen aufgebrochen, ohne etwas zu essen. Aber nichts geschah, wahrscheinlich bereitete man ein besonderes Mahl für sie.

Endlich war es so weit. Sie wurde in einen anderen Raum geleitet und zu Tisch gebeten: eine Matte auf dem Boden mit einem großen Blatt in der Mitte, der Schüssel, und ringsherum mehreren kleinen, den Tellern. Aber für sie gab es einen richtigen Teller und ein Besteck, ja sogar einen Stuhl. Das Essen bestand aus Reis und gekochten Bohnen sowie einem getrockneten, in Wasser aufgekochten Fisch, der so übel roch, dass sie am liebsten die Flucht ergriffen hätte. Und sie hatte sich ein Huhn erhofft, wo Geflügel doch so reichlich vorhanden und auch billig war! Und diese befremdlichen Esssitten! Die zusammengefalteten Blattlöffel, mit denen man auch Flüssigkeiten aus Töpfen schöpfte und die zwischen der gemeinschaftlichen Blattschüssel und dem weit aufgesperrten Mund hin und her gingen; den Fisch nahm man stückweise in die Hand wie Brot. Sie wunderte sich nur, dass bei dem jungen Mann von der Erziehung in Bourbon nichts zurückgeblieben war. Auch sonst saß er stundenlang auf seinem Stuhl und ruhte, rauchte Tabak und unterhielt sich mit seinen Sklavinnen. Hätte er nicht ein Buch lesen können?

Die Hoffnung auf die Hauptmahlzeit am Abend trog. Es gab genau das gleiche, nicht mehr und nicht weniger. Inzwischen war der ältere Bruder auf einen kurzen Besuch von seiner Besitzung herübergekommen. Er war nicht nur auf der Insel Bourbon, sondern sogar neun Jahre in Paris gewesen. Zu ihm lud sich Ida kurzerhand für den nächsten Tag ein. Schlechter konnte es ja nicht werden!

Bevor sie ihr Lager auf dem Fußboden bezog, bat sie für den nächsten Morgen um eine Tasse Milchkaffee aufs Zimmer. Und was bekam sie? Ein Waschbecken voll Milch und etwas Zucker, weder Kaffee noch Tasse noch Löffel. Sie fragte nach Kaffee, aber der sollte erst geröstet werden. So verabschiedete sie sich und wechselte zum älteren Bruder, der sie nun nicht enttäuschte, sondern mit einem guten Mahl an einem europäisch gedeckten Tisch bewirtete.

Überhaupt schien dieser nicht alles vergessen zu wollen, was er in Europa gelernt hatte. Auf Pfeiffers Fragen erklärte er, dass er sicher gern in einem solchen Land leben würde, doch hier hatte er nun einmal seine Familie, und dies sei ja schließlich sein Vaterland.

Der junge Mann beschäftigte sie sehr als Beispiel für ein Schicksal zwischen zwei Kulturen. Zunächst war es verwunderlich, dass ein Madegasse Anhänglichkeit an die Familie zeigte, denn es herrschte doch eine solche Sittenverderbnis, dass Familienbande nur höchst lose sein konnten, bei den unteren Volksschichten wie den höchsten Familien des Landes. Da gab es keine Probleme mit einer Scheidung, man ging auseinander und lebte mit Dritten. »So kann sich z. B. der Mann von seinem Weibe scheiden lassen und ein anderes nehmen, so oft er will. Die Frau kann zwar auch mit einem anderen Manne leben, darf sich jedoch nicht wiederverheiraten; alle Kinder aber, die sie gebiert, nachdem sie von ihrem ersten Manne geschieden ist, werden dessen ungeachtet als diesem angehörig betrachtet. Der eigentliche Vater hat nicht das geringste Recht auf sie, und die Mutter muss sie ihrem ersten Gatten auf dessen Verlangen augenblicklich ausliefern. Auch wenn der Mann stirbt, werden alle Kinder, die seine Witwe in der Folge gebiert, dem Verstorbenen zuerkannt.« So heirateten Männer, die von ihren Frauen keine Kinder hatten, schwangere Mädchen, um in den Besitz des Kindes zu kommen. Sie wussten warum: Der Staat konfiszierte das Vermögen eines jeden Mannes, der kinderlos starb. Auch Prinz Rakoto galt, obwohl lange nach dem Tod des Königs Radama geboren, als dessen Sohn, er war also Thronfolger.

Pfeiffer glaubte jedoch ihrem Gastgeber, dass seine innere Bindung an die Familie trotz der vielen Jahre in Paris noch immer bestand. Sie fühlte es aus seinen Äußerungen und seinem Verhalten. Durch ihre gemeinsame Sprachbasis konnte sie sich viel mit ihm unterhalten und fragte ihn auch, ob er denn gar kein Bedürfnis »nach einem geistreichen Umgang« habe, nach den angenehmen gesellschaftlichen Verhältnissen, wie sie in Europa bestanden; ob es ihm nicht schwer falle, beständig unter diesen rohen, unkultivierten Menschen zu leben. Sicher, gestand er, angenehm sei das nicht, aber er beschäftige sich eben mit seinen Büchern, lese und studiere, und dabei half ihm eine kleine Bibliothek, die er sich aus Frankreich mitgebracht hatte. Der junge Mann tat ihr Leid, nicht dass er besonders geistvoll und scharfsinnig gewesen wäre, aber er hatte genügend Talente und sogar »Herz und Gemüt, mit denen er sich in jedem anderen Land hätte Freunde schaffen können.« Doch sie zweifelte nicht daran, dass er mit der Zeit wieder ganz zum Madegassen werden würde.

Endlich, am 13. Mai, traf Monsieur Lambert in Tamatavé ein. Die beiden erlebten noch die Vorfeier des acht Tage dauernden großen Festes »Bad der Königin«, die mit Tanz, Gesang und Jubel begangen wurde und für deren Gelage zahllose Ochsen ihr Leben lassen mussten. Der dazugehörige militärische Umzug fand Pfeiffers Beifall. Sie wusste die Schwenkungen und Übungen zu schätzen, und selbst die Musik war wider Erwarten »nicht nur anhörbar, sondern wirklich harmonisch«. Der Grund lag darin, dass die Königin vor Jahren einen europäischen Musiklehrer und die nötigen Instrumente hatte kommen lassen, und dessen Schüler zeigten nun ihre Kunst. Auch das Äußere der Soldaten war ganz ansprechend, doch die Offiziere sahen seltsam aus in ihren abgetragenen europäischen Zivilkleidern. Pfeiffer musste dabei an die längst vergangene Mode ihrer Kindheit denken; die Gesichter und das wollig gekrauste Haar erhöhten noch das Merkwürdige dieser Erscheinungen.

Die Armee kostete die Königin praktisch nichts, denn die Soldaten erhielten keinen Sold, ernährten und kleideten sich selbst. Die Offiziere, deren Einkünfte minimal waren, halfen sich durch ein Netz von Korruption und durch eine gewisse Ausbeutung der Soldaten. Die mussten nämlich oft weit von ihrer Heimat Dienst tun und konnten sich nur damit vor dem Hungertod retten, dass sie ab und zu mit der Erlaubnis ihrer Vorgesetzten arbeiteten oder sich zur Feldbestellung in ihr Dorf absetzten, wofür sie diesen aber gewisse Abgaben zu leisten hatten. Nur auf Kriegszügen konnte sich der gemeine Mann bei Plünderungen schadlos halten, und er tat das dann mit aller Härte und Grausamkeit.

Monsieur Lambert war hier ein geachteter Mann, denn er hatte, was Pfeiffer nicht wusste, dem Militär in einer schwierigen Lage Beistand geleistet. Nach der Parade zogen die Offiziere mit Musik vor Mademoiselle Julies Haus, wo er und Ida wohnten, baten ihn im Namen der Königin zu einem Festessen und wurden ihrerseits mit Wein bewirtet.

Lambert war Ehrengast bei dem Mahl, an dem 30 Personen teilnahmen, darunter der erste Gouverneur und Kommandant von Tamatavé und auch der zweite Gouverneur. Die Tafel bot ganz andere Dinge als alles, was sonst auf den Märkten zu haben war. Da gab es Fleisch aller Art, zahmes und wildes Geflügel sowie Fische und andere Seeprodukte und am Schluss Gebäck und Früchte. Pfeiffer zählte über 40 große und kleine Gerichte. Das Prunkstück allerdings, den Kopf eines großen Kalbs, der einem Totenschädel glich, fand sie nicht gerade appetitlich. An Getränken wurden französische und portugiesische Weine serviert sowie Champagner im Überfluss. Die Gäste hatten einen gesegneten Appetit und nutzten die Gelegenheit, einen Toast nach dem anderen auf alle möglichen hochgestellten Personen auszubringen, vier volle Stunden lang. Dann wurde in einem anstoßenden Zimmer englisches Bier gereicht, zwei der höchsten Offiziere führten einen Contre-Tanz auf und andere folgten mit einer Polka. Ida fand großes Vergnügen an den grotesken Figuren; da hatte sich sichtlich der Champagner ausgewirkt, aber Lambert belehrte sie, dass dies zur Etikette gehöre. Das Bankett endete mit einem Toast, der unter den Klängen der Volkshymne mit Anis-Likör auf das Wohl der göttlich verehrten Königin ausgebracht wurde.

Am 19. Mai ging es in Tragestühlen endlich weiter nach Antananarivo, der Hauptstadt. Mit ihnen reiste Monsieur Marius (Lastelle?), ein Franzose, der schon seit 20 Jahren im Lande lebte und aus Freundschaft die beiden begleitete, für sie dolmetschte und die ganze Reise leitete. Das viele Gepäck bestand vor allem aus

Geschenken für die Königin und Prinz Rakoto und wurde gegen die tropische Feuchtigkeit in große, trockene Blätter gehüllt. Es befanden sich darunter überaus kostbare Toiletten für die Monarchin und für einige Prinzessinnen; ferner reiche, mit Gold bestickte Uniformen für den Prinzen Rakoto sowie wertvolle Kunstgegenstände und auch mehrere Spiel- und Drehorgeln – alles auf Kosten von Monsieur Lambert. Das Ganze wurde von 400 Leuten ohne Bezahlung transportiert. Lambert und Pfeiffer allerdings zahlten für ihr eigenes Gepäck selbst. Da sich die Träger wie die Soldaten normalerweise um ihre eigene Ernährung kümmern mussten, brachen Jubel und Freudengeschrei aus, als Lambert ihnen auch noch eine gute Verpflegung in Aussicht stellte.

Die erste Etappe ging bis nach Antandroroho, zum jüngsten Sohn von Mademoiselle Julie, und Ida traute ihren Augen nicht. Wo man sie so karg behandelt hatte, ging es diesmal elegant europäisch zu, und der Tisch konnte kaum die Speisen fassen. »So geht es bei allen Völkern der Welt«, notierte sie, »reiche Leute finden überall die freundlichsten Gesichter, die größte Zuvorkommenheit und Bereitwilligkeit; vor dem Unbemittelten jedoch wird die Maske abgenommen, und wer so reist wie ich, der lernt die Menschen in ihrer wahren Natur kennen, die leider nur selten zu ihrem Lobe spricht.«

Den ganzen nächsten Tag bewegten sie sich in Booten über verschiedene Seen und Flüsse. Dabei gab es ein amüsantes Erlebnis, als bei der Annäherung an ein Inselchen plötzlich alle Bootsleute zu schreien und zu schimpfen begannen. Pfeiffer vermutete ein Unglück, doch es war mehr eine Posse. Vor vielen Jahren sollte hier eine äußerst reizvolle, wenn auch nicht tugendhafte Weiblichkeit gelebt haben, die, noch jung, auf dem Totenbett ihre zahlreichen Verehrer gebeten hatte, zum Andenken an sie beim Vorbeifahren jedes Mal laut zu schreien und zu schimpfen. Und die Männer erfüllten diese Bitte gern über lange Zeit, bis daraus schließlich eine allgemeine Sitte wurde.

Die zweite Nacht verbrachte man in einem mit sauberen Schlafmatten versehenen Rasthaus der Regierung, wie sie auf dem Weg zur Hauptstadt jedem Reisenden offen standen und die von den Dorfbewohnern in Ordnung gehalten wurden.

Dann ging es die Küste entlang, an der die während der Regenzeit entstehenden Sümpfe und Moraststellen ein Fieberklima schufen, das in der heißen Jahreszeit für Ausländer und auch aus den Bergen stammende Einheimische gefährlich wurde. Später wandten sie sich dem gering bevölkerten Inneren zu, wo Pfeiffer nichts als ein paar armselige Dörfer entdeckte. Es war seltsam, ringsum herrschte Fruchtbarkeit: Futtergras, Ebenen für Zuckerrohr oder Reisanbau – und doch lag alles brach. Die Erklärung war, dass die Regierung niemanden zu irgendeiner Aktivität ermutigte oder diese gar verhinderte, denn es gab außer für die Königin und den hohen Adel keinen Grundbesitz. Zwar durfte der Bauer das Land bebauen, doch konnte es ihm jederzeit weggenommen werden – ein System, das in so manchem Land bis in unsere Tage noch nicht ausgerottet und schwer zu beseitigen ist. Die Bauern wirtschafteten nur für ihren eigenen Bedarf und trugen im Übrigen die Bürde der Frondienste in Form von unentgeltlicher Arbeit sowie Militär- oder Transport-Diensten, die ihnen nicht nur von der Königin und ihren Beamten auferlegt wurden, sondern auch von Adligen und Offizieren – auch dies etwas, das man bis heute in anderen Gegenden der Welt antreffen kann.

Doch die Phantasie der Königin reichte noch weiter, wenn es darum ging, die Menschen zu drangsalieren. Sie zwang Männer, Frauen und Kinder, besonders von unterworfenen Stämmen, aus oft tageweit entfernten Orten herbeizukommen und an Volksversammlungen, Gerichtsverhandlungen oder Gesetzesverkündungen, den sogenannten Kabarys, teilzunehmen. Sie zogen sich oft über Tage oder gar Wochen hin, und die armen Leute waren dem Tod durch Hunger oder Erschöpfung ausgesetzt, denn niemand kümmerte sich darum, ob sie etwas zu essen hatten.

Die Europäer setzten ihre Reise in die Hauptstadt fort. Die Wege begannen schlecht zu werden, was Ida nicht beeindrucken konnte, war sie doch Übleres aus anderen Teilen der Welt gewöhnt. Doch ihren Begleitern schienen sie Entsetzen einzuflößen. Es ging steil auf und ab über weiche Lehmerde, die bei Regen schlüpfrig und glatt wurde und wo die Hufe der Ochsen tiefe Löcher eingegraben hatten – ein höllischer Weg für die Träger, die die Sänften schleppen mussten.

Monsieur Lambert wurde hofiert, weil man wusste, dass er in der Gunst der Königin stand. Man machte ihm wertvolle Geschenke, in einem Fall sogar zwei Ochsen, die er aber mit noch wertvolleren erwiderte.

Am Tage, an dem in Tananarivo das große Fest begann und die Königin ihr Glück bringendes Neujahrsbad nahm, gab es nur eine kurze Marschetappe bis zu einem Dorf, wo die Leute feiern durften. Da wurden Ochsen geschlachtet für die Jäger und für das ganze Dorf, vier- oder fünfhundert Menschen kamen zusammen, Lambert spendierte auch noch Besa-Besa, ein gegorenes Getränk auf Zuckerrohrbasis, und dann wurde getanzt und Tabak gekaut.

Der nächste Tag war umso härter. Die mit Urwald bedeckten Berge, welche die Reisenden überwinden mussten, erwiesen sich als steiler und höher als alle bisherigen. Doch die Hauptstadt rückte näher, und eines Abends kam ihnen ein großer Zug Menschen mit Militärmusik entgegen, eine Abordnung des Prinzen Rakoto, der Lambert damit Liebe und Achtung erweisen wollte, waren sich die beiden doch zwei Jahre zuvor beim ersten Besuch des Franzosen nähergekommen. Viele Offiziere und Soldaten marschierten auf, dazu ein ganzer weiblicher Sängerchor. Prinz Rakoto war beliebt, schien aber doch nicht ungefährdet zu sein, denn 40 ergebene junge Adlige hatten gelobt, ihn zu schützen und bis auf den letzten Mann zu verteidigen. Man erwies Lambert Ehrenbezeigungen wie einem Prinzen der königlichen Familie, was noch nie vorgekommen war. In jedem Dorf eilte die Bevölkerung herbei, viele schlossen sich an, sodass der Zug immer länger wurde.

Schließlich erwartete ihn in einem Dorf auch noch das fünfjährige Söhnchen des Prinzen, ein neuer Liebesbeweis des Vaters, der durch eine Unpässlichkeit der Königin nicht selbst kommen konnte. Lambert hatte den Kleinen zwei Jahre zuvor adoptiert, eine Sitte, die wie erwähnt, wirklich den Zweck haben konnte, ein Kind zu besitzen, aber auch nur ein Freundschaftsbeweis sein mochte. Die amtlich registrierte Adoption verlieh dem Adoptivvater alle Rechte über das Kind, das auch seinen Namen erhielt und in seine Familie überging. Prinz Rakoto hatte den Knaben allerdings bei sich behalten, dem übrigens nicht der Titel eines Prinzen zukam, da seine Mutter eine Sklavin war, wenn auch eine sehr geliebte, »verständig, gutmütig und dabei von festem Charakter«.

Nun wurde gefeiert, gegessen, getrunken und Musik gemacht. Die 20 Sängerinnen kauerten in einer Ecke des Saales und »erschütterten unser Trommelfell mit ihren kreischenden Stimmen«.

Am nächsten Morgen wollten die Dorfbewohner zu Ehren der Gäste ein Stiergefecht veranstalten. Aber nach dem Frühstück stellte sich heraus, dass die Vorbereitungen doch wohl zu lange dauern würden, und man setzte sich wieder in Bewegung. Erfreulicherweise war die Hauptstadt nur noch eine halbe Tagesreise entfernt. Die Weissagung hatte das Datum als glücklich für den Einzug der Europäer bezeichnet, und die Königin wünschte, dass Monsieur Lambert diesen günstigen Moment nicht versäumte. Sie unterwarf sich Sikidy, dem Orakel – miteinander vermischten Bohnen und kleinen Steinen, aus denen Figuren entstanden –, sklavisch bis hin zur Wahl ihrer Kleidung oder der Quelle für das Trinkwasser.

Jeder Reisende bedurfte zum Betreten der Hauptstadt ihrer Erlaubnis, die aus einer Entfernung von mindestens einer Tagesreise eingeholt werden musste, das hieß, er hatte die Weissagung abzuwarten. Der Reisetruppe von Monsieur Lambert war Sikidy gnädig, die Zustimmung lag schon vor, und Pfeiffer vermutete respektlos, dass diesmal die Neugier der Königin etwas nachgeholfen hatte. »Die gute Dame mochte es wohl kaum erwarten, in den Besitz all der Schätze zu kommen, die, wie sie wußte, Herr Lambert für sie mitbrachte.«

Sie bewegten sich in einem wahren Triumphzug durch die schöne Hochebene von Emir, wo Ida mehr Felder und Dörfer als bisher sah, obwohl sie angesichts der Fruchtbarkeit des Bodens, der guten Lage und des Reichtums an Wasser mehr erwartet hätte. Vor 40 Jahren sollte die ganze Gegend noch von Wäldern bedeckt gewesen sein, jetzt war sie so baumlos, dass sich nur noch reiche Leute Holz als Brennmaterial leisten konnten und die armen sich mit Savannengras begnügen mussten – ein Problem, das sich in unseren Tagen weiter verschärft hat.

Und dann sahen sie auf einem der schönsten Hügel Tananarivo (Antananarivo), die Hauptstadt. Sie gelangten am frühen Nachmittag in die Vorstädte, die ursprünglich Dörfer gewesen waren und deren Wohnstätten aus Erde und Lehm bestanden.

Die Häuser im Zentrum mussten aus Holz oder Bambus gebaut sein, waren größer und geräumiger als die in den Dörfern, auch sauberer und in besserem Zustand, und sie hatten hohe, steile Dächer, deren Giebel mit langen Stangen verziert waren. Niedrige Erdwälle umgaben einzelne, manchmal auch drei bis vier von ihnen. Diese Bauten gruppierten sich um den Hügel, auf dessen höchster Spitze der königliche Palast thronte.

Pfeiffer wunderte sich über die vielen Blitzableiter und erfuhr, dass Monsieur Laborde, ein seit langem in Tananarivo lebender Franzose, sie eingeführt hatte wegen der ungemein häufigen Gewitter, bei denen jährlich an die 300 Menschen durch Blitzschlag ihr Leben hatten lassen müssen.

Am Stadttor wurde den Ankommenden der Eintritt noch einmal verwehrt. Wiederum musste die Königin um Erlaubnis gebeten werden, und man wusste, dass sie manche Besucher stundenlang in glühender Sonnenhitze oder bei Sturm und Regen warten ließ. Aber ein Monsieur Lambert bekam natürlich schon nach einer halben Stunde Einlass. Sie waren zwölf Tage unterwegs gewesen. Inzwischen gibt es Eisenbahnen, deren Bau auf die Franzosen zu Beginn des 20. Jahrhunderts zurückgeht, und man kann die 372 km von Taomasina nach der heutigen Millionenmetropole im Inneren des Landes täglich in zwölf bis sechzehn Stunden zurücklegen oder auch die seit 1986 existierende Asphaltstraße benutzen.

Sie stiegen bei Monsieur Laborde ab, der ein Freund von Lambert war, und befanden sich in guter Obhut, denn der Franzose galt als Beschützer und Ratgeber aller Europäer im Lande. Eine wichtige Persönlichkeit in Madagaskar und auch in Ida Pfeiffers Geschichte, ein Mann, der zuweilen als Abenteurer bezeichnet wird, dem sie aber große Sympathie entgegenbrachte und dessen Lebenslauf sie voller Bewunderung schilderte: Den 1806 geborenen Sohn eines wohlhabenden Sattlers aus Frankreich hatte es nach mehreren Jahren als Kavallerist in der französischen Armee nach Ostindien gezogen, wo er gute Geschäfte auf technischem Gebiet machte, unter anderem auch durch die Herstellung von Waffen. 1831 trieb ihn ein Sturm von seinem neuen Ziel, dem indischen Archipel, ab und warf sein Schiff an die Küste von Madagaskar. Eine schlimme Sache, denn dort pflegte man Schiffbrüchige kurzerhand zu Sklaven zu machen. Doch der Waffenfabrikant hatte Glück. Als die Königin von seinen Fertigkeiten erfuhr, versprach sie ihm die Freiheit, wenn er ihr fünf Jahre lang treu dienen würde. (Nach anderen Quellen hatte ihn allerdings Radama I. ins Land gerufen.) Jean Laborde bewährte sich und fertigte allerlei Kriegsgerät bis hin zu kleinen Kanonen und auch das Pulver dazu, und die Königin machte ihn zu ihrem Vertrauten. Da er außerdem ein freundlicher und hilfsbereiter Mensch war, stand er bald im besten Ruf.

Er lebte inzwischen zehn Jahre im Land, hatte längst seine Freiheit erlangt, besaß durch königliche Gunst Ländereien und Sklaven, war mit einer Einheimischen verheiratet, Vater eines Sohnes und würde wohl für immer in Madagaskar bleiben. Längst schon beschränkte er sich nicht mehr auf die Waffenfabrikation. Ob es eine Glashütte war, eine Indigofärberei, eine Seifen- und Kerzensiederei oder eine Rumbrennerei – Monsieur Laborde war nie um neue Ideen verlegen. Der Anbau von Zuckerrohr wurde verbessert, und auch bei Versuchen mit Wein und Getreide war er nicht ohne Erfolg. Nur von europäischen Früchten und Gemüse wollten die Madegassen nichts wissen. Sie »zogen es vor«, wie Pfeiffer es ausdrückte, »in ihrer angewohnten Trägheit fortzuleben und nichts als Reis und von Zeit zu Zeit ein Stück Ochsenfleisch zu essen«. Immerhin hatte er gezeigt, was man aus dieser Insel machen könnte.

Monsieur Laborde beherbergte zwei weitere Europäer, die schon vor sieben Jahren beziehungsweise zwei Monaten auf die Insel gekommen waren: einen Arzt und einen Lehrer seines Sohnes, eigentlich Missionare, aber das musste streng geheim gehalten werden, es wäre unter Ranavalona I. zu gefährlich gewesen, sich hier in dieser Funktion zu versuchen. Nur Prinz Rakoto, der vor zwei Jahren von seinen Studien in Paris zurückgekehrt war, wusste darum. Ein gepflegtes Haus, diese Residenz von Monsieur Laborde, auf das auch heute noch Touristen hingewiesen werden. Ida konnte hier wieder einmal europäische Tischkultur genießen. Seltsam nur, dass man von gediegenem Silber speiste und aus silbernen Pokalen trank, aber das war wieder eine der vielen Ideen des Hausherrn gewesen, und zwar eine durchaus praktische. Da Porzellan zu leicht von den Sklaven zerbrochen wurde, hatte er dafür gesorgt, dass dieser Luxus Eingang fand, natürlich nur in die wenigen reichen Häuser.

Als sie gerade beim Champagner angelangt waren, erschien der Prinz und umarmte Monsieur Lambert so herzlich, dass man die ehrliche Freundschaft zwischen ihnen fühlte und alle gerührt waren. Jetzt konnte Ida Pfeiffer den Thronfolger näher betrachten. Rakodond-Radama, ein noch junger Mann von siebenundzwanzig, wirkte nicht sehr eindrucksvoll: ein Madegasse, der keiner der vier Rassen zuzuordnen war, klein und gedrungen, mit krausem Haar. Aber die Augen! Sie waren voll Feuer und Leben. Pfeiffer fühlte sich gleich zu ihm hingezogen, spürte seine »wahrhaft kindliche Güte«. Und damit irrte sie auch nicht, denn der Prinz wurde geliebt und geachtet, wohl weil er versuchte, die Grausamkeiten seiner Mutter zu verhindern oder zumindest zu mildern. Ein seltsames Verhältnis war das zwischen diesen beiden, ein interessanter Fall für Psychologen. Er war ihr ergeben, und sie liebte ihn. Wie konnte sie zulassen, dass er Verurteilten noch auf dem Weg zum Richtplatz die Fesseln durchschnitt und sie zur Flucht überredete? Ihre einzige Reaktion in solchen Fällen bestand darin, dass sie, so weit sie die Sache nicht schweigend überging, die Hinrichtung beim nächsten Mal möglichst geheim hielt.

Die meisten Akteure bei dem Drama, das sich entwickelte, waren nun beisammen. Die Königin, der Prinz, Lambert, Laborde und Pfeiffer als Nebenfigur. Es fehlten noch der Premierminister Rainizoharo und der Chef der Armee, Fürst Raharo. Hauptperson, wenn man von Lambert als Organisator absehen will, war der Prinz, den Pfeiffer häufig sah, da er den Franzosen fast täglich besuchte. Sie fragte sich allerdings, ob er nicht zu wenig Selbstständigkeit und Vertrauen in seine Fähigkeiten besaß. Würde er als Nachfolger seiner Mutter überhaupt energisch genug auftreten können? Sichtlich war er der gute Geist seines Volkes, doch Ida hatte selbst aus seinem Mund gehört, dass es ihm einerlei sei, wer die Insel in Besitz nähme, wenn nur das Volk gut regiert würde. An Thron und Königstitel lag ihm nichts, gern würde er sich ins Privatleben zurückziehen, wenn dies seinem Land nützte.

Seine Frau, die er Pfeiffer eines Abends vorstellte, mochte, wie sie gehört hatte, ein guter und vernünftiger Mensch sein, aber »ihre gepriesene Schönheit« zu beurteilen, war sie sehr vorsichtig:

»Man muß dieselbe natürlich nicht mit europäischen Augen betrachten – oder man muß sehr lange unter diesem Volk gelebt haben.«

Noch standen die Ausländer in Gunst bei der Königin. Sie lud zum Essen ein, wenn auch nicht in ihren Palast, denn Festmähler für Fremde fanden gewöhnlich bei der hoch geborenen Dame Rasoaray statt, die die passenden Räumlichkeiten dafür besaß. Ehrengast war Lambert, die anderen wurden als seine Freunde mit hinzugebeten. Die Gunst drückte sich darin aus, dass ihm mit der Einladung statt des üblichen Geflügels und der Eier ein prachtvoller Ochse übersandt wurde.

Es war eine Art Neujahrsmahl, das nicht lange dauerte, mit Sambas-Sambas, einem Gericht aus dünnen, in Fett gerösteten Streifen Rindfleisch und Reis. Man nahm davon ein wenig zwischen zwei Finger, erhob sich, wendete sich nach links und rechts und sagte: »Möge die Königin noch tausend Jahre leben.«

Ida Pfeiffer, die man nun schon als Abenteuertouristin bezeichnen könnte, schaute sich in der Stadt um, entdeckte aber nichts Besonderes. Antananarivo, das 1245–1465 m hoch liegt, war ausgedehnt, die Zahl seiner Häuser beträchtlich, weil sie nicht groß waren und aus kaum mehr als einem Raum bestanden. Wuchs die Familie, so setzte man weitere Häuschen daneben. Allerdings konnte Pfeiffer in diesem ihrem letzten Land sich weniger denn je einen Überblick verschaffen, ihre Reisemöglichkeiten beschränkten sich weitgehend auf die Wege vom Hafen zur Hauptstadt und zurück.

Abwechslung bot die alle vierzehn Tage stattfindende Heerschau, die keine technische Übung war, sondern nur der Kontrolle der Soldaten diente: ihrer Gesundheit, dem Zustand ihrer Privatkleidung, die doch sehr an Karneval erinnerte (Uniformen erhielten sie ja nicht), der Waffen und nicht zuletzt ihrer Anwesenheit. Denn oft war es ihnen ja kaum möglich, bis zur nächsten Schau »nach Hause zu wandern, ihr Feld zu bestellen, sich mit Lebensmitteln zu versehen und wieder zurückzukommen«. Der Kapitän einer Kompanie konnte froh sein, wenn von seinen Leuten nicht zu viele fehlten, andernfalls wurde er an Ort und Stelle mit einem Dutzend und mehr Hieben bedacht. Eine Kriegführung ohne System, erfuhr Pfeiffer, bei der die Soldaten, wenn sie überlegen waren, nach Lust und Laune morden und plündern durften und sich auf diese Weise für ihr elendes Leben, ihren Hunger revanchierten. Fühlten sie sich allerdings verloren, dann konnte kein Offizier sie mehr zusammenhalten, sie kannten nur noch Flucht. Waren sie aber verwundet oder krank, versuchte man sich ihrer zu entledigen. So gab es enorme Verluste bei jedem Kampf.

Dabei war die Militärhierarchie fein abgestuft vom gemeinen Soldaten bis zum Feldmarschall, so wie die Elite des Landes auch wohlversehen war mit europäischen Adelstiteln. »Es wimmelte wie an den deutschen Höfen von Baronen, Grafen und Fürsten.«

Wieder wurde Lambert geehrt. Das Offizierscorps zog mit Musik an seinem Haus vorüber, und bald danach wurden sie zur Audienz bei der Königin zugelassen. Lambert sah es mit gemischten Gefühlen, die Ehrungen nahmen ein Maß an, das ihm unheimlich wurde. Er wusste zwar, dass er viele Freunde bei Hof hatte, aber auch einige höchst gefährliche Feinde. Eher hätte er erwartet, mit Misstrauen empfangen zu werden, und gestand Pfeiffer erst jetzt etwas von seinen Plänen.

Beim ersten Besuch sei er entsetzt gewesen über die Grausamkeit der Königin und habe daran gedacht, das Volk von ihr zu befreien. Er habe Freundschaft mit dem Prinzen geschlossen, den er gleichen Sinnes wusste, und sich mit ihm verbündet. Der Versuch, bei der englischen oder französischen Regierung Unterstützung zu finden, sei fehlgeschlagen. Tatsächlich wurden von Rakoto, Lambert und Laborde ganz bewusst politische Fäden gesponnen zwischen Madagaskar, Paris und London. Doch die britische Regierung war nicht zu einer Zusammenarbeit mit Frankreich, dem alten kolonialen Rivalen, bereit. Um Lamberts Pläne zunichte zu machen, wurde heimlich William Ellis, ein Missionar der englischen Missionsgesellschaft, nach Mauritius und Madagaskar geschickt, der dort, so Pfeiffer, mit Lügen und Verdrehungen arbeitete, jedenfalls Stimmung gegen Lambert machte und Ranavalona über seine Pläne aufklärte. Ida hörte die Geschichte mit Abwandlungen auch vom Prinzen selbst, der nach wie vor zur Sache stand. Die Königin wusste also, was im Gang war. Warum dann diese Auszeichnungen und Ehrungen für einen Mann, der gegen sie arbeitete?

Die offizielle Vorstellung bei Hof war eine sehr zeremonielle Angelegenheit mit vielen genau zu beachtenden Riten, zu denen auch die Überreichung eines kleineren oder möglichst großen Geldbetrags gehörte. Doch pflegte die mit einer ungeheuren goldenen Krone geschmückte Königin die Besucher nicht in ihre Nähe kommen zu lassen. Sie saß auf einem erhöhten Balkon und war umgeben von Prinz Rakoto und Prinz Ramboasalama, ihrem Adoptivsohn, Nichten, Neffen und anderen Verwandten sowie mehreren Großen des Reiches. Sie fragte lediglich den unten stehenden Monsieur Lambert, ob er ihr etwas zu sagen habe oder etwas wünsche, was er verneinte, und Pfeiffer, ob sie gesund sei und noch nicht das Fieber bekommen habe, dem ein Fremder auch in der guten Jahreszeit selten entging. Tatsächlich mussten beide in der Folge beträchtlich darunter leiden.

Den Palast, ein großes, hölzernes Gebäude, bezeichnet Pfeiffer als ein wahres Riesenwerk. Das Dach ruhte auf Säulen, deren jede aus einem einzigen Baumstamm gefertigt war. Wälder aber, die solche Exemplare noch lieferten, lagen bereits 5060 km entfernt, die Wege waren »ungebahnt und teilweise beinahe ungangbar«, und alles wurde »ohne Beihilfe eines Lasttiers oder einer Maschine herbeigeschleppt, mit den einfachsten Werkzeugen bearbeitet und aufgestellt«. Mit der Herbeischaffung der höchsten Säule, die in der Mitte das Dach trug, waren 5000 Menschen beschäftigt gewesen, und zu ihrer Aufstellung hatte man zwölf Tage gebraucht. Alles war im Frondienst geschaffen worden, ohne Lohn oder Kost, und 15 000 Menschen sollten dabei zugrunde gegangen sein.

Pfeiffer schilderte ausführlich die Zustände und Untaten auf der Insel, die Giftproben, Massenhinrichtungen, Vergiftungen, Folter, Völkermord, die zur ständigen Abnahme der Bevölkerungszahl führten und die Insel eines Tages völlig ihrer Bewohner berauben würden, schon war ihre Zahl halbiert seit der Zeit des Königs Radama.

Ein anderes Mittel der bereits 75-jährigen, aber noch recht rüstigen Monarchin, das Volk zugrunde zu richten, waren ihre Reisen. Zehntausende hatten sie dabei zu begleiten, alle Adligen und Offiziere aus der Umgebung mit ihren Familien und ihrem Gesinde, 10 000 Soldaten, ebenso viele Träger. Die Bewohner der

Dörfer, an denen der Zug vorüberkam, mussten zum Teil mit Weib und Kindern folgen. Alle waren gezwungen, für sich selbst zu sorgen, sodass bald eine Hungersnot einsetzte. Bei einer 1845 unternommenen Reise, angeblich zu Büffeltreibjagden, sollen 10 000 Menschen, vor allem Frauen und Kinder, umgekommen sein. Unzählige Geschichten waren darüber im Umlauf.

Ida Pfeiffers Aufenthalt stand unter einer ständigen Spannung und eines Abends bekam sie eine Sammlung von Säbeln, Pistolen und Flinten sowie lederne Panzerhemden gegen Lanzenstiche zu sehen und erfuhr, dass sie jede Stunde auf das Ereignis gefasst sein müsse.

Da war sie nun in eine Lage geraten, mit der sie nicht gerechnet hatte und die sie das Leben kosten konnte – eine politische Verschwörung! Sicher, ihre Freunde in Mauritius hatten sie gewarnt, nicht in Lamberts Gesellschaft zu reisen, und gelegentlich war ihr dort auch etwas zu Ohren gekommen, was der englische Missionar ausgestreut hatte. Doch ihr Verlangen, die Insel kennen zu lernen, war so groß gewesen, dass sie das beiseite geschoben hatte. Nun konnte sie nichts tun, als gute Miene zum bösen Spiel zu machen und auf Gott zu vertrauen, der ihr »ja schon aus vielen gefährlichen Lagen geholfen hatte«.

Der 11. Juni kam heran. Pfeiffer wusste, dass es heute Nacht losgehen sollte. Sie lauschte, erschrak einmal über lautes Hundegebell und rasche Männertritte, aber nichts geschah. Man hatte noch nichts unternommen. Am folgenden Tag bekam Lambert einen heftigen Fieberanfall und schwebte einige Tage lang in Lebensgefahr.

Am 13. Juni wurde Pfeiffer eine höchst überraschende und große Ehre zuteil: Sie sollte der Königin auf dem Klavier vorspielen, einem Geschenk Lamberts von seinem ersten Besuch. Die unverhoffte Einladung brachte sie in nicht geringe Verlegenheit. Sie zwang »ihre alten steifen Finger zu einigen Skalen und Etüden, übte mehrere leichte, melodische Walzer und Tanzstücke ein« und begab sich zu Hof. »In meiner Jugend war ich wohl eine ziemlich fertige Klavierspielerin gewesen, aber das war schon lang her. Seit mehr als 30 Jahren hatte ich die Musik gänzlich aufgegeben und alles vergessen. Wer hätte je gedacht, dass ich noch an einen Hof berufen werden würde, um ein Konzert zu geben, und gar jetzt in meinem sechzigsten Jahre, wo ich schlechter klimperte als bei uns Kinder, die kaum einige Monate Unterricht genommen haben.«

Im Grunde freute sie sich, denn sie hoffte, auf diese Weise die inneren Gemächer des Palastes und ihre Majestät aus der Nähe sehen zu können. Da Lambert krank war, begleiteten die beiden geistlichen Herren sie. Wieder blickte die Königin von ihrem hohen Balkon auf den Innenhof herab, wo sie standen, genau wie bei ihrer ersten Audienz. Ida sah also nicht mehr als damals. Man wies sie in die Galerie des angrenzenden Silberpalastes, der dem Prinzen Rakoto gehörte und der groß, hoch und durchaus geschmackvoll auf europäische Art eingerichtet war. Dort standen schon Stühle, und nun öffnete man eine breite Tür zum Hof, trug das Piano hinein und stellte es »gerade unter der Tür so auf, daß die Königin von ihrem Balkon aus auf die Tasten« sah. Das Konzert konnte beginnen, allerdings nicht, ohne dass die Künstlerin das von jedem geforderte Geldstück für die königliche Zuhörerin zeigte und es einem Offizier übergab, das war nun einmal üblich. Monsieur Lambert hatte beim letzten Mal ein goldenes Fünfzigfrankenstück spendiert, Ida Pfeiffer »beschränkte ihre Großmut auf einen Thaler«. Selbst in ungemütlichen Situationen und durch gefährliche Potentaten ließ sie sich nicht einschüchtern. Dann probierte sie das Klavier erst einmal aus. Es war so verstimmt, dass kein Ton richtig kam, viele der Tasten schwiegen selbst gegenüber energischstem Druck. Und »auf einem solchen Instrument sollte ich ein Konzert geben! Doch wahre Künstlergröße setzte sich über alles hinweg, und begeistert von dem Gedanken, mein Talent vor einem so kunstsinnigen Publikum zu zeigen, machte ich die holperigsten Rouladen über die ganze Klaviatur, hieb aus Leibeskräften auf die störrischen Tasten und spielte ohne Sinn und Zusammenhang den ersten Teil eines Walzers, den zweiten eines Marsches, kurz alles, was mir gerade einfiel«. Sie fand allgemeine Anerkennung und wurde »mit dem besonderen Beifall und dem Dank ihrer Majestät belohnt«. Prinz Rakoto versicherte ihr, dass »alle Stücke, vorzüglich aber meine Walzer, der Königin sehr gut gefallen hätten und daß sie mir nächstens die Ehre erweisen würde, mich bei ihr selbst im Palast spielen zu lassen ... Wäre die unselige Verschwörung nicht dazwischen gekommen, so hätte ich vielleicht das Glück gehabt, Hof- und Leibpianistin ihrer Majestät der Königin von Madagaskar zu werden!« Zum Zeichen ihrer Huld schickte die Monarchin der Künstlerin »eine Menge fetten Geflügels und einen großen Korb voll Eier«.

Der 20. Juni musste die Entscheidung bringen. Monsieur Lambert hatte sich einigermaßen erholt, er wollte nicht länger zögern. Die beiden Missionare wurden, da zumindest offiziell unbeteiligt, zu einer der Besitzungen von Monsieur Laborde geschickt, aber Pfeiffer bestand darauf, in der Stadt zu bleiben. Wenn es schief ging, würde man sie ohnehin überall finden. Um zwei Uhr nachts sollten alle Verschwörer zum Palast schleichen, »dessen Eingänge Fürst Raharo, der Chef der Armee, mit ihm ergebenen Offizieren besetzt haben und offen halten würde, sich im großen Hof vor den königlichen Gemächern versammeln und auf ein gegebenes Zeichen mit lauter Stimme den Prinzen Rakoto zum König ausrufen. Die neuen Minister, die vom Prinzen bereits ernannt worden waren, hatten dann der Königin zu erklären, daß dies der Wille der Adligen, des Militärs und des Volkes sei, und zur gleichen Zeit sollte Kanonendonner von den Wällen des Palastes dem Volk die neue Regierung und seine Befreiung von der blutigen Herrschaft der Königin verkünden.«

Doch Fürst Raharo scherte aus. Noch bevor es losging, ließ er die Herren wissen, »daß es ihm infolge unvorhergesehener Hindernisse nicht möglich gewesen sei, den Palast ausschließlich mit verläßlichen Offizieren zu besetzen, man müsse eine günstigere Gelegenheit abwarten«. Der Prinz hatte schon 1856 eine ähnliche Verschwörung geplant, die auch damals durch das plötzliche Zurücktreten des Chefs der Armee gescheitert war. Man wusste nicht, ob es Feigheit gewesen war, ob er den Mut verloren hatte. Wahrscheinlich hatten ihn politische Gründe bewogen. Er verfügte über enge Beziehungen zum Königshaus, zu Premierminister Rainizoharo und Prinz Ramboasalama, dem Adoptivsohn, der als möglicher Thronfolger galt und den man, im Gegensatz zu Prinz Rakoto, als durchaus »verständig, unternehmend und von festem Charakter« bezeichnete.

Unglücklicherweise wurde die Verschwörung schnell ein öffentliches Geheimnis, jeder wusste darum, nur die Königin sollte angeblich nichts ahnen. Pfeiffer konnte es nicht glauben, doch wagte niemand, den Prinzen bei ihr anzuschwärzen, weil sie ihn sofort gerufen und er alles geleugnet hätte, der Angeber aber als Verräter hingerichtet worden wäre.

Am 21. Juni brachte Prinz Rakoto die Nachricht, dass die Königin Monsieur Lambert und Ida Pfeiffer im inneren Palast empfangen wolle und wünsche, beide zusammen tanzen zu sehen. »Ihre Majestät erfreut sich in der Tat großartiger Gedanken«, notierte Pfeiffer, »erst stempelt sie mich zur Konzertgeberin, jetzt soll ich Balletttänzerin werden, und am Ende vielleicht gar noch Tanzlehrerin – ich, die ich in meiner Jugend schon wenig vom Tanzen hielt und selbst immer die größte Mühe hatte, die gehörigen Schritte und Figuren im Gedächtnis zu behalten.« Es war für beide ein lächerliches Ansinnen, dieser noch junge Mann mit einer sechzigjährigen Frau! Lambert konnte das Ereignis jedoch abwenden, da er sich nach seiner Krankheit noch nicht wieder genügend genesen fühlte.

Am 22. hörten sie, dass die Königin von der Verschwörung wusste und dass sie Monsieur Lambert schon seit längerer Zeit verdächtigte. Sogar das Orakel war befragt worden, ob der Franzose etwas Böses gegen sie vorhabe, und es hatte geantwortet, dass er in einem solchen Fall am Fieber sterben würde. Er war aber nicht gestorben, also hatte er wohl auch nichts Böses im Sinn. Niemand konnte sagen, was die Königin dachte und wie sie reagieren würde. Ida allerdings sah die Sache verloren. Sie vermutete, dass »der Prinz von Verrätern umgeben war, die scheinbar auf alle seine Pläne eingehen, aber bloß um die Königin davon zu unterrichten, und dass man ihm vielleicht wie einem Kind sein Steckenpferd läßt, aber stets von vornherein die nötigen Maßnahmen trifft, dem prinzlichen Spiel, wenn es zu weit gehen sollte, Einhalt zu gebieten«.

»Was wird noch aus uns werden!«, notierte sie am 2. Juli. Ein Verschwörer nach dem anderen fiel ab, »wir sind von allen Seiten von Verrätern und Spionen umgeben. Schon seit dem 20. Juni verkehrt beinahe niemand mehr mit uns, man betrachtet uns halb und halb als Staatsgefangene.« So wagten sie auch nicht mehr, ihr Häuschen zu verlassen. Ranavalona gab sich sichtlich nur wegen des Prinzen den Anschein, dass sie nichts wisse, und verbot bei Strafe, »die geringste Beschuldigung gegen ihn laut werden zu lassen oder ihr mitzuteilen«.

Der 3. Juli war ein Tag des Schreckens. Die Königin hatte eine große Christenverfolgung, ein Massengericht angesetzt, zu dem sich die Bevölkerung auf dem Bazar einfinden musste. Diese häufig stattfindenden Kabarys versetzten das Volk in Panik, denn es wusste, dass sie »Quälerei, Verfolgungen und Todesstrafen« mit sich brachten. Auch hier konnte Prinz Rakoto einigen tausend heimlichen Christen zur Flucht verhelfen. Wie aber würden sie in den unwirtlichen Wäldern weiterkommen? Tatsächlich zog sich die Christenverfolgung über drei Jahre hin. Heute gibt es dergleichen nicht mehr, und Madagaskar verfügt seit dem Ende des 19. Jahrhunderts über verschiedene christliche Kirchen.

Inzwischen hatte Lambert wieder einen lebensgefährlichen Anfall, und auch Pfeiffer ging es nicht gut. Sie konnte trotz ihrer Wundermittel die Krankheit nicht loswerden und wurde immer schwächer.

Ranavalona, die von dem neuen Anfall Lamberts erfahren hatte, sandte fünf- bis sechsmal am Tag Offiziere, und zwar jedes Mal andere, um sich nach seinem Befinden zu erkundigen. Sie wollte wissen, ob seine Krankheit echt war. »Ihre Majestät«, so Pfeiffer, »scheint den Tod von Herrn Lambert nicht erwarten zu können.« Der Prinz dagegen hatte sich seit Tagen nicht sehen lassen, er wurde von seiner Mutter praktisch gefangen gehalten unter dem Vorwand, dass sie in diesen Zeiten der Gefahr seinen Schutz brauche. Der Palast war von dreifachen Wachen umgeben.

Am 8. Juli notierte Pfeiffer: »Unser Gefängnis schließt sich immer enger«. Seit dem Vorabend verbot ein königlicher Befehl jedem bei Todesstrafe, das Haus zu betreten. Auch Monsieur Laborde wagte sich nun nicht mehr auf die Straße. Doch erlaubte man noch den Sklaven, im Bazar einzukaufen. Bald, so vermutete Ida, würde die Königin ihre Maske abwerfen, die Europäer öffentlich zu Verrätern erklären, das Haus von Soldaten absperren lassen und sie schließlich durch vergiftete Lebensmittel zur Strecke bringen.

Obwohl der Prinz so gut wie gefangen war, konnte er doch täglich seine Freunde wissen lassen, was die Königin gegen sie vorhatte. So warnte er sie auch vor einer Durchsuchung des Hauses. Angeblich sollten dort Christen versteckt sein, in Wirklichkeit aber wollte man die Papiere und Schriften der Fremden beschlagnahmen. Sie verbargen also das wertvolle Material so gut sie konnten. Auch erfuhren sie, dass die Königin sich ständig mit ihnen beschäftige, Sitzungen mit den Ministern abhalte, aber nicht wage, sechs Europäer auf einmal umzubringen. Sie fürchtete, es würde ihr einen Krieg von Seiten europäischer Mächte einbringen. Glücklicherweise hielt sie ihre Geiseln für bedeutender, als sie waren. Am 10. Juli trat plötzlich ein Dutzend hoher Offiziere mit großem Gefolge in den Hof, nicht um die Hausdurchsuchung durchzuführen, sondern um die kostbaren Geschenke abzuholen, die Monsieur Lambert für die Königin mitgebracht hatte. Bei dieser Gelegenheit sah Pfeiffer zum ersten Mal, was das für Dinge waren: Kleider für die Monarchin, für ihre Schwester und andere weibliche Verwandte, die Lambert in Paris nach Mustern der für die Kaiserin von Frankreich tätigen Schneiderinnen hatte arbeiten lassen. Dazu Schärpen, Bänder, Kopfputz. Für den Prinzen Rakoto gab es prachtvolle Uniformen, die mit den gleichen Goldstickereien verziert waren wie die des Kaisers der Franzosen. »Zivilkleider aus den verschiedenartigsten Stoffen, Formen und Farben, gestickte Batisthemden, Taschentücher, Fußbekleidung jeder Art und alle denkbaren Toilettegegenstände.« Die größte Bewunderung fand bei den Offizieren eine reiche Pferdedecke samt Sattel und Zubehör, und einer fragte, ob »in Frankreich nur der Kaiser eine so prachtvolle Pferdedecke besäße oder ob auch die Offiziere welche hätten«. Darauf behauptete Pfeiffer, dass das nur dem Kaiser zukomme, aber wenn sie abgenützt sei, schenke er sie einem seiner Lieblinge. »Vielleicht«, überlegte sie, »schloß sich dieser Mann nun der Partei des Prinzen an in der Hoffnung, nicht nur dessen Liebe, sondern in der Folge auch die Pferdedecke zu gewinnen.«

Dann ließ Prinz Rakoto wissen, dass die Königin für Monsieur Lambert und alle anderen Europäer ein großes Festessen geben wolle. Was sollte das bedeuten?

Sie erfuhren, dass im königlichen Palast bei einem besonders großen, sechs Stunden dauernden Kabary beraten worden war, was mit ihnen geschehen solle, und dass fast sämtliche ehemaligen Freunde, da sie alles verloren sahen, für ihre Verurteilung gestimmt hatten. Man war sich einig gewesen, dass sie die Todesstrafe erleiden sollten, nur nicht, auf welche Weise: ob durch öffentliche Hinrichtung auf dem Marktplatz, einen nächtlichen Überfall auf das Haus, Vergiftung oder Niedermetzelung bei einem Festessen. Die Königin war im Begriff gewesen, sich für eines davon zu entscheiden, als sich der Prinz einschaltete. Heftig und bestimmt wie noch nie habe er sie davor gewarnt, sich in ihrem Zorn zu Taten hinreißen zu lassen, die üble Folgen haben könnten. Die Ermordung so bedeutender Personen würde man in Europa nicht hinnehmen.

Dreizehn Tage währte nun schon die Gefangenschaft der Europäer, dreizehn Tage schrecklichster Ungewissheit. Dann wurde in ihrem Haus ein großer Kabary einberufen mit mehr als hundert Personen, mit Richtern, Adligen und Offizieren. Die Verschwörer bekamen ihren Platz den Richtern gegenüber, deren Blicke finster und ernst auf ihnen ruhten, und Ida wusste, jetzt hatte ihre letzte Stunde geschlagen. Auch Monsieur Laborde war auf alles gefasst. Dann hörten sie die Anklage: Als Republikaner hätten sie den Thron der geliebten Herrscherin umstoßen, dem Volk gleiche Rechte wie dem Adel geben und die Sklaverei abschaffen wollen. Außerdem wären sie oft mit den Christen zusammengekommen und hätten sie in ihrem Glauben unterstützt. Dadurch sei das Volk so gegen sie aufgebracht worden, dass es die Todesstrafe für sie verlange. Doch habe die Königin noch keinem Weißen das Leben genommen und wolle es auch jetzt nicht tun. In ihrer Gnade werde sie sie lediglich aus dem Lande weisen. Monsieur Lambert, Monsieur Marius, die beiden anderen Europäer, die bei Monsieur Laborde wohnten, und Pfeiffer hätten das Stadtgebiet binnen einer Stunde zu räumen. Monsieur Laborde durfte 24 Stunden länger bleiben und mitnehmen, was er transportieren könne, die Sklaven ausgenommen. Alle bekamen jedoch so viele Träger, wie sie zum Fortbringen ihrer Habe benötigten. Zu ihrer Sicherheit würden sie bis zur Einschiffung in Tamatavé von 50 Soldaten, 20 Offizieren und einem Kommandanten begleitet, auch Monsieur Laborde, der aber immer einen Abstand von mindestens einer Tagesreise zu den anderen zu halten habe. Die Verurteilten atmeten auf, ahnten jedoch nicht, was ihnen noch bevorstand. Unerwartet gab die Königin die Geschenke von Monsieur Lambert zurück, während Prinz Rakoto das meiste behielt und sich nur von einigen Kleinigkeiten trennte, wahrscheinlich, um dem Wunsch seiner Mutter zu entsprechen. Wie aber sollten sie in einer Stunde die nötigen Lebensmittel besorgen sowie ihre eigenen Dinge und auch noch die kostbarsten Gegenstände verpacken? In aller Eile warfen sie das Wertvollste in ihre Koffer und in die wenigen noch vorhandenen Transportkisten und waren in einer Stunde bereit zum Verlassen der Stadt. Da die Begleitung sich aber Zeit ließ und erst am nächsten Morgen erschien, konnten sie noch etwas mehr retten.

Gerade wurden wieder zehn Christen auf das Fürchterlichste zu Tode gemartert, und die Europäer nahmen bei ihrem Auszug als Andenken noch den grausigen Anblick der Opfer mit, die man fast zu Tode steinigte und dann ihre abgeschlagenen Köpfe auf Lanzen steckte. Pfeiffer kam dabei der erschreckende Gedanke, dass das Volk vielleicht den Befehl erhalten hatte, sie zu überfallen oder zu steinigen. Aber nichts geschah; zwar strömten alle herbei, um die Fremden zu sehen, doch wurde niemand tätlich oder erlaubte sich auch nur Beschimpfungen.

Ida Pfeiffer hatte auf ihren Reisen viele Strapazen ausgehalten und überlebt, doch die Rückreise nach Támatavé übertraf alles. Sie erkannten nun deutlich, dass die Königin sie auf diesem Weg umkommen lassen wollte. Lambert und ihr ging es schlecht, sie litten am Fieber. Es war ja auch noch die ungünstigste Jahreszeit, und sie hätten auf schnellstem Wege den Hafen erreichen müssen, was auch immer noch acht Tage gedauert hätte, um sich ungesäumt nach Mauritius einzuschiffen. Stattdessen waren sie fast zwei Monate (53 Tage) unterwegs. Man ließ sie in den ungesündesten Gegenden ein bis zwei Wochen in erbärmlichen Hütten liegen und riss sie oft von ihrem Lager hoch, wenn sie gerade die heftigsten Fieberanfälle hatten. Es gelang Lambert nicht, den Kommandanten zu einer schnelleren Gangart zu bewegen. Keine Summe Geldes, keine Form der Bestechung konnte ihre Bewacher dazu bringen, die Befehle der Königin zu missachten, die Furcht vor ihr war zu groß. Nachts lagen sie streng bewacht in Hütten mit schadhaften Dächern, die kaum gegen Wind und Regen geschützt waren und in die sie alle zusammen hineingeschoben wurden. Dabei hatte Pfeiffer weder Bettzeug noch warme Kleider, die ihr schon am ersten Reisetag gestohlen worden waren. Bei jeder Ankunft warf sie sich, eingehüllt in ihren Reisemantel, auf das

Lager, für das sie nur eine dünne Matte und ein hartes Kopfkissen besaß. Das Madagaskarfieber war schlimmer als Gelbfieber oder Cholera. Sie hatte starke Schmerzen im Magen und im ganzen Unterleib, erbrach sich häufig, verlor allen Appetit und wurde mit der Zeit so schwach, dass sie kaum mehr Fuß oder Hand bewegen konnte. »Königin Ranavalona hatte Recht, wenn sie das Fieber und die schlechten Wege als ihre besten Hilfstruppen gegen die Europäer bezeichnete.«

In einem Dorf trafen sie auf den französischen Arzt von der Insel Bourbon, der aufgrund eines Vertrages mit der Königin alle zwei Jahre Antananarivo besuchte und Arzneimittel brachte. Ihn wollten sie um Rat und Medikamente bitten, doch die Bewacher gestatteten es nicht. Besonders Pfeiffer hätte seine Hilfe nötig gehabt, sie bekam ihre Anfälle alle drei bis vier Tage, Lambert dagegen nur alle zwei Wochen. Monsieur Laborde wurde milder behandelt, er durfte den Arzt treffen und verbrachte einen ganzen Abend mit ihm.

Es war ein Wunder, dass sie, den Absichten der Königin zum Trotz, bis Tamatavé durchhielten. Zu ihrem Glück brauchten sie auch nur drei Tage auf ein Schiff zu warten. Wie gern Pfeiffer dieses Land verließ! Trotzdem bereute sie die Reise nicht und hoffte noch immer auf eine Wiederherstellung ihrer Gesundheit. In den fünf Monaten ihres Aufenthalts hatte sie so viel Merkwürdiges und Sonderbares gesehen und gehört, und die Menschen, nun ja, da war ihre Meinung nicht die beste. Aber konnten sie denn anders sein unter einer solchen Königin? Sie schloss nicht aus, dass einmal auf der Insel »ein blühendes, glückliches Reich« entstehen könnte, wenn es eine »geordnete, gesittete Regierung bekäme«, wenn es von Missionaren besucht würde, die sich nicht in weltliche Angelegenheiten mischten, sondern sich bemühten, »dem Volk den wahren Sinn der christlichen Religion beizubringen«.

Die weitere Geschichte von Madagaskar, die Ida Pfeiffer nicht mehr erlebte, war voll von Turbulenzen und Grausamkeiten. Nach Ranavalonas I. Tod am 18. 8. 1861 bestieg Prinz Rakoto den Thron unter dem Namen Radama II. und öffnete das Land erneut den Ausländern. Er rief die beiden Franzosen zurück, ernannte Laborde zum Konsul und übertrug Lambert die Ausführung der seinerzeitigen Pläne, nämlich eine Handelskompanie zu gründen, verlieh ihm die Würde eines Herzogs von Emyrne und sandte ihn mit Botschaften nach Paris, London und Rom. Nur zwei Jahre später standen die Anhänger Ranavalonas I. gegen den König auf, und als er sich weigerte, die den Ausländern zugestandenen Rechte rückgängig zu machen, erwürgten sie ihn in seinem Palast und proklamierten seine Witwe Rabonda als Rasoherina zur Königin. Wieder verfolgte man in Tananarivo eine fremdenfeindliche Politik, doch die »Compagnie Lambert« erhielt immerhin eine Entschädigung. Aber William Ellis, der englische Missionar, war weiterhin am Werk und erreichte, dass nun den Engländern das Übergewicht auf der Insel zufiel, was noch keine endgültige Regelung bedeutete.

Der Wettstreit der beiden Mächte setzte sich fort, jeweils mit einer Vormacht der katholischen oder der protestantischen Lehre und natürlich nicht nur mit religiösen, sondern auch territorialen und kommerziellen Interessen und unter verschiedenen madegassischen Monarchinnen. 1875 schließlich wurde die Insel zum französischen Protektorat und 1896 zur Überseeprovinz erklärt und erlangte nach Jahren voller blutiger Kämpfe endlich ihre Unabhängigkeit.

Jean Laborde starb 1878 in Tananarivo. Zwei seiner Neffen wurden mit dem Erbe bedacht, das aber die Madegassen zurückhielten, worauf ein langjähriger Rechtsstreit folgte, denn auf Seiten der Franzosen wollte man nicht auf die riesigen Vermögenswerte verzichten, stärkten sie doch auch ihren Einfluss auf der Insel.

Ida Pfeiffers Freunde auf Mauritius hatten sie nicht mehr erwartet, denn es waren die wildesten Gerüchte über das Ende ihrer Reise umgegangen. Eine Behauptung lautete, die Königin habe alle Europäer in Tananarivo hinrichten lassen; eine andere, nur Monsieur Lambert sei hingerichtet worden und die restlichen Europäer, auch Ida Pfeiffer, als Sklaven verkauft worden; eine dritte, sie seien des Landes verwiesen, aber auf dem Rückweg auf Befehl der Königin ermordet worden.

Trotzdem war nicht alles gut. Nach einigen Tagen wurde Ida so krank, dass die Ärzte ihre Chance zu überleben als sehr gering einschätzten. Was sie rettete, war die liebevolle Pflege in der Familie des Doktors und Apothekers Moon, in deren Haus sie seinerzeit einige angenehme Tage verbracht hatte. An ihrem 60. Geburtstag, dem 9. Oktober 1857, wurde sie schließlich außer Todesgefahr erklärt.

Hier endet das Tagebuch, und über die folgende Entwicklung berichtete Oscar Pfeiffer aufgrund ihrer Briefe. Ida hatte ihren Optimismus noch immer nicht verloren, wenn er auch trügte. Sie wurde nicht mehr gesund, machte jedoch während ihres mehrmonatigen Aufenthalts auf Mauritius schon wieder neue Pläne. Am 16. Dezember schrieb sie an ihren Sohn, dass sie zwar noch nicht ganz genesen sei, aber hoffe, eine Seereise würde ihr gut tun. Europa in dieser Jahreszeit sei doch wohl nicht das Richtige, aber auch die Luft auf Mauritius bekomme ihr nicht, also wolle sie nach Australien gehen. Mitte Januar 1858 ließ sie Oscar wissen, dass sie eine gute Reisegelegenheit nach Sydney gefunden habe und in einigen Tagen aufbrechen werde. Eigentlich hatte sie sich einem jungen deutschen Botaniker nach Rio de Janeiro anschließen wollen, um Oscar dort zu besuchen. Da sie aber nicht wusste, ob er schon dort war, wollte sie lieber doch erst nach Australien fahren.

Daraus wurde jedoch nichts, das Fieber trat erneut auf. Sie hatte schon ihr Gepäck an Bord, ließ es wieder ausladen und reiste stattdessen nach London, um von dort aus möglichst schnell nach Hause zu kommen. Aber auch das zog sich hin. Auf der Überfahrt litt sie wieder an Fieberanfällen, blieb dann einige Wochen in London, reiste von da nach Hamburg und folgte der Einladung einer Freundin, Frau Geheimrätin Weiß, nach Berlin, die sie hingebend pflegte.

Alexander von Humboldt schrieb ihr am 26. Juni 1858 einen überaus herzlichen Willkommensbrief:

»Wie könnte ich mir die Freude versagen, Ihnen, wenn auch nur in wenigen Zeilen zu der Ankunft im Vaterlande meinen innigen Glückwunsch darzubringen. Mögen Sorgfalt und Gemüthsruhe nach so vielen edlen Aufopferungen, die der fernen Länderkunde fruchtbar gewesen sind, Ihre mir so theure Gesundheit stärken; mögen Sie bald Muth und Kräfte gewinnen, nicht um sich neuen Gefahren auszusetzen, sondern um ihrer schönen Borneo-Reise ihr neues, gewiß wieder sehr lehrreiches Tagebuch beizufügen. Ich kann Ihnen, theure, verehrte Freundin, nicht lebhaft genug den zärtlichen Antheil schildern, den nicht nur ihre Majestät die

Königin, sondern auch der so warm und menschlich fühlende, in seiner Genesung fortschreitende König, selbst während seiner eigenen Leiden, an Ihren Drangsalen genommen haben. Meine Kräfte sind seit Ihrer Abreise sehr geschwunden. Unser gemeinschaftlicher Freund, der Ihnen so treu zugethane Carl Ritter ist in Telitz und in voller geistiger Kraft. Ich habe frohe und dankbare Erinnerungen an Hamburg in der Urzeit aufsteigend von Claudius, Klopstock, Sieveking, Reimarus, Büsch und Ebeling in der Handels-Akademie. Mit freundschaftlicher Verehrung und Reise-Kameradschaft ihr anhänglichster A. Humboldt Potsdam, Stadtschloß, dem 26. Juni 1858. Ich beschwöre Sie, sich ja mit keiner Antwort zu beeilen.«

Noch immer glaubte sie, ihre Krankheit gehe vorüber, und wies das Angebot ihrer Schwägerin, Marie Reyer, zurück, die sie von Berlin abholen wollte. Sie hoffte auf Wiederherstellung und wollte keinesfalls krank und leidend in ihre Vaterstadt zurückkehren. Als sich aber nach Wochen noch immer keine Besserung einstellte, ließ sie sich wenigstens in die Nähe ihrer Heimat, zur Baronin Stein bringen, einer Jugendfreundin, die ein Landgut bei Krakau besaß. Doch es gab keine Besserung, und schließlich holte die Schwägerin sie doch nach Wien zu ihrem Bruder Carl Reyer. Es wurden die besten Ärzte gerufen, deren Diagnose einstimmig ausfiel: Leberkrebs, eine Folge des Madagaskarfiebers, das die inneren Körperorgane angreift und zerstört.

Zunächst ging es besser, die Patientin hatte nur wenig Schmerzen und sprach schon wieder davon, kleinere Reisen zur Verwandtschaft nach Graz oder Triest zu unternehmen. Doch ihr Zustand verschlechterte sich weiter, mehrfach verlor sie das Bewusstsein, und man versuchte, ihre nun heftigen Schmerzen mit Opiaten zu lindern. In der Nacht vom 27. auf den 28. Oktober 1858 ging es zu Ende, sie starb sanft und sichtlich schmerzlos.

Das Begräbnis am 30. Oktober vereinte noch einmal die zahlreichen Verwandten und Freunde, die ihr mit »sehr vielen wissenschaftlichen Notabilitäten und anderen ausgezeichneten Personen« die letzte Ehre gaben.

Die internationale Presse brachte viele Nachrufe, doch vergingen drei Jahrzehnte, so Hiltgund Jehle, »bis ihr die Stadt Wien eine besondere Würdigung zuteil werden ließ. 1892 bewirkten die

Forderungen des ›Wiener Vereins für erweiterte Frauenbildung‹ schließlich eine posthume Ehrung. Ida Pfeiffers Gebeine wurden in ein Ehrengrab auf dem Wiener Zentralfriedhof überführt; sie war die erste Frau, die an dieser besonderen Stätte beigesetzt wurde. Hier wurde auch das einzige Ida Pfeiffer-Denkmal enthüllt, ein von Professor Johannes Benk geschaffenes Monument. Es besteht aus einem Obelisken, der die von zwei Delphinen gestützte Weltkugel trägt. In der Mitte sind über einem Medaillon mit Ida Pfeiffers Reliefporträt einzig Name und Lebensdaten verzeichnet; auf dem Sockel kämpft ein sturmbeschädigtes Schiff gegen Wind und Wellen.«

Quellennachweis

Cook, James: Entdeckungsfahrten im Pacific 1768–1779. Die Logbücher der Reisen von 1768–1779, Tübingen und Basel 1971

Därr, Wolfgang und *Anne Wodtcke:* Richtig reisen. Madagaskar. Komoren. Reise-Handbuch, Köln 1994

Forster, Georg: Johann Reinhold Forsters's Reise um die Welt ... Bd. I, Berlin 1778, zit. in James Cook, Entdeckungsfahrten im Pacific 1768–1779

Gauß, Karl-Markus und *Martin Pollack:* Das reiche Land der armen Leute. Literarische Wanderungen durch Galizien. Wien 1992

La Grande Encyclopédie, Inventaire Raisonné des Sciences, des Lettres et des Arts, Tome XXI, Paris

Humboldt, Alexander von: Vom Orinoko zum Amazonas. Reise in die Äquinoktial-Gegenden des Neuen Kontinents, Wiesbaden 1969

Jehle, Hiltgund: Ida Pfeiffer: Weltreisende im 19. Jahrhundert, Münster und New York 1989

Krusche, Dietrich: Verabredung mit der Fremde. Weinheim, Berlin 1989

Larousse du XXe Ciecle, Paris

Meyer's Konversations-Lexikon, 6., gänzlich neu bearbeitete und vermehrte Auflage. Leipzig und Wien 1908

Pfeiffer, Ida: Reise in das Heilige Land. Konstantinopel, Palästina, Ägypten im Jahre 1842. hrsg. und Vorw. von Gabriele Habinger, Wien 1995

Pfeiffer, Ida: Reise nach dem skandinavischen Norden und der Insel Island im Jahre 1845, Bd 1, Pest 1846

Pfeiffer, Ida: Nordlandfahrt. Eine Reise nach Skandinavien und Island im Jahre 1845, hrsg. und mit einem Vorwort versehen von Gabriele Habinger, Wien 1991

Pfeiffer, Ida: Eine Frau fährt um die Welt. Die Reise 1846 nach Südamerika, China, Ostindien, Persien und Kleinasien, hrsg. von Gabriele Habinger, 2. überarb. Aufl. Wien 1992

Pfeiffer, Ida: Meine zweite Weltreise Th. 1.2., Wien 1856

Pfeiffer, Ida: Abenteuer Inselwelt. Die Reise 1851 durch Borneo, Sumatra und Java, hrsg. und Vorwort von Gabriele Habinger, Wien 1993

Pfeiffer, Ida: Reise in die Neue Welt. Amerika im Jahre 1853. Hrsg. von Gabriele Habinger, Wien 1994

Waeckerlin Induni, G.: Verschwörung im Regenwald. Ida Pfeiffers Reise nach Madagaskar im Jahre 1857. Mit einer biographischen Skizze von Hiltgund Jehle. Hannover, Basel 1991

Wurzbach, Const. v.: Biographisches Lexikon des Kaiserthums Oestereich, enthaltend die Lebensskizzen der denkwürdigen Personen, welche seit 1750 in den österreichischen Kronländern geboren wurden oder darin gelebt und gewirkt haben. Wien 1870

Eka Donner
Und nirgends eine Karawane
Die Weltreisen der Ida Pfeiffer
(1797–1858)